뿌리 깊은 경영, 바람이 없다 제2판

유능한 경영자의 꿈에 이르게 하는 길잡이
뿌리 깊은 경영, 바람이 없다 제2판

초판 1쇄 인쇄일 _ 2012년 2월 10일
초판 1쇄 발행일 _ 2012년 2월 15일

지은이 _ 정시훈
펴낸이 _ 정시훈

펴낸곳 _ 현진기획
등록일자 _ 2012년 1월 11일(제 25100-2012-000007호)
주소 _ 서울시 송파구 중대로24 212동 404호
전화 _ 011-720-5725 ㅣ 팩스 _ 02)3401-6205
E-mail _ shchung0909@hanmail.net

ⓒ 정시훈, 2012

값 18,000원

ISBN 978-89-87276-01-4 03320

총판 · 도서 주문 도서출판 BG북갤러리
전화_02)761-7005(代) ㅣ 팩스_02)761-7995

유능한 경영자의 꿈에 이르게 하는 길잡이

뿌리 깊은 경영, 바람이 없다

제2판

정시훈 지음

현진기획

기업경영에 관여하고 있는 모든 이들을 염두에 두고 이 책은 쓰였다.

기업의 경영 주체는 다름 아닌 경영자들이기 때문에 결국 경영자들의 자질과 기능이 당해조직의 발전과 번영에 결정적인 영향을 미치게 된다.

경영학은 현재 또는 미래 경영의 주체인 경영자들에게 기업경영 전반에 대한 체계적인 지식과 경영마인드를 제공함으로써 전문적인 경영능력을 증대시키는 데 최우선의 목적을 둔다.

이 책도 바로 그들 경영자가 일반적으로 수행하고 있는 직능의 관점에서 조직의 능률성과 유효성의 증대에 중요시되는 경영학의 기본적인 이론·기법·개념들을 다루고 있다.

이 책은 4개의 장으로 구성된다.

1장에서는 경영에 대한 정의는 무엇이며, 경영학은 어떤 학문인가를 살펴보고, 경영학 원론과 경영자에 대하여 알아본다.

2장에서는 성공적인 경영을 하거나 경영에 관한 학문적 연구를 하기 위한 기초지식을 습득하는 데 필수적인 경영학 원론의 대표적 접근법인 관리과정적 접근법에 대해 살펴본다.

3장에서는 조직 활성화의 가장 중요한 요인인 리더십의 이론적 측면을 조명하고 더 나아가 리더십의 유효성을 높일 수 있는 방향을 찾고자

했다.

4장에서는 대표적인 기업기능인 마케팅관리 · 재무관리 · 생산관리 · 인사관리에 대해 학습하게 된다.

또한 각 장마다 참고자료를 이용하여 경영지식과 기업경영 현실간 '교량' 역할을 시도함으로써 생명력 있는 교재가 되도록 노력하였다.

진취적이고 유능한 경영자는 태어나는 것이 아니라 사회화 과정에서 교육을 통하여 만들어질 수 있다고 믿는다.

미래지향적인 전망을 가지고 이 책이 제시하고 있는 원칙이나 개념 및 이론을 매일의 경영실무에 적용한다면 확실히 관리자로서 보다 효율성을 높일 수 있으리라 확신한다.

끝으로 원고 정리를 위해 수고해준 숭실대학교 경영대학의 제자들에게 감사의 마음을 전한다.

2012년 1월

정시훈

▍ 차례

4장 경영학 원론의 기업 기능적 접근

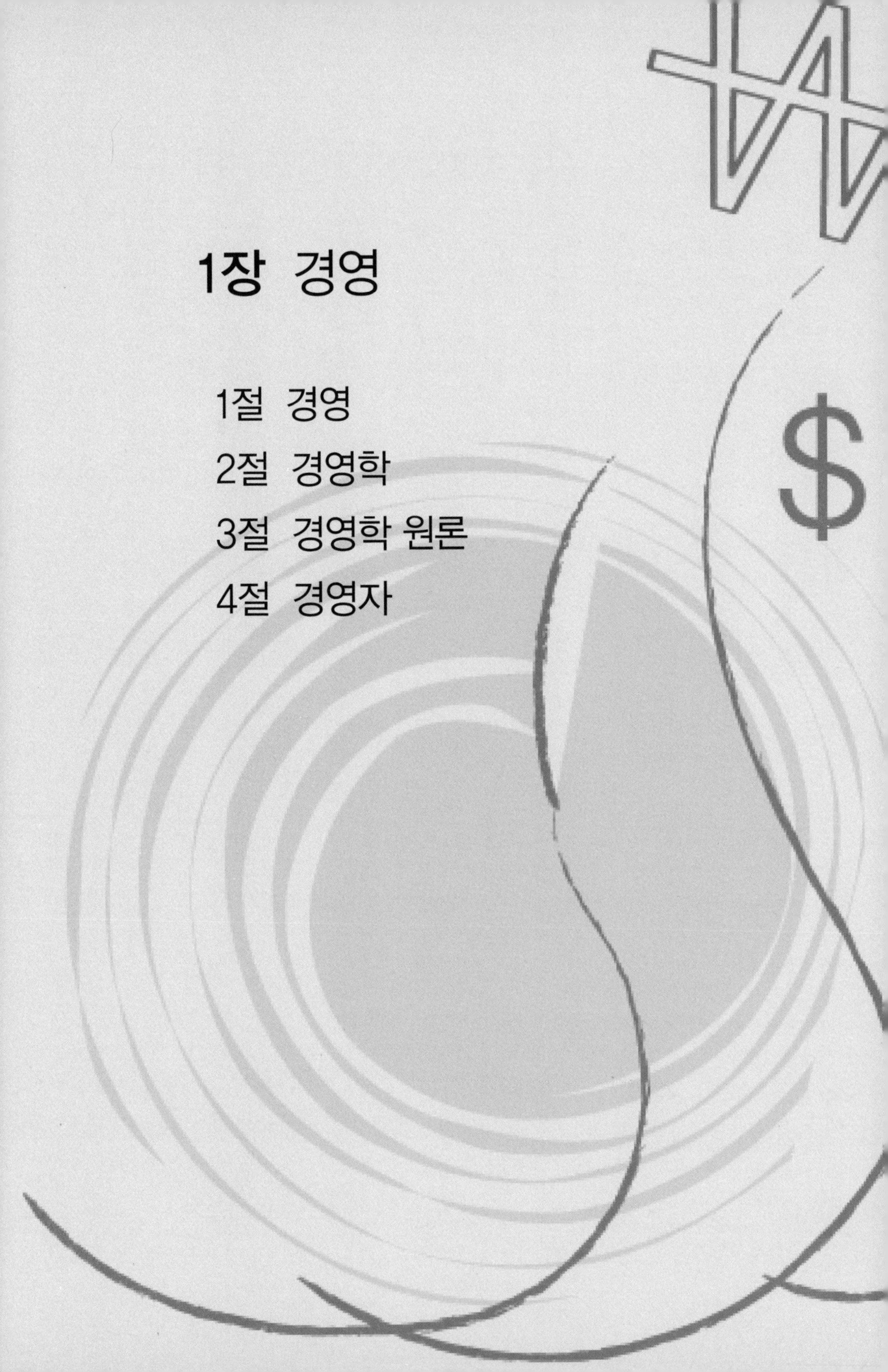

1장 경영

1절 경영(Management)

1. 경영에 대한 정의

〈포춘(Fortune)〉은 매년 세계 기업들을 대상으로 기업평판조사를 통해 '가장 존경받는(most admired) 회사를 선정, 발표하고 있다. 그 조사의 핵심요소로는 경영(자)의 질, 제품 및 서비스의 질, 혁신성, 장기투자가치, 재무건전도, 인재의 유지·개발·보유능력, 지역사회와 환경에 대한 책임감, 회사 자산의 적절한 운용 등이 있다(자료 1 참조).

소니보다 더 존경받는 삼성

애플이 4일 미국 경제전문지 〈포춘〉이 선정하는 2011년 세계에서 가장 존경받는 기업(World' s most admired) 1위로 선정됐다. 삼성전자는 처음으로 소니를 제쳤다. 애플은 4년 연속 1위 자리를 차지했다. 애플을 선정한 이유에 대해 〈포춘〉은 "애플이 매우 빠른 속도로 혁신적 제품을 내놓으며 첨단기업 수준을 지속적으로 높여왔다"고 밝혔다. 애플은 혁신과 인력관리, 사회공헌 등 거의 모든 심사 항목에서 1위에 올랐다. 2위는 세계 최대 인터넷 검색엔진 구글이 차지했고, 워런 버핏의 버크셔 해서웨이와 '펀 경영'으로 유명한 사우스웨스트항공, 생활용품 업체 P&G가 그 뒤를 이었다. 이어 코카콜라, 아마존닷컴, 페덱스, 마이크로소프트 등이 10위권에 이름을 올렸다. 한국 기업으로는 삼성전자가 38위를 차지해 소니(46위)를 앞섰다. 삼성전자 순위는 지난해 42위에서 4계단 올랐다. 삼성은 재무건전성과 장기투자 분야에서 높은 점수를 얻었다.

(자료 1)

〈포춘〉지 선정 존경받는 기업 순위

(2011년 3월 5일, 〈매일경제〉)

1위	애플	7위	아마존
2위	구글	8위	페덱스
3위	버크셔 해서웨이	9위	마이크로소프트
4위	사우스웨스트항공	10위	맥도널드
5위	P&G	38위	삼성전자
6위	코카콜라	46위	소니

이들 기업들은 어떻게 해서 세계에서 가장 존경받는 회사로 성공을 거둘 수 있었을까? 그 이유는 바로 무엇보다도 경영을 잘해 왔기 때문이라고 말할 수 있을 것이다. 즉, 이들 기업들은 복잡하고 어려운

경영문제들을 잘 해결해 왔을 뿐만 아니라, 다른 기업들이 쉽게 흉내내기 힘든 독특한 경영방식을 구축해 오늘날과 같은 세계적인 기업으로 발전해 왔다.

그렇다면 경영(Management)이란 무엇일까? 조직이 다름에 따라 그 활동 내용과 경영자의 기능이 각기 상이한 것이기 때문에 경영의 정의에 관해서는 아직 통일된 견해가 없다.

주요 학자들의 정의를 정리하면, 루(L. W. Rue)와 바이어스(L. L. Byars)에 의하면 "경영이란 조직의 목적이나 목표를 달성할 수 있도록 사람들에게 방향을 제시해 주는 활동의 형태나 과정이다"라고 했다. 한편, 쿤츠(H. Koontz) 등은 경영을 경영자가 의미 있는 조직목표를 성취하기 위하여 가능한 가장 효율적인 방법으로 조직의 일들을 계획(planning)하고, 조직(organizing)하고, 충원(staffing)하고, 지휘(directing)하고, 통제(controlling)하는 활동이라고 정의한 바 있다.

드러커(P. F. Drucker)는 "경영은 과업이다. 경영은 규율이다. 하지만 경영은 또한 사람이다"라고 말하였다.

또한 스토너(J. A. F. Stoner)는 "경영이란 사람들을 통하여 과업들을 수행하는 예술(the art of getting things done through people)"이라 정의하였다. (신유근, 《경영학 원론》)

앞서 본 바와 같이 경영은 다양하게 정의될 수 있으나, 여러 정의를 종합해보면 몇 가지 공통점을 도출해 낼 수 있다. 첫째가 조직목표(組織目標)이고, 둘째가 그 목표의 달성 방식이며, 셋째가 조직 구성원 혹은 사람을 통하여 일을 성취하는 것이고, 넷째가 계획 · 조직 ·

지휘 · 통제라는 관리 기능이다. 그리하여 이들 네 요인을 서로 결합하면 경영이란 "사람들을 통해 조직목표를 능률적이고 효과적으로 달성하기 위해 관련 활동들을 계획 · 조직 · 지휘 · 통제하는 과정"이라고 정의할 수가 있겠는데, 실제로 오늘날 대부분의 경영학자들도 이와 같이 보다 구체적으로 규정하려는 경향을 보이고 있다. (최병용, 《경영학 원론》)

(자료 2)

"CEO 업무시간 30% 직원교육에 투자한다"

"GE의 모든 최고경영자(CEO)들은 적어도 업무시간 30%는 직원에게 쏟습니다. 직원들 개발을 돕고 의욕을 북돋고 직원들을 연결하는 일이지요."
미국 대표 기업으로 꼽히는 GE의 제프리 이멜트 회장은 GE가 CEO 사관학교로 불릴 만큼 수많은 리더를 배출한 비결을 이렇게 설명했다. "GE는 사람을 최우선에 둡니다. 시간과 자원을 들여 리더 개발에 헌신합니다. 해마다 직원 훈련에 10억 달러(약 1조 1,100억 원)를 쓰는 이유죠." 1조 원이 넘는 교육비는 리더 또는 잠재적 리더 후보군에 집중된다. 그만큼 리더개발에 엄청난 돈을 투자하고 있다는 뜻이다. 내부에서 최고 인재를 키운 덕분에 외부 영입은 최소한에 그친다. 이멜트 회장은 "GE 최고위급 600명 중 90%는 내부에서 승진했다"고 말했다. 133년 GE 역사에서 최고 수장을 외부에서 모셔온 사례도 없었다. GE는 왜 이토록 리더의 내부 개발을 고집하는 것일까. "모든 리더는 절대 양보할 수 없는 '진실성(integrity)' 을 바탕으로 '혁신' 하고 '성과' 를 낸다는 GE의 가치를 받아들

2. GE의 인재경영

“GE의 모든 최고경영자(CEO)들은 적어도 업무시간의 30%는 직원에게 쏟습니다. 직원들 개발을 돕고 의욕을 북돋고 직원들을 연결하는 일이지요”라는 세계적인 초우량기업인 GE 이멜트 회장의 인터뷰 내용은 ‘경영’에서 사람(인재)의 비중이 얼마나 큰가를 잘 나타내고 있다(자료 2 참조).

2절 경영학

경영학은 현대사회에서 중추적인 역할을 담당하고 있는 기업을 주 연구대상으로 하여, 경영자가 기업목표를 달성하는 데 도움이 되는 이론과 실제를 탐구하는 학문이다. 따라서 경영학은 경영의 주체인 현재 또는 미래의 경영자들에게 기업경영 전반에 대한 체계적인 지식과 경영마인드를 제공함으로써 전문적인 경영능력을 증대시키는 데 근본적인 목적을 둔다. 그러나 경영학은 여기서 그치지 않고 모든 사회 구성원들의 삶의 질 향상에 기여하는 데도 그 목적을 두고 있다.

(신유근, 《경영학 원론》)

1. 경영학의 유용성

(1) 미래 전문경영인으로서의 능력 함양

뛰어난 경영자가 되기 위해서는 실무를 통해 살아 있는 경험을 갖추어야 할 뿐만 아니라, 복잡해지고 거대화되는 조직체의 경영을 위해 필요한 자질 및 능력과 함께 전문적인 경영지식을 갖추어야 한다. 경영학을 배우게 되면 전문경영자로서의 바람직한 역할과 조직체의 경영에 대한 전문적인 경영지식의 체계화를 도모할 수 있다. 특히 전문적인 지식과 자세, 학문적 방향성 그리고 사고의 틀 등은 경영학을 통해 배울 수 있는 대표적인 경영지식이다.

경영학 교과서에 있는 모든 이론이나 방법들이 구체적인 현실체계와 항상 일치하는 것은 아니기 때문에, 우리는 경영학 교과서를 통해 잘된 경영과 잘못된 경영을 비교 검토함으로써, 성공적인 경영방법을 배울 수 있다. (신유근, 《경영학 원론》)

(자료 3)

국내 500대 기업 CEO 출신 전공 경영
－경제학 200명…기계－화공 50명

경영 전문 월간지인 〈월간 CEO〉가 국내 500대 기업(매출순익) CEO 511명의 출신 전공을 분석해 공개한 결과에 따르면 경영학과 출신이 149명(29.2%)으로 가장 많았다. 다음은 경제학 51명(10%), 법학 34명(6.7%), 기계공학과 화학공학이 각각 25명 (4.9%)이었다. (2007년 3월 28일, 〈동아일보〉)

임원 1,130명 중 경영학과 출신이 211명(19.5%)

또한 국내 15개 그룹의 임원 승진자 1,411명 중 출신학과를 밝혀온 1,130명을 분석한 결과 경영학과 출신이 211명(19.5%)으로 가장 많았고, 기계공학 181명, 전자공학 113명, 경제학과 74명, 화학공학 44명 등의 순서였다. (2011년 1월 10일, 〈조선일보〉)

이는 경영학이 미래 전문경영인으로서의 능력을 함양함에 있어서 매우 유익한 학문임을 입증하고 있다(자료 3, 4 참조).

(2) 조직체를 성공적으로 이끌어 나가는 지식의 습득

경영학은 조직체를 성공적으로 이끌어 나갈 수 있는 전문적인 지식과 아이디어를 배우는 학문이다. 경영학은 경영자 자신의 경영능력을 증대시키는 데 그치는 것이 아니라, 성공적으로 조직체를 경영함으로써 그 속에 속한 구성원들의 발전을 함께 도모한다. 조직체가 성장하고 발전한다는 것은 경영자의 능력 발휘나 야망 실현을 넘어서, 그 속에 속한 구성원들의 발전, 즉 그들의 인간적인 삶의 질을 한 단계 향상시킬 수 있는 기회를 제공하는 것이다.

100년 만에 코카콜라 제친 펩시코의 인드라 누이

인드라 누이는 만년 3등이던 펩시코를 업계 1등으로 만드는 데 가장 크게 공헌한 인물로 꼽힌다. 그녀는 작년 10월 여성 최초로 펩시코 CEO가 된데 이어, 다시 7개월 만인 지난 5월 회장까지 겸하게 된다. 회사 설립 이래 100여 년 만에 펩시코가 코카콜라를 추월한 것은 세계적인 웰빙 바람에 따른 시장의 변화에 재빠르게 적응했기 때문이다. 그 중심에는 항상 인드라 누이가 있었다. 인도 남부 첸나이의 중산층의 가정에서 태어난 인드라 누이는 마드라스 크리스천 대학에서 화학을 전공하고, 인도 경영대(IIM)에서 경영학석사(MBA)를 취득했다.

1978년 미국으로 건너간 후 예일대 경영대학원에서 다시 경영학석사(MBA)를 땄다.

1994년 펩시코에 합류할 당시, 그녀는 제너럴일렉트릭(GE)에서도 러브콜을 받았다고 한다. 당시 펩시코 CEO 웨인 칼로웨이(Wayne Calloway)는 인드라 누이를 만나 이렇게 설득했다. "잭 웰치는 내가 아는 최고의 CEO이고, GE는 아마도 세상에서 가장 뛰어난 회사일 겁니다. 하지만 나는 당신과 같은 사람이 꼭 필요합니다. 펩시코를 당신을 위한 특별한 공간으로 만들겠습니다." 인드라 누이는 펩시코를 선택했다. (2007년 6월 16-17일, 〈조선일보〉)

인도에서 태어나 대학을 나온 이방인으로, 또 두 딸의 어머니로 백인 남성의 장벽을 뚫고 최고의 자리에 오를 수 있었던 인드라 누이의 지적인 힘의 원천은 인도 경영대(IIM)와 미국 예일대 경영대학원에서 축적한 조직체를 성공적으로 이끌어 나가는 전문 경영 지식의 습득이었다고 판단된다(자료 5 참조).

(3) 조직체의 발전을 통한 사회발전의 도모

경영학은 오늘날은 물론 미래 사회를 창조해 나갈 사회의 중추적 기관으로서 조직체의 발전을 도모함으로써 사회 전반의 발전에 이바지할 수 있기 때문에 그 의미가 중요하게 부각되고 있다. 우리가 경영학을 배우게 되면 성공적인 기업경영을 통해 사회에서 필요로 하는 충분한 물적 기반을 확보함으로써, 일반 국민들이 더 윤택하고 풍요로운 인간적인 삶을 영위할 수 있도록 '삶의 질(QL : Quality of Life)'을 향상 시킬 수 있는 아이디어를 얻게 된다. (신유근, 《경영학 원론》)

(자료 6)

초일류 기업들 글로벌 활약상, 한국인으로서 자긍심을 주다

요즘 세계 각국의 언론은 한국의 경영발전에 관한 기사를 앞 다퉈 보도하고 있다.

이들은 특히 1997년 외환위기와 2008년 세계 경제위기를 기회로 바꾼 한국인의 저력에 찬사를 아끼지 않는다. 이런 한국의 눈부신 경제적 성과의 배후에는 삼성전자, LG전자, 포스코, 현대 · 기아차, 현대중공업 같은 기업들이 있다. 한국의 초일류 기업들이 세계시장에서 활약하는 모습을 보면서 우리 국민들은 성공에 대한 자신감을 갖게 되었다.

한국의 경제발전으로 국격(國格)이 높아지고 해외에 나가 한국 국민으로서 자긍심을 느낄 수 있는 것은 경영학을 통하여 경영능력이 향상된 전문 경영인들의 밤낮 없는 노력의 결과로 볼 수 있다(자료 6 참조).

혹자는 경영이란 단지 상식과 경험의 문제에 불과한 것으로 보기도 한다. 물론 현명한 결정을 내릴 수 있는 한 상식도 중요하며, 또 실무적인 경험도 경영을 익히는 데 빼놓을 수 없는 요인임에는 틀림이 없다. 그러한 이론이나 지식 하나 하나를 모두 경험에 의존한다고 할 때 그에 요하는 시간과 노력의 낭비는 이루 헤아릴 수가 없을 것이다.

그러나 다행히 지난 100여 년간에 걸쳐 소위 '경영학'이라 불리는 조직화된 지식체가 발전해 왔으며, 우리가 본 경영학을 배우고 있는 것도 바로 그러한 지식체의 존재를 전제로 하고 있다. 그와 같은 농축된 지식을 정규 교육과정을 통해 단기간에 걸쳐 익힘으로써 우리는 일일이 개인적 판단이나 장기적 경험에 의존하지 않고도 조직의 합리적인 경영방식을 습득할 수가 있게 되는 것이다. (최병용, 《경영학 원론》)

2. 경영학의 성격

(1) 기술 대 과학 논쟁

경영학이 단지 기술(art)에 불과한 것이냐, 아니면 그것도 심리학·의학·생물학과 같이 하나의 과학(science)에 속할 수 있느냐에 대해서는 오래전부터 많은 논란을 불러일으켜왔다.

그러나 경영학이란 과학성과 기술성을 동시에 지니고 있는 복합적인 학문으로 보는 것이 옳은 것이다. 즉, 그것은 그에 고유한 원칙·이론·개념들로 구성되어 있다는 점에서 과학성을 지니고 있는 반면에, 경영실무는 기술성을 다분히 내포하고 있다는 것이다.

사실 경영에 있어서 과학성과 기술성은 서로 보완관계에 있기 때문에, 새로운 개념이나 기법의 출현으로 과학이 발전하게 되면 기술 역시 실무에 수정이 가해짐으로써 영향을 받게 마련이다. 다시 말해서 과학의 변화는 기술변화의 촉매제 구실을 하고 있으며, 반대로 기술이나 경영실무의 발전은 곧 경영학의 과학성에 기여하게 된다는 것이다. (최병용, 《경영학 원론》)

(2) 보편적 학문

흔히 경영학을 오직 기업 혹은 기타의 영리조직과만 관련시킴으로써 그것이 마치 그러한 조직의 고유한 학문인 것으로 잘못 생각하는 사람들이 의외로 많다. 그러나 경영학은 사기업이 아니라 오히려 군대조직·정부기관·종교조직에 그 기원을 두고 있으며, 그에 관한 갖가지 원칙이나 기법이 산업 활동에 응용되기 시작한 것도 겨우 산업혁명 이후의 일임을 간과해서는 안 된다.

경영학의 보편성은 쿤츠(H. Koontz)가 "경영되고 있는 대상이 무엇인가는 전혀 문제가 되지 않는다. 기업이든 정부든 자선·종교조직이든 혹은 대학이든 그들 조직 각 수준에 있는 모든 경영자의 과업이란 다 같이 최소의 물적·인적자원을 갖고 집단목표를 효과적으로 달성하도록 경영하는 것이다"라고 한 말에서 잘 반영되어 있다. 실제로 어떠한 형태의 조직에서든 경영이란 필요한 것이며, 기본적인 경영과정(Management process) 역시 다를 바 없다.

경영학의 보편성은 또한 그것이 문화와 사회적 배경이 다른 국가에서도 그대로 적용될 수 있음을 의미하기도 한다. 다시 말해서 경영학의 기본적인 개념·이론·기법은 어느 사회, 어느 국가에서나 동일하다는 것이다. (최병용, 《경영학 원론》)

(자료 7)

군(軍)장교들, 삼성·현대차서 경영전략 배운다

부대 근무성적이 우수한 현역 소령 20명이 창군 이래 처음으로 기업체에 파견돼 직무연수를 한다고 국방부가 밝혔다. 올해 1차로 선발되는 20명은 1년간 기업체에서 과장급으로 근무하고, 복귀 때는 군내 관련 정책부서에 근무한다. 연수대상 기업은 삼성전자와 현대자동차, SK, LG, 롯데, 포스코 등 6개 업체다.

이들 기업은 인사, 인재개발, 경영전략, 마케팅, 글로벌 비즈니스, 에너지, 환경 분야로 근무처를 배정할 계획이다. (2011년 3월 24일, 〈한국경제〉)

이는(자료 7 참조) "경영되고 있는 대상이 무엇인가는 전혀 문제가 되지 않는다"는 쿤츠(H. Koonz)의 경영학의 보편성이 잘 반영되고 있는 본보기가 될 수 있다.

(3) 인문학문 분야와의 학문적 연계

대학에서는 경영학을 전공하는 학생들에게 전공과목에 대한 공부뿐만 아니라, 인문과학, 사회과학, 자연과학 등의 분야에서 폭넓은 교양을 쌓을 것을 요구한다.

경영학을 연구하기 위해서는 다양한 학문 분야에 관한 소양과 적응 능력이 필요하다. 이처럼 경영학은 타 관련 학문 분야의 연구 성과를 토대로 독자적인 학문 분야를 구축하려는 종합 과학적 또는 둘 이상의 학문 분야에 걸치는 학제적 성격을 지니고 있다. 경영학의 인접과학으로서 경영학이 학문적 체계를 이루는 데 일조한 대표적인 학문들로는 다음을 들을 수 있다.

경제학이란 제한된 자원의 분배에 대한 학문으로써, 비교우위론을 통해 경쟁의 역할을 설명할 수 있다.

사회학은 인간의 공동생활을 과학적으로 연구하는 학문 분야이기 때문에 기업의 사회적 측면에서 경영학과 관련성이 깊다.

심리학은 경영자 및 노동자의 심리, 소비자의 구매심리, 조직 구성원 개인과 집단의 행동과 같은 경영조직 내의 인간관계, 동기부여, 커뮤니케이션, 리더십 등 여러 분야에서 경영학의 기초상식을 제공한다.

인류학은 인간과 사회에 대한 학문으로, 경영자들이 문화와 환경에 관련된 사람과 그들의 행동에 대한 판단을 내리는 데 도움을 준다.

통계학과 수학은 불확실한 환경 하에서 확률 개념을 이용하여 경영현상의 예측 및 의사결정에 도움을 주고, 경영현상을 계수적으로 설명 가능하도록 도와주며, 경영정책의 수립과 진행에 있어 필요한 도구가 되고 있다. (신유근, 《경영학 원론》)

(자료 8)

인문학과 접목 '하이브리드, MBA' 확산

비즈니스스쿨에 철학, 역사, 문학 등 교양과목을 접목하는 '하이브리드 MBA'가 확산되고 있다. 플라톤의 대화록이 경영진의 상상력을 넓히고, 다윈의 진화론이 시장에서 생존하려는 경영자에게 통찰력을 제공할 것으로 보는 것이다. 스페인의 IE비즈니스스쿨은 미국 동부의 브라운대와 공동으로 E MBA(Executive MBA)와 교양과목을 결합하는 새로운 코스를 제공한다고 <뉴욕타임스>가 16일 보도했다. 교과목의 3분의 2는 회계, 마케팅, 조직 등 핵심 MBA 과목을 IE비즈니스스쿨에 가르치지만, 나머지 3분의 1은 비즈니스 이외에 건강, 윤리, 사회 등의 강의를 미국 브라운대학 교수진이 온라인과 오프라인으로 가르친다. 데이비드 바흐 학장은 "관리자들은 테크니컬한 기술이 필요하지만 미래에 조직을 이끌기 위해서는 이것만으로는 부족하다"고 말했다. 사회와 문화에 대한 학문의 도구를 이용해 사회가 자원을 배분하고 위험을 계산하는 방법을 배워야 한다는 것이다. (2011년 1월 18일, <조선일보>)

현대 비즈니스 문제해결에 철학, 역사, 문학의 지혜를 발견하려는

시도는 인문학문 분야와의 학문적 연계를 필요로 하는 경영학의 학
문적 성격을 잘 나타내고 있다(자료 8 참조).

3절 경영학 원론

1. 경양학 원론

경영학 원론은 성공적인 경영을 하거나 경영에 관한 학문적 연구를
하기 위한 기초지식을 습득하는 데 매우 도움이 된다. 국어사전에서
원론이란 '근본이 되는 이론 또는 그것을 기술한 것' 이라고 나와 있
다. 따라서 경영학 원론(Principles of Management)이란 경영학의
기초 이론이나 일반이론을 기술한 것이라고 할 수 있다.
 우리가 경영학 원론을 연구하고 공부하려는 이유는 다음 세 가지로
요약해 볼 수 있다.
 첫째, 경영 현상을 쉽고 분명하게 이해할 수 있다. 경영학 원론에
대한 이해가 없다면 경영에 필요한 일을 분석할 수가 없고, 경영자에
대한 훈련을 시킬 수 없다. 경영학 원론은 경영의 각 요소에 대한 체
크 리스트의 역할을 한다.
 둘째, 경영학 원론은 경영학 연구를 위한 지침서가 된다. 경영학 원
론은 경영학 연구 활동을 위한 기초지식을 배양하고, 더 나아가 많은
경영 현상에 대한 가설들을 연구하는 데 활용할 수 있다. 이론을 개

발하려고 하거나 또는 지식의 지평을 넓히기 위한 연구 활동을 원한다면, 먼저 경영학 원론을 이해하는 것이 필수적이다.

셋째, 미래 경영자의 역할에 대한 경영 마인드를 심어준다. 경영학 원론은 경영실무에서 일하고자 하는 미래의 경영자들에게 경영학 전반에 걸친 지식 체계를 확립시켜줌으로써 조직 경영에 대한 기초를 제공해 준다. 그리하여 미래의 경영자에게 기업의 목표달성은 물론이고 사회적 목표를 달성할 수 있도록 하는 데 공헌한다. 〈신유근, 《경영학 원론》〉

2. 경영학 원론 학습을 위한 접근법

성공적인 경영을 하거나 경영에 관한 학문적 연구를 하기 위한 기초지식을 습득하는 데 필수적인 경영학 원론의 학습을 위하여 관리과정적 접근법과 기능적 접근법이 설명될 수 있다.

(1) 관리과정적 접근법

관리과정적 접근(Management process approach)은 경영을 관리과정으로 보아 계획, 조직, 지휘, 조정, 통제의 순서에 따라 경영의 시작부터 끝까지 물 흐르듯이 순환하는 것처럼 설명하는 방법이다. 관리과정적 접근에 의해서 기술된 경영학 원론의 예로는 미국의 경영학 원론(흔히 'Introduction to Management / Principles of Management' 라 불린다)의 한 흐름을 들을 수 있는데, 그 대표적인 예가 쿤츠(H. Koontz) 등의 저서이다.

쿤츠는 경영학 원론의 핵심적인 내용을 다음의 다섯 가지 관리과정을 중심으로 하여 기술하고 있다.

1) **계획(planning)** : 기업의 모든 경영활동은 사전에 결정된 계획에 따라 수행되는데, 계획은 기업 활동의 목표설정과 목표달성의 방법을 선택하는 과정이다. 즉, 계획은 기업의 목표를 달성하는데 필요한 행동의 지침을 미리 결정하는 것이다. 따라서 경영자는 이러한 계획기능을 제대로 수행하기 위해서 기업의 목표결정, 경영 목표의 구체적 설정, 경영전략 및 정책결정, 예산분배 등을 현실적이고 합리적으로 결정해야 한다.

2) **조직(organizing)** : 조직 또는 조직화는 기업목표를 달성하기 위해 수립한 계획을 추진하기 위해 부서별로 수행할 직무를 확정하고 직무 상호간의 관계를 규정하는 것을 말한다. 즉, 조직의 계획 활동을 효율적으로 수행하기 위하여 목표를 구체화하고 기업 구성원들에게 특정의 업무를 할당하며, 또는 직무를 수행하는 데 필요한 권한을 위양하고, 책임을 부과하여 각 직위의 상호관계를 명확히 규정하고, 체계화시키는 것을 의미한다.

3) **충원(staffing)** : 충원 또는 인적자원관리란 실제로 기업 활동을 담당할 사람들을 확보하기 위해 이들을 선발, 배치, 육성하는 것과 관련된 관리활동을 말한다. 기업목표가 합리적으로 달성되게 사람들의 협동적 노력을 체계적으로 조정·통합하여 수행하도록 하는 활동을 충원활동이라고 한다.

4) **지휘(directing)** : 지휘란 기업의 목표달성에 구성원들이 기여하도록 하기 위하여 기업이 의도하는 목표를 구성원들에게 인식시키고,

이를 달성할 수 있도록 조직 구성원을 지도하고, 감독하여 영향을 미치는 것을 말한다. 따라서 지휘는 동기부여, 리더십, 의사소통 등 인간적 관계 측면과 밀접한 관련이 있다.

　5) **통제(controlling)** : 통제는 경영활동이 사전에 설정된 계획대로 수행되도록 하는 관리활동이다. 즉, 미리 설정한 기획 및 표준과 일치하도록 경영활동을 검토, 평가, 수정하는 기능을 말하는데, 통제의 결과는 다음에 수립할 계획에 반영된다. 통제를 수행하기 위한 방법에는 예산통제, 원가관리, 직무평가 등이 있다.

　위와 같이 관리과정적 접근에 의하여 기술된 경영학 원론은 경영현상을 일련의 각 과정과 절차를 통해 일목요연하게 설명할 수 있다는 장점을 갖는다. 반면 그 요소가 서로 중복되고, 과학적 방법으로 그 이론적 근거를 제시하기가 어려운 약점을 가지고 있다. (신유근, 《경영학 원론》)(2장에서 구체적 내용 설명)

　(2) 기업 기능적 접근

　경영의 개념을 기업조직에 한정하면, 기업만이 가지고 있는 고유한 기능인 기업기능에 초점을 맞출 수 있다. 이는 기업의 특수성을 고려하여 기능관리의 핵심 대상이 되는 생산관리, 마케팅관리, 재무관리, 인사관리, 정보관리 등 기업의 주요기능에 주목하는 입장이다. 이러한 기업기능들에 초점을 두어 경영학 원론을 기술하는 방법을 기업기능적 접근(business functions approach)이라고 한다. (4장에서 구체적으로 설명)

4절 경영자(Manager)

1. 경영자는 누구인가?

　조직의 목표를 달성하기 위해 조직 구성원들이나 조직의 자원을 관리할 책임을 지고 있는 사람을 경영자라고 정의할 수 있다.
　조직의 경영자는 대개 소유경영자, 고용경영자, 전문경영자로 나뉜다. 소유경영자란 말 그대로 사업체가 자기 것이어서 출자와 경영을 함께 하는 것이다. 고용경영자는 기업이 커진다든가 해서 소유경영자가 혼자 힘으로 기업을 경영할 수 없는 경우 고용되어 경영의 일부를 위임받는 유급경영자를 말한다. 그러나 이런 단계를 넘어서 기업이 감당할 수 없게 커지고 활동이 고도로 복잡하게 되면 과학적이고 전문적인 경영지식과 능력을 가진 경영자가 필요하게 된다. 이럴 때 필요한 경영자가 바로 전문경영자이다.

　경영자는 최고경영자층(Top Management)과 중간경영자층(Middle Management), 그리고 하위경영자층(Lower Management)으로 구분된다. 최고경영자들은 기업 전체적인 차원의 의사결정을 하며, 전략적인 차원에서 조직을 형성하고 지휘·통제한다. '톱매니지먼트'라는 용어를 처음으로 보급시킨 홀덴(P. E. Holden)은 오늘날과 같이 소유와 경영이 분리된 주식회사의 형태의 현대 기업에서는 경영정책이 가장 중요하며, 그 정책결정의 중심 역할은 그 분야의 전문적인 지식과 경험이 풍부한 전문경영자층에 있다고 했다. 이들은 다른 말로 하면 톱매니지먼트, 즉 최고경영자라고 할 수 있다.

중간경영자란 최고경영자와 하위경영자의 중간에 있는 계층이다. 흔히 부문경영자라고 불리기도 하는데 최고경영자들이 전략적으로 결정한 정책에 입각해서 각 부문활동을 관리하며, 하위경영자 및 직원들을 직접 지휘·감독하는 관리 기능을 갖고 있다. 이들에게 가장 필요로 하는 역할은 커뮤니케이션이다. 최고경영자가 결정한 계획을 구체화하여, 하위경영자에게 전달하면서 동시에 위로부터의 지휘·명령이 하위경영자에게 제대로 집행되게 하며, 그 결과를 상부에 보고하는 역할을 수행한다.

현장관리자라고 불리는 하위경영자는 재료·기계·설비·공구·생산 공정 등에 대해 직접 감독책임을 지고 있다. 우리나라에서는 직장·계장·조장·반장 등의 이른바 현장간부가 그들이다. 그렇기 때문에 직접적인 작업의 성과는 하위경영자가 얼마나 자신의 기능을 제대로 발휘하는가에 달려있다고 해도 과언이 아니다. 생산성의 향상이라는 당면과제도 사실은 작업현장에서 직접 뛰는 제1선의 감독자의 능력에 많이 의존할 수밖에 없다.

그런데 사실상 이상의 세 계층의 전문경영자들은 계층에 따라 차이가 다소 있을 뿐, 경영이라는 기본적인 내용에 있어서는 동일한 맥락을 가지고 있다고 해도 과언이 아니다. 그렇기에 하위경영자나 최고경영자라고 해서 서로 전혀 다른 세계에 살고 있는 배타적인 관계라고 본다면 큰 오산인 것이다. (정시훈, 《뿌리 깊은 경영, 바람이 없다 초판》)

2. 경영체제에 따른 경영자의 구분

(1) 소유경영자

산업화 초기에는 소비자의 욕구에 대한 이해 없이도 판매기능의 수행에 어려움이 없었기 때문에 소유주 또는 기업가 자신이 경영자를 겸하는 것이 가능하였는데, 이러한 경영자를 소유경영자(Owner Manager)라고 한다. 이러한 소유경영자 경영체제 하의 기업은 소유자의 성격상 기업이나 사회적 이익보다는 소유자 개인의 이익에 집착할 가능성이 커서 사회적으로 긍정적 이미지를 얻기가 어렵다는 단점을 지닌다. 그러나 소유경영자는 자기자본으로 기업을 창설하고 남들이 쉽게 흉내 내기조차 어려운 경영 위험에의 도전을 감행하는 기업가로서의 강한 면모를 갖는다는 장점 또한 지니고 있다.

전통적 의미의 기업가란 자기자본으로 위험을 감수하면서 기업을 운영·지배하는 주체를 의미해 왔다. 즉, 기업가는 스스로 출자를 담당하고 이에 따른 위험을 부담하는 동시에 기업 내의 경영관리를 직접 수행하는 최고 책임자로서, 기업의 설립부터 기업에 관한 제반 경영활동을 스스로 책임지는 사람을 말한다(Massie, 1987 : 221-222).

소유경영자는 다음과 같은 특징을 보인다.

첫째, 소유경영체제 하의 소유경영자는 기업가로서 자기가 자본을 출자하고 이에 따른 위험을 부담하는 동시에 기업 내의 경영관리를 직접 수행하고 기업의 창업부터 기업에 대한 제반 경영활동을 스스로 책임지는 사람을 의미한다.

둘째, 소유경영자는 소유권에 바탕을 두고 막강한 권한과 리더십을 행사할 수 있다. 소유경영자들은 대체로 높은 성취 욕구를 지니고 있다. 따라서 성취 욕구가 높은 사람에게서 일반적으로 볼 수 있는 바와 같이 소유경영자들은 모든 것을 자기중심적으로 처리하려는 경향을 보인다. 즉, 기업 내의 거의 모든 의사결정을 독자적으로 처리하는 리더십 스타일을 보인다.

셋째, 소유경영자들은 그들이 축적해 온 거대한 부(소유권)와 함께 카리스마(charisma)적 리더십을 통해 막강한 개인적 파워를 행사한다. 카리스마란 초인간적·초자연적 특성은 아닐지라도 남들과는 다른 비범함을 의미한다. (신유근, 《경영학 원론》)

(자료 9)

故 이병철 삼성 회장
'망한다' 반대에도 반도체 과감히 투자

이병철 회장의 선견지명이 구체화한 것은 1983년 2월 8일 반도체 사업 진입을 선언한 이른바 '도쿄선언'이다.

당시 반도체 사업 진출은 삼성의 운명뿐 아니라 한국 경제 미래를 좌우하는 중대사였다. 미국, 일본 등 선진기술과 힘겨운 싸움이 기다리고 있었고 성공도 보장할 수 없었다. 측근은 물론 주의에서 만류와 반대가 심했다. 당시 반도체 가격은 생산 원가에도 못 미치는 선에서 거래가 이루어지고 있었다. 경쟁사에서는 "삼성이 드디어 망하는구나"라며 쾌재를 부르기도 했다.

하지만 이병철 회장은 반도체 사업을 야심차게 밀어붙였다. 이 같은 투자와 대외 환경 등의 도움으로 삼성은 신제품인 256K D램 개발에 성공했고 현재 삼성그룹의 발판을 다졌다.

故 정주영 현대 회장

중동서 나라 예산 절반짜리 공사 따내

1973년 1차 오일쇼크로 모두들 몸을 움츠릴 때 정주영 회장의 머릿속에서는 '돈을 벌기 위해서는 돈 많은 곳으로 가야 한다' 는 발상의 전환이 시작됐다. 중동 진출만이 오일쇼크를 극복할 수 있는 유일한 방법이라고 판단한 것.

회사 내에서조차 중동 진출은 과욕이라며 말리는 사람도 많았다. 하지만 '기업이 제 자리 걸음을 한다는 것은 결국 후퇴하는 것과 같다' 는 정 회장의 지론을 막을 수 없었다.

정 회장은 1975년 바레인 아랍 수리조선소 공사와 사우디아라비아 해군기지 해상공사를 따내면서 중동 진출의 서막을 알렸다. 백미는 1976년 7월 시작한 사우디 주베일 산업항공사. 공사금액 4,600억 원은 1976년 우리나라 예산 절반과 맞먹는 금액이었다. (2007년 1월 1일, 〈매일경제〉)

故 이병철, 정주영 회장 스토리는 소유경영자는 기업의 창업부터 기업에 대한 제반 경영활동을 스스로 책임지는 사람이며, 소유경영자들은 대체로 높은 성취 욕구를 지니고 기업 내의 거의 모든 의사결정을 독자적으로 처리하는 리더십 스타일임을 나타내는 내용임을 알 수 있다(자료 9 참조).

(2) 전문경영자

　기업의 규모가 더욱더 커지고 경영활동의 복잡성 증대로 과학적인 경영능력을 지니고 있는 전문가에 대한 필요성이 절실해짐에 따라 전문경영자가 출현하게 되었다. 전문경영자는 과학적이고 전문적인 경영지식과 능력을 가진 경영자로, 기업의 소유권으로부터 독립해 기업에 대한 경영권을 확보하고 기업경영에서 유일한 의사결정의 주체로서의 역할을 수행하는 자를 말한다. 오늘날 경영환경이 급속도로 변화하고 국제경쟁이 치열해짐에 따라 과거 소유경영자가 가졌던 도전심이나 모험심 외에 전문적 지식을 통해 계획성과 치밀함을 갖춘 전문경영자가 요청된다. 전문경영자는 소유자와 종업원의 중간에 위치하는 중간적 성격과 아울러 경영실권을 쥐고 있는 지배적 경영자로서의 성격을 갖는다는 점에서 단순한 고용경영자와는 다르다. 전문경영자는 책임경영의식을 확고히 지녀야 하며, 자기를 희생할 줄 알아야 한다. 전문경영자의 역할은 이해관계자들의 상호 대립하는 요구를 결정하는 것이며, 상대적으로 이해관계자 관리에 취약한 소유경영자와 대비된다. 따라서 전문경영자는 경영활동의 결과인 이윤을 각 이해관계집단에게 적정하게 배분할 수 있고 이해관계자들의 이해를 조정하는 과정에서 진정한 의미의 기업민주주의를 실현할 수 있다. (신유근, 《경영학 원론》)

　오늘날의 전문경영자는 반드시 혁신을 앞세워야 함이 원칙이다. 이는 경제학자인 슘페터(J. A. Schumpeter)가 갈파한 대로 경제의 동태적인 발전을 위해서는 경영자가 수행하는 혁신기능이 절대 불가결하기 때문이다. 혁신이야말로 소유자로서의 기업가이건, 자본과 경영의 분리화에서의 전문경영자이건 다 같이 발휘해야 하는 '경영자의 직능(function of management)' 이라는 것이다.

현대 경영학의 태두(泰斗)라 불리는 드러커(P. F. Drucker) 또한 가장 중요한 기업가기능 (entrepreneurial function)으로 혁신을 말한다. 그는 "앞으로의 기업에 있어서는 혁신기능이 경영자 기능의 중심이 될 것이며, 그러한 혁신기능을 앞세워야 하는 것이 바로 현대 경영자의 역할(role of management)" 이라고 강조한다. 이는 결국, 오늘날의 경영자는 관리기능과 동시에 혁신기능도 발휘해야 한다는 의미나 마찬가지이며, 더구나 전문경영자일 경우 결코 소홀히 해서는 안 된다. 기업의 유지를 위해서는 관리기능만의 발휘로 족할지 모르지만, 한걸음 더 나아가 기업의 성장을 위해서는 혁신기능의 발휘가 절대적이라는 의미이기도 하다.

기업 성장이란 어디까지나 기업 유지에서 한 걸음을 더 나간 발전단계를 뜻하며, 관리기능의 발휘는 그러한 의미에서는 기업 유지를 위한 경영자의 기본적인 역할이라 할 수 있다. 경영자의 혁신기능의 발휘야말로 추가 되어야 하는 성격임을 명심해야 한다. 그것은 관리기능의 발휘에만 넋을 잃는 기업에게는 시대의 선구자로서의 새로운 기회(new opportunity)가 주어질 수 없을 뿐만 아니라, 기업 성장이 전혀 이룩되지 않아, 다만 정체된 기업으로만 해당 업계에서 고립되는 존재가 되어 버리기 때문이다.

혁신이라면 마치 기술혁신(technological innovation)만을 의미하고 있는 것은 아니다. 혁신(innovation)이란 한마디로 표현해서 생산 요소의 결함에 의해 상품을 생산, 이를 시장에 공급함에 있어 종래의 방식을 그대로 답습하는 것이 아니라, 구래방식에서 적극적으로 이탈하는 것을 의미한다. 신 결합, 소위 창조적 파괴(creative destruction)의 뜻으로서 기술적인 혁신뿐만 아니라, 제품의 혁신, 공정의 혁신, 혹은 판매의 혁신까지도 포괄하는 광의의 개념이다. (한희영, 《경영학원론》)

(자료 10)

기술보다 고객을 먼저 생각

루이스 거스너 IBM 회장

IBM이 다시 일어섰다.

91년부터 본격적인 곤두박질에 들어서기 시작해 93년에는 80억 달러가 넘는 적자를 내면서 몰락이 예견됐던 회사가 96년 80억 달러가 넘는 흑자를 기록한 것이다.

루이스 거스너 회장.

그가 바로 IBM을 새롭게 태어나게 만든 장본인이다. 그는 4월 29일 미국 텍사스 주 댈러스에서 열린 연차주주총회에서 'IBM의 부활' 을 마침내 선언했다.

그것은 빙하기를 견디지 못하고 쓰러져가는 공룡처럼 무너져 내리는 IBM의 회장으로 취임한지 꼭 4년만의 일이다.

그는 과연 만신창이가 되어버린 거인을 어떻게 되살려냈을까.

그는 회장 취임을 승인받은 93년 4월 23일 주주총회에서 IBM의 주주들에게 이렇게 말했다.

"토마스 왓슨 주니어의 창업정신을 되살려 충실하게 실행하면 IBM의 운명은 크게 달라질 수 있을 것이다."

토마스 왓슨 주니어란 말이란 'IBM means service' 이다. 원래 IBM의 고객에 대한 서비스를 위해 창업했다는 말이다.

IBM은 고객 때문에 부활했다고 해도 과언이 아니다. 거스너 회장이 IBM 부활을 성공시킨 것은 고객의 마음을 IBM으로 다시 돌리게 만든 데 성공했기 때문이다. 그는 취임 후 6개월 동안 2만 명 이상의 고객과 직접 대화를 했다. 그가 만난 고객들은 한결같이 '컴퓨터 관련 모든 요소를 통합할 수 있는 회사는 IBM밖에 없다. IBM은 왜 그런 힘을 고객을 위해 발휘하지 않는가' 라는 어렵지 않는 주문을 했다.

고객과의 대화에서 자신의 진단된 처방에 대한 확신을 얻은 거스너 회장은 'IBM이 가지고 있는 종합력을 살려 컴퓨터 사용에 관한 노하우 전체를 제공하는 서비스 기업' 으로 새롭게 만들어갔던 것이다.

뉴욕주 아몽에 있는 본사 2층 회장의 집무실에 거스너 회장의 모습이 나타나는 것은 오후 5시 이후이다. 회사 카페테이라에서 간단한 저녁을 들고 저녁 늦게까지 책상에 앉아 그는 하루 종일 고객기업을 방문한 결과를 종합 정리한다. 그만큼 거스너 회장은 고객을 중시한다.

그는 컴퓨터의 공룡 IBM을 빙하기에서 되살려냈다는 점에서 잭 웰치를 능가하는 금세기 마지막 미국 최고의 최고경영자로 평가받을 것이다.

(1997년 7월 14일, 〈매일경제〉)

1993년 한해에만 80억 달러가 넘는 적자를 내면서 몰락이 예견됐던 IBM을 부활시킨 루이스 거스너의 성공스토리는, 그를 금세기 마지막 미국 최고의 전문경영자로 평가받게 하고 있다(자료 10 참조).

3. 경영자 계층 간의 스킬 믹스(skill mix)

경영자는 최고경영층과 중간경영층 그리고 하위경영층의 각 계층별로 제각기 기능을 파악하는 일 외에도 전체의 경영층이 다 같이 발휘하게 되는 기능을 공통기능이라는 관점에서 본다면, 그 기능이란 두 말할 나위도 없이 경영자기능(managerial function), 즉 관리기능(management function)인 것은 자명하다. 계획 · 조직 · 통제라는 3대 기능으로 간추려지는 관리기능은 어떠한 계층의 경영층에 속해 있든, 적어도 경영자라면 무엇보다도 먼저 발휘하여야 할 대전제적인 공통기능인 것은 물론이다. 바로 이것이 매니지먼트(Management)의 본질이다. 다만 여기서 문제가 되어야 하는 것은 그러한 본질적이며, 또 기본적이기도 한 경영자기능으로서의 관리기능이라는 관점에서가 아니라, 그보다도 높은 차원에서, 그 이외에도 경영자라면 반드시 발휘해야 할, 그 이전의 상호기능, 따라서 그 공통 기능에 관해서이다. 이는 '경영자의 기능(Skill)' 이라는 색다른 관점에서, 이들 기능을 통틀어 스킬 믹스(skill -mix)라 부르는데, 다음과 같다.
　① 관리적 기능(administrative skill)
　② 인간적 기능(human skill)
　③ 기술적 기능(technical skill)

　이때 관리적 기능이란 모든 경영층이 애당초 지니고 있어야 할 경영자기능(managerial function)을 기능적인 측면에서 표현한 것으로서, 계획·조직·통제라는 3대 관리기능(management function)을 보다 효과적으로 발휘할 수 있는 숙련도를 뜻한다. 이는 그뿐만 아니라 경영의 조직 전체를 총체적으로 파악하고, 각 부문조직을 상호 관련시켜 볼 수 있는 능력을 의미하기도 한다. 더 나아가서 기업의 목적이나 정책을 설정하는 일체의 관리적인 재능을 총괄하게 되는 것은 물론이다.

　한편, 인간적 기능은 경영조직체에 있어서의 온갖 기능을 말한다. 즉, 그것은 원활한 커뮤니케이션을 토대로 한 인간관계의 유지를 뜻한다. 그런데 이 인간적 기능은 공식조직이건 비공식조직이건 간에, 그러한 조직의 모든 구성원으로 하여금 공통목적을 향해 자발적으로 협동하게 하는 능력을 뜻하기도 하지만, 주로 경영자 계층 간의 인간관계의 유지를 위한 능력이 그 주된 대상이 된다. 또한 전술한 관리적 기능이나 후술하는 기술적 기능은 어느 정도 교육·훈련을 통해 상당한 질적 향상을 기할 수 있는 성질의 것이지만, 이 인간적 기능만은 그 원래 정서적인 성격 탓으로 상당한 부분이 경영자 자신이 타고난 소질과 재능에 달려 있다고 볼 수 있다.

　그리고 기술적 기능이란 전문적인 지식과 경험을 토대로 한 해당분야의 기술적인 이해도와 숙련도를 뜻한다. 이를테면 자동차회사의 경영진은 자동차에 관한 기술적인 지식을 구비하고 있어야 하며, 광산회사의 간부에게는 광물생산에 관한 여러 가지 기술적인 이해가 갖추어져 있어야 한다는 것과 같다. 또 공작기계의 관리자는 실제로도 기계조작의 유경험자가 태반인 것처럼, 그러한 공작기계에 관한 기술적인 숙달도는 높으면 높을수록 유리하다. 나아가서 기술자의 공작수완, 회계 관리적 부기술, 은행 간부의 금융거래의 기술적인 숙련 등이 바로 기술적 기능에 속한다.

그러나 이러한 일련의 '스킬 믹스(skill mix)'는 비록 경영자 전계층의 공통기능이라 하더라도, 그 실제의 발휘상 비중에 있어서는 경영자 계층 간에 커다란 차이가 있게 되어 있다. 이는 어떠한 종류의 기능이건 경영자 계층에 따라 애당초 그 조직적인 직책상 차이는 있게 마련이기 때문이다. 이처럼 비록 전체적인 관점에서는 이들 스킬 믹스가 제각기 잘 혼합되어서 발휘되어야 할 경영자 각 계층의 공통 기능이지만, 실제상의 발휘에 있어서는 경영자 계층 간에 상당한 격차가 두어지고 있는 것이 보통이다. (한희영, 《경영학 원론》)

(자료 11)

장미란의 괴력은 균형 잡힌 몸+무쇠다리+기술 '황금의 3박자'

여자 역도 최중량급 경기를 보면 체중 117kg의 장미란이 왜소하게 보인다. 장미란은 은메달을 딴 우크라이나 올하 코로브카(167kg)보다 몸무게는 50kg은 덜나가지만 합계 기록은 49kg이나 더 들었다. 경쟁자들을 압도하는 장미란의 '괴력'은 어디에서 나오는 것일까. 국민체육진흥공단 체육과학연구원(KISS)의 역도 담당 문영진 박사는 "균형 잡힌 몸, 강인한 하체, 뛰어난 기술의 3박자가 들어맞은 것"이라고 했다.

• 균형 잡힌 몸, 질 좋은 근육

장미란은 경쟁자들에 비해 신체 내 근육 비율이 훨씬 높다. 체육과학 연구원에 따르면 장미란은 체지방 비율이 30% 정도, 117㎏의 몸집은 지방이 아닌 근육으로 채운 것이다. 코로브카 등 '배가 흘러내릴 것 같은' 최중량급 선수들의 체지방 비율이 40% 가까이 된다. 몸은 크지만 힘을 쓰는 근육의 양에서 장미란에 뒤지는 것이다.

• 강인한 하체가 세계 제패의 원천

장미란의 파워는 하체에서 나온다. 특히 양다리 신근(伸筋, 뻗는 작용을 하는 근육)의 힘이 여자 선수로는 최고다. 다리를 펴는 힘이 좋기 때문에 바벨을 든 자세에서 일어서는 힘이 다른 선수들을 압도한다.

• 두 배의 추진력을 내는 '이중 무릎 굽힘'

장미란은 "베이징올림픽을 준비하면서 상체 근력을 강화한 게 큰 도움이 됐다"라고 했다. 장미란은 상체가 강해지면서 바벨을 머리위로 올려 던져 올리는 '라스트 풀(last pull)' 동작이 좋아졌고, 약점으로 지적되던 인상에서 세계신기록(140㎏)을 세웠다. 바벨을 엉덩이 높이 위로 끌어올릴 때 상체의 힘으로 무게를 버티면서 엉덩이가 뒤로 빠지는 것을 방지하는 동작이 개선된 것이다. (2008년 8월 19일, 〈조선일보〉)

장미란의 괴력이 '황금의 3박자'에서 나오듯이 전문경영인으로서 탁월한 경영성과를 지속적으로 나타내기 위해서는 관리적 기능, 인간적 기능, 기술적 기능의 황금의 스킬 믹스가 절대적으로 필요시 된다고 판단된다(자료 11 참조).

2장 경영학 원론의
      관리과정적 접근

1절 계획
2절 조직
3절 지휘
4절 통제

2장 경영학 원론의 관리과정적 접근

1절 계획(Planning)

1. 계획의 본질과 중요성

⑴ 계획의 의의

경영계획이란 경영활동의 출발점이자 그 전제가 된다. 앞으로 다루게 될 조직, 지휘, 통제 등 경영기능 모두가 계획을 달성하기 위한 수단에 불과하다. 왜냐하면 계획이란 목표를 수립하고 그 달성방법을 결정하는 과정이라 할 수 있기 때문이다.

계획 수립은 우리가 현재 위치한 곳에서 장차 도달하고자 하는 곳까지의 빈 곳(gap)을 연결하는 다리를 놓는 역할을 한다. 계획 수립은 그것을 수립하지 않았더라면 발생하지 않았을 것을 발생가능하게 하는 것이다. 비록 우리가 장래를 정확하게 예측할 수 없고 우리의 통제범위를 넘어서는 요인들이 최선의 계획에 장애가 된다 할지라도,

계획을 하지 않는다면 모든 일을 우연에 맡기는 식으로 될 것이다.
(Koontz and Weihrich, 《Management》 / 김세영 역, 《경영관리》)

(2) 계획의 중요성

계획은 1) 불확실성과 변화를 상쇄시키고, 2) 주의를 목표에 집중시키도록 하며, 3) 경제적인 활동을 가능케 하고, 4) 통제를 가능하도록 한다는 네 가지의 중요성을 지니고 있다.

1) 불확실성과 변화의 상쇄

계획은 조직이 직면하게 될 불확실성과 변화 때문에 더욱더 필요시된다. 경영자 역시 계획을 수립한 후 수시로 그것을 수정하지 않으면 안 될 경우가 발생할 것이다. 사실 미래란 항상 불확실하기 마련이며 보다 먼 미래일수록 그러한 불확실성도 더욱 커지게 된다. 그러한 불확실성에 따른 위험을 최소화함과 더불어 변화에 적응토록 하려는 데 바로 계획의 존재의의가 있는 것이다.

2) 주의를 목표로 집중

모든 계획이 조직목표의 달성을 지향하고 있기 때문에 계획을 수립하는 행위 그 자체가 바로 주의를 목표로 집중시키게 한다. 따라서 치밀하게 수립된 전반계획은 조직 내 각 부문의 활동을 통합시켜 주는 기능을 한다.

3) 경제적인 활동의 가능

계획은 능률과 일관성에 역점을 두기 때문에 비용을 최소화시켜 준다. 이는 계획이 노력을 서로 조정시켜 일에 일관성을 부여해주고 결정에 신중을 기하도록 해줌으로 해서 가능하게 한다.

4) 통제의 기능

어떤 계획된 목표가 없는 한 경영자가 종업원들의 성과를 측정하기란 곤란할 것이다. 통제는 계획을 전제로 하고 있으며, 실제의 활동을 계획과 일치시키도록 하는 과정이라고 할 수 있다. (최병용, 《경영학원론》)

(자료 12)

평창, 위대한 승리

2018 동계올림픽 유치, 세 차례 도전 끝에 38표差 압승… 세계 다섯 번째 '스포츠 그랜드슬램'

평창이 7일 0시 18분(한국 시각) 남아공 더반에서 발표된 IOC 제123차 총회의 2018 동계올림픽 개최지 결정 1차 투표 결과 과반 득표에 성공하며 개최권을 따냈다. 한국은 1차 투표에서 유효 투표 95표 중 63표를 얻어 독일 뮌헨(25표)과 프랑스 안시(7표)를 크게 따돌렸다.

유치과정에서 줄곧 앞서나간 평창은 그동안 과반 득표로 1차 투표에서 승리를 결정짓는다는 전략을 펼쳤다. 평창의 압승을 이끈 것은 프레젠테이션이었다. 이명박 대통령, 조양호 유치위원장, 박용성 대한체육회장, 김진선 특임대사의 연륜과 피겨스타 김연아, 태권도 영웅 문대성 IOC위원, 입양아 출신 스키스타 토비도슨(한국명 김수철)의 젊음이 어우러졌다. 특히 6일 평창의 마지막 프레젠테이션은 '새로운 지평(New Horizons)'이라는 슬로건의 이념을 이상적으로 구현했다는 평가를 받았다.

비행거리 50만 Km… 스피치 트레이닝 받기도

"정말 이 날을 기다려왔습니다. 온 국민의 결정적 지원과 격려가 승리의 밑거름이 됐습니다."

6일(현지 시각) 조양호 평창 동계올림픽 유치위원장의 목소리는 떨렸다. 대한항공 회장이기도 한 조 위원장은 2009년 9월 "국가의 심부름꾼 역할을 하겠다"며 유치위원장을 수락한 이후, 기업경영보다는 평창 유치 활동에 더 치중했다는 평까지 받고 있다. 조 위원장은 2009년 9월 개최된 121회 IOC 총회에서부터 이번 더반 IOC 총회까지 약 34개의 해외행사를 소화했다.

조 위원장은 IOC 위원들에게 평창의 장점을 알리기 위해서는 호소력과 설득력이 포함된 프레젠테이션 능력이 중요하다고 판단해, 스피치 트레이닝 전문가를 만나기 위해 영국까지 날아갔다. 1주일에 2~3번씩 꼬박꼬박 발성연습을 한 그는 주변사람들에게 "영화 '킹스 스피치' 주인공 심정을 알겠다"고 말했다는 후문이다.

해외출장 170일… 유력 IOC위원 3번씩 접촉

이건희 삼성전자 회장은 작년과 올해 평창 동계올림픽 유치에 올인 하다시피 했다. 이 회장이 자신이 올림픽 유치 활동을 외부에 알리는 것을 꺼려 잘 알려지지 않았지만 이 회장은 깜짝 놀랄 정도로 강행군을 소화해 왔다. 이 회장은 이번 유치 활동에서 총 110명의 IOC 위원을 거의 대부분 만나 평창 지지를 당부한 것으로 알려지고 있다. 일부 유력 IOC 위원은 세 번씩이나 만난 것으로 알려졌다.

유치전 3번째… 프레젠테이션 노하우 살려

박용성 대한체육회 회장은 평소 "평창 동계올림픽 유치가 나의 체육계 경력 30년의 절정"이라는 말을 자주 해왔다.

박 회장은 이번까지 세 번 모두 유치전에 관여했다. 2003년과 2007년에는 국제올림픽위원회(IOC) 위원이자 국제유도연맹 회장 자격으로, 이번에는 대한민국 체육계의 수장으로 전면에 나섰다. 2002년부터 2007년까지 IOC 위원으로 활동할 당시 다른 위원들과 맺었던 친분을 한껏 활용했다. 국제 체육기구와 스포츠 행사에 최대한 참석해 IOC 위원의 90%를 만났고 지난 6월 한 달 동안 하루에 한 국가씩 방문하는 강행군을 펼쳤다. 올 6월까지 박 회장이 평창 올림픽 유치를 위해 비행한 거리는 지구 13바퀴에 해당하는 51만 376km이다.

박 회장은 평창 현지 실사를 비롯해 런던 스포트 어코드, 스위스 로잔테크니컬 브리핑 등 올 들어 열린 모든 국제 행사에서 프레젠터로 활동했다. 그는 최근 한 인터뷰에서 "내가 오랫동안 국내외 체육계에서 잔뼈가 굵었는데, 각종 국제 행사 프레젠테이션을 준비하면서 이번처럼 컨설턴트에게 시달린 적이 없었다"고 말했다. (2011년 7월 7일, 〈조선일보〉)

평창이 2018년 동계올림픽 개최권을 따낸 성공 스토리를 보면 1) 불확실성과 변화를 상쇄시키고 2) 주의를 목표에 집중시키도록 하며 3) 경제적인 활동을 가능케 하고 4) 통제를 가능하도록 한다는 네 가지 계획의 중요성을 확인하는 살아있는 케이스로 볼 수 있다(자료 12 참조).

(2) 계획의 단계

계획의 단계는 8가지로 구분해 볼 수 있을 것이다. 어느 계층의 관리자들이라도 완벽한 계획 수립을 하는 데 있어서는 본질적으로 동일한 단계를 따르게 될 것이다.

1) 기회의 발견

계획 수립에 앞서 경영자는 우선 있을 수 있는 미래의 이익 기회를 철저히 검토함과 아울러 그와 관련한 자사의 강점과 약점은 무엇이고 무엇을 추구할 것인가를 명백히 알고 있지 않으면 안 된다.

2) 목표의 설정

계획의 두 번째 단계는 조직 전체와 각 하위조직들의 목표를 설정하는 것이다. 목표는 기대되는 결과를 명시해 주며 도달해야 할 종착점을 나타낸다. 또 그것은 어디에 역점을 둘 것인가와 함께 전략, 정책, 절차, 규칙, 예산 등의 네트워크를 통해 이룩할 것이 무엇인가를 보여주기도 한다.

3) 계획 전제의 개발

계획 수립의 세 번째 단계는 논리적으로 볼 때 예측과 적용 가능한 기본방침, 현재 가지고 있는 계획 등과 같이 결정적인 중요성을 내포하는 계획 수립의 전제조건을 수립하고, 각 관련자들에게 전달하며 사용 시 이들의 동의를 얻는 일이다. 그러나 미래란 언제나 불확실하고 여러 요인들이 복잡하게 서로 얽혀 있기 때문에 미래 환경의 상황 하나하나에 대해 어떤 가정을 설정해 놓는다는 것은 비현실적일 것이다. 그러므로 실제의 전제는 계획에 중요하고 전략적인 가정, 즉 조직 활동에 크게 영향을 주리라 생각되는 가정들로만 한정되게 한다.

4) 대안의 탐색

계획의 네 번째 단계는 취할 수 있는 대안적 행동코스를 탐색하고 검토하는 것이다. 실제로 대안이 전혀 존재하지 않는 계획이란 거의 없다. 그러나 있을 수 있는 대안들을 탐색하는 일도 중요하지만 대안의 수를 줄여나가 가장 바람직한 대안들만을 심층적으로 분석하는 일도 그에 못지않게 중요하다.

5) 대안의 평가

여러 개의 대안적 행동방향을 찾아내어 그 강점과 약점을 검토하였으면, 다음 단계는 전제와 목표에 비추어 이들을 상호 비교함으로써 평가하는 것이다.

6) 대안의 선택

이 단계는 계획이 선택되는 시점 즉, 실제로 의사결정이 이루어지는 단계이다. 간혹 대안들을 분석하고 평가해 보면 둘 이상의 대안이 한 가지 대안을 택하는 것보다 더 나은 경우도 있다. 이러한 경우에 관리자는 하나의 최선을 택하기보다는 여러 행동방안을 따르도록 결정할 수도 있다.

7) 파생계획의 수립

행동방안의 선택에 대한 의사결정이 이루어지는 시점에서 계획 수립이 종결되는 경우는 거의 없다. 거의 모든 경우에 기본계획을 지원하고 보완하기 위한 파생계획을 수립해야 하는 것이다.

8) 예산의 수립

결정이 이루어지고 여러 파생계획이 수립된 후의 마지막 단계는 그들 계획에 화폐적 수치를 부여함으로써 그들을 예산화시키는 일이다. 예산은 그것이 치밀하게 수립되어 있는 한 여러 하위계획들을 서로 통합시키는 하나의 수단이 됨과 동시에 계획의 집행결과를 측정하기 위한 중요한 표준으로서 활용될 수가 있다. (최병용, 《경영학 원론》), (Koontz and Weihrich, 《Management》 / 김세영 역, 《경영관리》)

2. 목표관리(Management by Objectives)

(1) 목표관리의 등장

목표에 의한 관리는 중요하고 핵심적인 많은 관리활동을 시스템적 방법으로 통합하고 조직과 개인의 목표를 효과적이고 효율적으로 달성하고자 의도적으로 관리하는 포괄적인 관리 시스템이다. (Koontz and Weihrich, 《Management》 / 김세영 역, 《경영관리》)

목표관리의 중요성을 오래전부터 특별히 강조한 사람을 든다면 아마 드러커와 맥그리거일 것이다. 드러커 교수는 지난 1954년 그의 저서 《The Practice of Management》에서 성과가 기업의 건전성에 영향을 주는 모든 분야에서는 반드시 목표가 설정되어 있어야만 한다고 함으로써 목표관리의 중요성을 강조한 바 있다. 즉, 그는 자기 통제와 자기 방향설정의 개념을 주창하였는데, 그러한 관리 철학은 그와 같은 때에 제너럴일렉트릭사가 경영의사결정을 분권화시키기 위한 조직개편작업에서 MBO의 요인들을 채택한 데에서도 나타나 있다.

"올해 소니 잡고 세계 1위"

"우리의 경쟁 상대는 소니입니다. 올해는 브랜드 가치를 올려 유럽에 이어 미국 시장에서도 소니를 제치고 1등하는 것이 목표입니다."

삼성전자 디지털미디어 총괄 최지성(催志成) 사장은 "내년까지 디지털 TV 한 품목만으로 매출 100억 달러(10조 원)에 도전하겠다"며 '라이벌'로 소니를 지목했다.

브랜드 충성도가 높은 미국에서 일본 업체들만 물리칠 수 있다면, 세계 시장 재패는 문제없다는 것이다. 이 때문에 최 사장은 미국 내 최대 유통 업체인 '베스트 바이' 등과 긴밀히 협력, 지난해보다 유통 물량을 두 배 이상 늘릴 예정이다. (2006년 1월 9일, 〈조선일보〉)

삼성, 北美 3D TV시장서 부동의 판매 1위

삼성전자가 북미 3D TV시장에서 4월에 이어 5월에도 50%가 넘는 판매 점유율로 1위를 지켰다. 전체 북미 평판 TV시장에서도 점유율 1위를 지켰다.

미국 시장 조사업체 NPD는 지난달 북미 3D TV시장 점유율을 집계한 결과 삼성전자가 54.8%로 1위를 차지했다고 28일 밝혔다.

삼성전자 3D TV는 지난 3월 LG전자 등 경쟁업체의 약진으로 처음으로 점유율이 40% 대로 떨어졌지만 4월 이후 58%를 넘기여 오히려 2월(51.7%)보다 점유율이 늘어났다.

삼성전자는 최근 안경 값을 인하하고 3D 콘텐츠를 인터넷으로 서비스하는 등 본격적인 마케팅을 벌이면서 3D TV시장 점유율을 회복시켰다. 북미 스마트 TV시장에서도 삼성전자는 47.1%로 1위를 지켰다. 스마트 TV의 경우에도 삼성전자는 2위 소니의 약진으로 1·2월 점유율이 30%대로 떨어졌지만 3월 이후 40%대를 회복했다. (2011년 6월 29일, 〈조선일보〉)

2006년 '소니 잡고 세계 1위'의 목표관리가 '2011년 북미(北美) 3D TV시장서 부동의 판매 1위'의 실적으로 이어지고 있다(자료 13 참조).

(2) 목표관리 개념의 적용 절차

MBO과정의 핵심은 조직 내 각 개인들과 그들의 상사가 공동으로 목표를 설정한 다음 바로 그 목표를 관계 종업원들의 업적을 평가하기 위한 표준으로 사용하는 것이다. MBO의 적용절차를 보다 상세히 나타내면 다음과 같다.

① 조직의 전반적인 목표를 설정한다.

② 주요 목표는 각 부서와 경영자들에게 계층형태로 그리고 구체적인 목표는 공동 달성되도록 각각 부여된다.

③ 그들 목표를 달성하기 위한 행동계획이 구체화되고 그에 대한 경영자와 부하들 간의 합의가 도출된다.

④ 행동계획이 실행된다.

⑤ 목표달성의 진척상황이 정기적으로 검토된다.

⑥ 일정기간(대체로 1년)의 말에 전반적인 성과가 평가되고 새로운

목표가 설정된다.

목표관리기법은 ① 측정 가능한 목표를 강조한다는 점, ② 그 목표의 달성기간을 설정하고 있다는 점, 그리고 ③ 목표를 설정하고 업적을 평가함에 있어 종업원과 감독자가 다 같이 참여한다는 점에서 다른 목표설정기법과 구분된다. MBO기법이 얼핏 보기에는 매우 단순할지 모르지만, 그것을 실제로 제공함에 있어서는 각 지위에 대한 치밀한 분석과 그들 각 직위가 그 조직의 전반 목표에 어떠한 공헌을 해야 할 것인가에 관한 철저한 사전검토가 수반되지 않으면 안 된다.

(최병용, 《경영학 원론》)

(3) 목표관리의 실천지침

홀맨(R. Hollman)은 MBO가 가급적 짧은 기간 내에 성공하기 위한 지침으로서 다음과 같이 7가지를 제시하고 있다.

① MBO의 도입은 최고경영자의 지원, 목적의 정확한 전달, 경영자의 교육/훈련이 있을 때보다 용이해진다.

② 목표설정에 있어서 하위자 영향의 범위는 전무한 것에서부터 완전한 통제에 이르기까지 각기 다양할 수 있다.

③ 일반적으로 목표설정과정에 부하들이 참여함으로써 그들의 태도와 성과는 개선되지만, 만약 그들이 그에 익숙지 못한 경우라면 그들을 지원해주는 정도로 그치는 것이 좋을 것이다.

④ 부하들에게 각 목표를 명시해 주고 그들의 우선순위를 명백히 해준다.

⑤ 부하들의 성과에 대한 피드백은 그들의 태도와 업적을 개선시키

게 된다.

⑥ 성과를 비판한다고 해서 결과가 개선되지는 않는다. 비판이 필요한 경우에는 성과개선을 위한 방법의 제시와 곁들이는 것이 바람직하다.

⑦ MBO에 대한 전사적인 지원이 중요하다.

위에서 지적한 것 외에도 목표달성과 보상체계의 연계, 종업원의 지원, 프로그램의 규칙적인 평가 등과 같은 것으로 MBO과정을 뒷받침해줄 필요가 있다. (최병용, 《경영학 원론》)

(4) 목표관리기법의 장점과 단점

MBO프로그램이 효과적인 경우에는 조직에 여러 이점을 제공해주는데, 그 중에서도 가장 중요한 것이 보다 명백하고 잘 조정된 목표를 설정할 기회를 부여해 준다는 점이다. 그 이점들을 보다 상세히 설명하면 다음과 같다.

1) 종업원 개입 수준의 증대 : MBO는 목표달성에 대한 종업원들의 개입 수준을 증대시켜 준다. 이는 지침이나 결정을 기다리고만 있는 수동적인 사람들이 아니라 스스로 명확한 목적의식을 개인 각자가 갖는 것을 말한다. 그들에게 주어진 권한의 범위를 이해하게 되며, 자기의 목표를 달성하는 데 필요한 협조를 상사로부터 얻을 수 있게 되어 임무에 전념하도록 해준다.

2) 보다 현실적인 목표 : 종업원들의 참여는 그들의 개입을 자극하는 것 외에도 보다 현실적인 목표를 설정하게 된다는 이점이 있다. 궁극적으로는 상사가 각 종업원들의 목표를 승인해야만 하며, 그러한

과정에서 그것이 다른 사람들의 것과 양립되는지의 여부도 확인해야만 된다. 그렇다 해도 목표설정과정에서 가장 크게 공헌할 입장에 있는 사람은 역시 그 일을 수행하게 될 개인일 것이다.

 3) **보다 많은 자기 통제의 기회** : MBO에서는 목표가 보다 구체적이고 측정 가능하기 때문에 개인들은 그들 자신의 성과를 보다 잘 통제할 수가 있게 된다. 목표에 의한 관리는 효과적인 계획화를 촉진시키는 것과 마찬가지 방식으로 효과적인 통제를 발전시키는 데에도 도움을 준다. 그러므로 입증 가능한 목표를 명확히 설정하면 가장 좋은 지침이 될 것이다.

 4) **성과평가의 개선** : 전통적으로 종업원들은 창의성, 신뢰성과 같은 개인적 특질에 따라 평가되어 왔다.

 물론 아직도 그러한 개인적 특질이 유용한 경우가 없지는 않겠지만, 경영자가 실제로 그러한 특질을 측정하기란 곤란하다. 이에 반해 MBO에서는 측정 가능하고 직무관련적인 요소에만 역점을 둔다. 즉, 종업원이 어떠한 사람이냐가 아니라 그가 무엇을 성취했느냐에 초점을 둔다는 것이다.

 목표에 의한 관리제도는 앞에 열거한 장점에도 불구하고 많은 단점도 가지고 있다. 그러한 단점은 대부분 MBO 개념을 적용하는 데 있어서의 미숙함에 기인한다. 그렇다면 목표에 의한 관리의 단점들에 대해 살펴보자.

 1) **목적이 수단을 정당화** : MBO는 최종결과에 초점을 두기 때문에 목표의 달성에 도움이 되는 행동이라면 어떠한 것이든 받아들이려는 태도를 조장시킬 수도 있다. 이는 장기적인 관점에서 볼 때 오히려

조직에 불리할 수 있다. 이러한 문제를 해결하기 위한 한 가지 방법은 '무엇'을 달성했느냐와 그것을 '어떻게' 달성했느냐를 다 같이 고려하는 것이다. 다시 말해서 종업원과 경영자가 다 같이 달성한 목표에 관해 논의하는 외에도 그것을 어떻게 달성했느냐를 업적평가 과정에서 고려하자는 것이다.

2) **집행에 장기간이 소요** : MBO프로그램은 그것이 완전한 궤도에 오르기까지는 장기간이 소요된다는 한계점을 지니고 있다. 물론 MBO 개념 그 자체는 단순하지만 그것을 실제로 집행하는 데는 종업원과 경영자의 태도를 근본적으로 바꾸어야만 함은 물론, 때로는 조직재편성이 수반되어야 하는 등 극히 복잡한 문제가 따른다.

3) **단기목표만의 강조** : 또 하나 흔히 발생할 수 있는 문제는 앞서 지적한 바와 같이 지나치게 단기목표에만 집착하려는 경향을 보이게 된다는 것이다. 사실 MBO에서 다루고 있는 구체적인 목표란 대부분이 1년 이내의 것들이기 때문에 그 프로그램의 조직에 대한 장기적 효과에 대해서는 등한시하기가 쉽다.

4) **목표설정이 곤란** : 실제로 측정 가능한 목표를 설정하기란 그렇게 용이한 일이 아니다. 더욱이 그것이 양적이 아니고 질적인 목표의 경우에는 결국 간접적 측정에 의존할 수밖에 없는데, 그렇게 되면 정확성을 결하게 되고 자칫 종업원들로부터 불만을 초래할 위험성마저 있다. (최병용,《경영학 원론》) (Koontz and Weihrich,《Management》/ 김세영 역,《경영관리》)

3. 전략적 계획

(1) 전략적 계획의 개념과 특성

1) 개념 : 전략적 계획이란 경영조직 전체에 장기적이고 구조적인 영향을 미치는 계획을 말한다. 그것은 '장기적 목표가 달성될 수 있도록 조직을 그 환경과 조화시키기 위해 자원을 어떻게 할당할 것인가를 결정하는 과정'이라 정의될 수 있다. 즉, 전략적 계획이란 조직의 전략적 목표를 결정하고, 그러한 목표들의 달성에 이르는 보다 구체적인 목표들의 달성에 필요한 각종의 정책과 활동계획을 수립하며, 그러한 정책과 계획의 집행방법을 설정하는 과정이라 할 수 있다.

(자료 14)

전략 없는 경영은 없다

경영전략이 무엇인지를 설명하는 말은 많다. '큰 그림을 그린다', '앞서 생각한다'는 표현도 있다.

캐나다 맥길대 교수인 민츠버그는 경영이 범선(帆船)을 모는 것이라고 표현한다. 선장은 바람을 이용하고, 해류를 타고, 악천후와 싸우며 상황에 맞게 돛을 올렸다 내리고 방향키를 적절하게 돌려야 한다. 범선이 기업, 선장이 경영자라면 범선의 항로가 바로 기업의 전략이다.

경영학에서 전략이라는 단어가 인기를 끄는 이유는 그만큼 경영 환경이 빨리 변하고, 불확실하며, 예측하기 어렵기 때문이다. 과거 경영이 비교적 잔잔한 바다에서 배를 모는 것이었다면 오늘날의 기업과 경영자들은 5~6m 높이의 파도와 맞서야 한다. 파도가 몰아치는 바다에서는 항로를 잘못 택하면 1등 기업도 하루아침에 무너질 수 있다. 불과 10년 전만 해도 삼성전자가 소니를 추월하고, 애플이 마이크로소프트보다 더 큰 IT 기업이 되리라고 예상한 사람이 어디 있었는가. (2010년 10월 30일, 〈조선일보〉)

경영에서 전략의 개념과 중요성은 다양하게 정의되고 있다(자료 14 참조).

2) 특성

① 전략적 계획은 보다 근본적인 문제를 다룬다.

② 보다 구체적인 계획과 일상적인 결정을 위한 프레임워크를 제공해준다.

③ 다른 모든 계획에 비해 장기적이다.

④ 조직의 노력과 자원을 최우선적인 활동으로 집중시키도록 해준다.

⑤ 전략적 계획은 조직의 최고경영층의 활동에 속한다. 이는 바로 최고경영자만이 그 조직의 모든 측면을 고려할 수 있는 시야를 지니고 있기 때문이다.

⑥ 전략적 계획은 조직의 상당한 자원의 투입을 요하며 쉽게 번복될 수 없다. (최병용, 《경영학 원론》)

(2) 전략적 계획의 중요성

오늘날 조직 환경이 급속히 변화하고 경쟁이 심화됨에 따라 많은 회사가 전략적 계획의 중요성을 더욱더 인식해가고 있다. 그것은 첫째, 전략적 계획이 조직의 활동을 개선해주고 변화하는 환경에의 적응력을 높여줄 수 있는 하나의 체계를 제공해주고 있기 때문이다. 둘째, 전략적 계획은 경영자로 하여금 급속히 변화하는 환경에 대한 대비책을 사전에 마련토록 해준다. 셋째, 기업 간의 경쟁이 더욱 심화되었고, 그것은 오직 전략적 계획을 통해서만 해결될 수 있는 것이다. 넷째, 우리나라와 같이 GDP의 대부분을 해외시장에 의존하고 있는 국가일수록 기업들이 해외시장의 변화에 대응하기 위해서는 전략적 계획이 더욱 중요시된다.

(3) 전략 수립의 절차

전략 수립의 절차는 모두 9단계로 살펴볼 수 있을 것 같다.

1) 목표의 설정 : 목표의 설정은 사업단위 수준의 전략 결정과정에 있어서 가장 중요하다. 왜냐하면 일단 목표가 결정된 다음 그것을 달성하기 위해서는 거액의 자본을 필요로 하며, 또 그것은 조직 내 여타활동의 방향까지도 지시해 주기 때문이다. 목표를 설정하기 위해서는 우선 조직의 목적을 검토, 이해함은 물론 그 본래의 사명을 정의하고 그러한 사명을 보다 구체적인 목표로 전환시키는 등 일련의 치밀한 절차를 거쳐야만 한다.

2) 현재 목표와 전략의 확인 : '우리의 기업은 무엇이고 또 무엇이어야만 하는가', '우리의 고객은 누구이며 또 누구이어야만 하는가',

'우리는 어디로 향하고 있는가', '우리의 경쟁적 강점은 무엇인가'
와 같은 질문을 통해 목표와 전략이 어떠한 것인가가 확인되어야만
한다.

3) 환경의 분석 : 조직의 목표와 전략을 이해하게 되면 자연히 과연
환경의 어떤 측면들이 조직목표의 달성에 가장 큰 영향을 미치게 될
것인가를 개략적으로 파악할 수가 있게 된다. 환경 분석의 목적은 경
제, 사회, 정치 등 거시적 환경요인과 경쟁사, 고객, 공급자, 정부기
관 등의 미시적 요인들이 조직의 목표달성에 어떻게 영향을 줄 것인
가를 이해하려는 데 있다. 환경의 분석에는 무엇보다도 각종의 예측
기법이나 경영과학기법이 유용하지만, 어느 기법을 이용하든 현재 및
미래의 변화 양상을 미리 탐지해내는 일이 중요하다.

4) 자원의 분석 : 자원의 분석은 조직의 재무, 기술, 경영 등 주요
분야에 있어서의 자원과 기술을 조사하고, 조직이 경쟁하게 될 시장,
제조분야에서의 성공 요건을 결정하며, 기존의 자원과 성공 요건을
서로 대비시킴으로써 전략이 기초를 둘 강점과 극복할 약점을 결정한
다음, 조직의 강약점과 경쟁사의 그것을 서로 비교함으로써 경쟁적
이점을 가져오기에 충분한 자원과 기술을 찾아내는 등의 단계적 절차
를 거쳐야 한다.

5) 전략적 기회와 위협의 식별 : 기회와 위협의 원천은 수시로 변하
며 무수히 많을 수도 있는가 하면 또 어떤 원천은 기회와 위협을 동
시에 지니고 있는 양면성을 띠고 있기도 하다. 한 회사에게 위협적인
것이 다른 회사에게는 오히려 기회가 되고 있는 경우가 있으며, 위협
이었던 것이 시간이 흐름에 따라 각각 다른 의미를 지닐 수가 있다.

6) **전략적 변경 범위의 결정** : 앞선 절차들 다음으로는 전략을 그대로 지속할 것이냐 아니면 수정할 것이냐를 결정해야만 하는데, 그것은 성과 차이의 존재 여하에 달려 있다. 성과 차이란 당초 설정해 놓은 목표와 기존 전략이 지속될 경우 달성되리라 생각되는 결과 간의 차이를 일컫는다.

7) **전략의 결정** : 여러 전략을 탐색, 평가한 다음의 문제는 선택하는 일일 것이다. 전략과 그 구성 요인들은 일관된 표적, 목표, 정책을 지니고 있어야만 한다. 그리고 전략은 전략 결정과정에서 밝혀진 주요 사항에만 자원과 노력이 집중되는 것이어야만 한다. 또 전략에서는 주어진 조직의 자원과 기술에 비추어 해결 가능한 문제만을 다루어야 한다. 이를 토대로 조직의 목표 능력에 비추어 가장 적합한 것을 선택해야만 한다.

8) **전략의 집행** : 일단 전략이 결정되었으면 그것은 조직의 일상 활동을 통해 실행되어야만 한다. 즉, 그 전략이 공식적이고 세분화된 계획으로 기록화 되었든 안 되었든을 막론하고 그것은 보다 구체적인 전술적 계획, 활동계획, 혹은 예산으로 전환되어 집행되어야만 한다는 것이다.

9) **측정 및 통제** : 당해 전략의 집행이 진행됨에 따라 경영자는 그 조직이 과연 전략적 목표를 향하고 있는지의 여부를 확인하기 위해서는 정기적으로, 때로는 결정적인 단계에서 진행상황을 계획과 서로 비교해 볼 필요가 있을 것이다. 그리하여 이 단계를 흔히 전략적 통제라 부르고 있는데, 이때에는 전략은 계획대로 실행되고 있는가, 전략은 의도한 바의 결과를 달성하고 있는가에 대해 통제 시스템을 통

해 밝혀내야만 한다. (최병용, 《경영학 원론》)

(4) 성공적인 전략 수행을 위한 조건

분명하고 의미있는 전략을 개발하는 것과, 전략을 효과적으로 수행하는 것과는 별개의 문제이다. 전략 계획 수립이 성공적이 되려면, 이를 수행하기 위한 일정한 단계를 반드시 거쳐야 한다.

① 중요한 의사결정을 맡고 있는 모든 관리자들에게 전략을 전달해야 한다. 전략을 수행하기 위해 결정된 프로그램 및 계획들은 의사결정을 할 수 있는 모든 관리자들에게 전달하지 않는 한, 의미 있는 전략을 수립한다는 것은 그리 바람직한 일이 아니다.

② 계획 수립의 전제를 개발하고 전달한다. 관리자들은 계획과 의사결정에 연쇄적으로 관련되는 모든 사람들에게 이 전제를 설명하며 전제와 일치하는 프로그램을 개발하고 의사결정을 하도록 지시해야 한다.

③ 행동계획은 주요 목표 및 전략에 기여하고 이들을 반영하는 것이어야 한다. 행동계획은 전술적 혹은 운영상의 프로그램이며 주요하거나 사소한 결정사항이다. 만일 이 행동계획들이 바라는 목표 및 전략을 반영하지 못한다면 그 결과는 막연한 희망이나 쓸모없는 의도가 되어버리고 말 것이다.

④ 전략은 정규적으로 검토해야 한다. 신중하게 개발된 전략이라 해도, 상황이 변하면 적절하지 못한 것이 될 수 있다. 그러므로 전략은 수시로 검토되어야 하며, 그 정도는 주요 전략의 경우 최소한 1년에 한 번 혹은 그 이상은 되어야 한다.

⑤ 상황 적합적 전략 및 프로그램을 개발한다. 경쟁요소나 환경면에서의 기타 요소들에 있어 상당한 변화가 발생할 가능성이 있는 경우에, 그러한 우발상황에 적합한 전략이 수립되어야 한다.

⑥ 조직구조는 계획 수립의 필요에 맞게 만든다. 조직구조는 조직의 위임체제와 함께 관리자가 목표를 달성하고 계획들을 실행하는 데 필요한 의사결정을 내리는 것을 도울 수 있게 설계되어야 한다.

⑦ 계획 수립에 계속 중점을 두면서 전략을 수행한다. 목표와 전략 그리고 이 전략들을 수행하기 위한 실행 가능한 시스템을 가지고 있는 경우라 해도 책임 있는 관리자가 이들 요소의 본질 및 중요성을 계속 강조하지 않는 한 쉽게 실패할 수 있다.

⑧ 계획을 수립하는 회사 분위기를 창조한다. 사람들은 오늘 일어난 문제점과 위기들이 내일의 효과적인 계획 수립을 방해하도록 내버려 두는 경향이 있다. 모든 종류의 계획들이 실현될 것이란 것을 보장하는 유일한 길은 신중하게 전략을 개발하고 이 전략을 수행하는 데 따르는 노고를 감수하는 것이다. (Koontz and Weihrich, 《Management》 / 김세영 역, 《경영관리》)

(자료 15)

대기업 CEO들 '아프리카 러시'

미국 · 유럽 등 선진국 시장에서 성공신화를 일궈온 한국 기업들이 이번에는 아프리카 시장에 본격 도전하고 있다. 아프리카는 최근 5%를 웃도는 경제성장률을 기록하면서 중국 · 인도 · 남미 등에 이은 신흥시장으로 부상하고 있다. 국내 주요 기업들이 인구 10억 명, 1조 달러 규모의 '검은 시장' 을 선점하기 위해 총력전을 펼치기 시작했다.

한국 기업들의 '아프리카 시장 전략' 이 변했다는 것은 최근 이 지역을 방문하는 기업인들의 면면을 보면 금방 알 수 있다.

지난 1월 정준양 포스코회장은 카메룬과 콩고민주공화국 등 아프리카 4국을 돌았다. 철광석 광산 등 자원개발 사업을 위해서였다.

3월엔 삼성전자 최지성 부회장과 윤부근 TV사업부 사장이 나이지리아 · 가나 · 잠비아 · 탄자니아 · 에티오피아 · 케냐 등 6개국을 돌면서 시장 상황을 직접 점검했다.

4월에는 구본준 LG전자 부회장이 남아공을 찾았다. 그야말로 'CEO들의 아프리카 러시' 라 할 만하다. (2011년 5월 13일, 〈조선일보〉)

인구 70%가 30세 이하인 '젊은 아프리카' 시장을 선점하기 위한 대기업들의 전략적 계획을 볼 수 있다(자료 15 참조).

4. 의사결정

(1) 의사결정의 의의

의사결정은 여러 가지 대안으로부터 행동방안을 선택하는 것이라고 정의할 수 있다. 그리고 의사결정은 계획 수립의 핵심이 된다. 계획은 의사결정, 즉 자원의 개입, 방향, 명성 등에 대한 의사결정이 이루어지지 않고는 존재한다고 말할 수 없다. 의사결정이 이루어지기 전까지는 단지 계획 수립의 연구와 분석이 있을 뿐이다. 관리자들은 때로 의사결정을 관리자의 핵심 직무로 생각하는데, 그 이유는 무엇을 해야 하고, 누가 그것을 해야 하며, 언제, 어디서 그리고 때로는 어떻게 그것을 할 것인가까지도 항상 선택하지 않으면 안 되기 때문이다.

(Koontz and Weihrich, 《Management》 / 김세영 역, 《경영관리》)

(자료 16)

시대를 넘어선 결단 '워크맨 신화' 를 쓰다

소니 창업자 모리타 회장이 "걸어 다니면서도 음악을 들을 수 있는 전혀 새로운 개념의 오디오인 '워크맨' 을 만들자"고 했을 때 직원들은 "그런 제품은 팔릴 리가 없다"며 거세게 반대했다. 시장조사결과도 좋지 않았다. 그는 "새로운 아이디어를 얻기 위한 시장조사는 어리석은 짓이다"라며 시장조사결과를 받아들이지 않았다. "고객들은 무엇이 가능한지 모른다. 헨리포드(포드 자동차 창업가)가 일반인들에게 무엇을 원하느냐고 물었다면 그들은 아마 '자동차가 아닌, 더 빠른 말' 이라고 대답했을 것이다."

그는 최종 순간에 결단을 내리며 단언했다. "만약 3만 개 이상 팔리지 않으면 회장을 그만 둔다." 워크맨은 지금까지 무려 3억 개가 넘게 팔리며 소니의 위상을 크게 높였다. CEO는 직원의 반대를 무릅쓰고 결단을 내릴 줄 알아야 한다. 당연한 결과에 대한 책임도 CEO 몫이다. 1999년 〈포춘(Fortune)〉지는 워크맨 개발을 역사상 가장 뛰어난 의사결정 중 하나로 선정했다. (2007년 1월 20일, 〈조선일보〉 - 조영탁의 CEO리더십 탐구)

소니 모리타 회장의 '워크맨 신화'는 경영에서 의사결정의 중요성
을 단적으로 나타내는 케이스로 볼 수 있다(자료 16 참조).

(2) 의사결정의 유형

의사결정은 문제의 인식에서부터 출발한다. 문제란 '한 개인이 그
해결책을 강구하고 있는 어떤 표준이나 성과수준으로부터의 일탈'이
라고 정의될 수 있다. 문제 내지 의사결정은 그 분류에 어떠한 기준
을 적용하느냐에 따라 여러 가지로 구분될 수가 있겠으나, 흔히 1) 정
형화의 여부와 2) 확실성의 정도에 따라 분류되는 것이 보통이다. (최
병용, 《경영학 원론》)

1) 정형화의 여부에 따른 유형

① 정형적 의사결정 : 정형적 의사결정이란 어떤 습관, 규칙, 절차
에 따라 이루어지는 결정으로서, 가령 신입사원 월급의 책정이나 종
업원 승급의 결정과 같이 그 결정이 상규화되어 있는 경우를 말한다.
어느 회사든 있을 수 있는 대안의 수를 처음부터 제한하거나 아예 다
른 대안들을 제거시킴으로써, 반복적 상황 하에서의 의사결정을 단순
화시키기 위한 정책이나 절차를 지니고 있는 것이 보통이다. 이와 같
이 결정을 정형화해 두는 이유는 결정에 일관성을 부여하고 결정자의
시간을 절약하여 다른, 보다 중요한 활동에 주의를 집중시키도록 하
려는 데 있다.

② 비정형적 의사결정 : 정형화되지 않은 의사결정이란 이례적이고
예외적인 문제를 다루는 결정을 말한다. 가령 신제품개발, 합병, 이사
의 선임, 제품믹스의 결정과 같이 어떤 정책이나 절차로도 커버되기

곤란하면서도 흔히는 조직 전체에 중대한 영향을 미치게 되는 부류의 결정이 이에 속한다. 그러므로 그와 같은 비정형적 의사결정의 빈도와 비중은 흔히 조직의 상위계층으로 올라갈수록 더욱 높아지는데, 경영자의 교육, 훈련프로그램에서 그러한 비정형성의 결정능력의 계발이 강조되고 있는 이유도 바로 거기에 있다.

2) 확실성의 정도에 따른 유형

경영자는 미래에 취할 행동과 달성할 목표에 입각해서 의사결정을 한다. 이처럼 의사결정이란 항상 미래를 두고 이루어지기 때문에 어떠한 의사결정 상황이든 얼마간의 예측하기 곤란한 측면을 지니고 있게 마련이며, 그러한 불확실성의 정도도 각 결정마다 다를 것이다.

① 확실성 하의 의사결정 : 확실성 하의 의사결정이란 그 결정이 기초로 할 정확하고 예측가능하며 신뢰할 만한 정보가 존재하는 경우의 의사결정을 말한다.

② 위험 하의 의사결정 : 위험 하의 의사결정이라 함은 그 결과의 예측은 확실치 못하나 각 가능한 결과들의 발생 확률은 알 수 있는 경우의 결정을 지칭한다.

③ 불확실성 하의 의사결정 : 불확실성 하의 의사결정은 위험 하에서와 같은 확률마저 알려져 있지 않은 경우이다. 가령 해외시장에 처음으로 진출하는 경우라든가 아직 유사품마저 존재하지 않고 있는 신제품의 성공 가능성을 결정하는 문제와 같은 것이 이 부류에 속한다.

(최병용, 《경영학 원론》)

(3) 합리적 의사결정

효과적인 의사결정은 합리적이어야 된다는 말을 자주 듣는다. 그러면 합리성이란 무엇인가? 사람은 언제 합리적인 생각을 하고 또한 합리적인 의사결정을 하는가? 합리적으로 행동하거나 의사결정을 하는 사람들은 행동 없이는 도달할 수 없는 어떤 목표에 도달하고자 노력하고 있는 것이다. 그들은 현재 주어진 환경과 제약 속에서 목표에 도달할 수 있게 하는 대안적인 행동과정을 명확히 이해하여야 한다. 그들은 또한 추구하는 목표의 관점에서 대안을 분석하고 평가할 수 있는 능력과 정보를 갖지 않으면 안 된다. 마지막으로 그들은 목표달성을 가장 효과적으로 만족시키는 대안을 선택함으로써 최적의 해결책에 도달하려는 욕망을 가져야 한다.

그러나 특히 경영에 있어서는 완전한 합리성이란 달성되기 곤란하다. 왜냐하면 첫째, 결정이란 과거가 아니고 미래의 활동을 위한 것이고 미래란 언제나 불확실성을 내포하고 있기 때문이다. 둘째, 목표를 달성하는 데는 여러 방법이 있을 수 있기 때문에 목표달성에 관련된 대안들 모두를 사전에 인지하고 있기란 불가능하기 때문이다. 즉, 대안의 수는 너무나 많기 때문에 아무리 고도화된 기법과 컴퓨터 설비를 이용한다 해도 그들 모두가 탐지되고 분석되기란 곤란하다는 것이다. 따라서 흔히 경영자들은 제한된 합리성으로 정착하지 않을 수 없게 된다. (최병용, 《경영학 원론》) (Koontz and Weihrich, 《Management》 / 김세영 역, 《경영관리》)

(4) 합리적 의사결정 과정

1) 목표의 결정

합리적인 의사결정 과정은 먼저 문제를 정의하고 결정목표를 식별하는 데서부터 출발한다. 문제를 정의함에 있어서 경영자들이 종종 혼란에 처하게 되는 이유 중의 하나는 표면에 나타난 사건이나 쟁점들에만 지나치게 집착한 나머지 그들은 단지 보다 심각하고 근본적인 문제의 증후에 불과하다는 사실을 감지하지 못하는 데 있다. 문제가 정의된 다음에는 그 원인을 규명하여 결정목표를 탐지해내야만 한다. 즉, 그러한 문제를 효과적으로 해결하기 위해서는 어떠한 조치가 필요하며, 그 문제가 해결되었을 때와 해결되지 못했을 때와의 차이는 무엇인가를 밝혀내야만 한다는 것이다.

2) 대안의 탐색

목표가 주어지고 결정전제가 명백해진 다음에는 그 목표의 달성을 위한 대안들이 개발되어야만 하는데, 현실적으로 어느 한 행동코스를 위해 대안의 수가 부족해서 문제가 되는 경우란 드물다. 선택의 여지가 전혀 없는 결정을 소위 'Hobson의 선택'이라고 하는데, 그러한 경우는 현실적으로 많지 않다. 따라서 어느 한 가지 대안만이 존재한다고 생각하고 있다면 그 대안은 잘못된 것일 가능성이 높다. 왜냐하면 그러한 경우 경영자는 최선이 될 수도 있는 다른 대안을 탐색하려는 노력을 전혀 기울이지 않은 것이 되기 때문이다. (최병용, 《경영학 원론》)

3) 대안의 평가

일단 적절한 대안들을 찾아내면 계획 수립의 다음 단계는 이들을 평가하고 그 중에서 목표달성에 가장 잘 기여할 수 있는 한 가지를 선택하는 것이다. 대안의 평가와 선정이 곧 궁극적 의사결정의 핵심이기 때문이다.

① 양적 요인과 질적 요인 : 사람들은 하나의 목적 달성을 위해서 필요한 여러 가지 대안적인 계획을 비교할 경우 오로지 양적인 요인만을 고려하기 쉽다. 이 양적인 요인이라는 것은 시간이나, 여러 가지 형태의 고정비용 및 운영비용 등과 같이 숫자로 측정될 수 있는 것이다. 이 분석의 중요성에 대해서 의문을 제기하는 사람은 없을 것이지만, 무형적이거나 질적인 요소를 무시한다면, 그 사업의 성공은 위태롭게 될 것이다. 질적 혹은 무형적 요인들은 노사관계의 질, 기술변화의 위험 또는 국제적 정치 환경 등과 같이 숫자로 측정하기가 곤란한 요인들이다. (Koontz and Weihrich, 《Management》 / 김세영 역, 《경영관리》)

② 한계분석 : 대안을 평가하는 데는 비용의 마지막 한 단위 추가에 따른 수익의 증가를 비교하는 한계분석기법을 이용할 수 있다. 이익 극대화가 목적일 때에는, 기초 경제이론에서 배운 바와 같이 추가비용과 추가수입이 같을 때 그 목표를 달성할 수 있다. 환언하면 만약 양이 늘어남에 따라 추가수익이 추가비용보다 커질 때에는, 생산을 더 많이 함으로써 더 많은 이익을 올릴 수가 있다. 그러나 추가적인 비용이 이로 인하여 발생되는 이익보다 커지는 지점에 이르면 생산량을 감소시킴으로써 이익을 증가시킬 수 있다. (Koontz and Weihrich, 《Management》 / 김세영 역, 《경영관리》)

③ 비용-효과분석 : 비용-효과분석법 혹은 비용-이득분석법 역시 전통적인 한계분석법의 한 개선된 형태라 할 수 있다. 즉, 비용-효과

분석이라 함은 효과와 비용간의 최선의 비율을 찾아내는 과정이다. 이는 곧 주어진 목표를 달성하기 위해 최소의 비용이 소요되는 방법 내지는 주어진 비용으로 최대의 가치를 얻어내기 위한 방법을 발견해 내는 과정을 의미한다. 비용-이득분석법도 이와 마찬가지로 비용과 이득의 비율을 갖고 어떤 최적 안을 구하는 데 이용되는 기법이다.

(최병용, 《경영학 원론》)

4) 대안의 선정

각종 대안으로부터 한 가지 대안을 선정할 경우, 관리자들은 ① 경험, ② 실험, ③ 조사연구와 분석 등의 3가지 기본적 접근방법을 사용할 수 있다.

① 경험 : 의사결정에 있어 과거 경험에 대한 의존은 정도 이상으로 큰 역할을 하고 있는 듯하다. 경험이 많은 관리자는 간혹 자신이 경험에 의존한다는 사실을 깨닫지 못하면서도, 성공적으로 달성했던 일과 과거에 저질렀던 과오는 미래에 대해 거의 확실한 지침을 제공한다고 대개 믿고 있기 마련이다. 이러한 태도는 관리자의 경험이 많을수록, 조직의 고위직에 있을수록 현저하게 나타난다.

그러나 미래 행동에 대한 지침으로 과거경험에 의존하는 데는 위험이 따를 수 있다. 첫째로, 대부분의 사람들은 실수나 실패의 근본적인 이유를 인식하지 못하며, 둘째로, 과거경험의 교훈이 새로운 문제에는 전적으로 적합하지 않을 수도 있다. 훌륭한 결정은 미래의 사건에 대하여 평가되어야 하는 반면, 경험은 과거에 속한 것이다.

한편 맹목적으로 경험에만 의존할 것이 아니라 그것을 주의 깊게 분석하여 이로부터 성공과 실패의 근본적 원인을 정제해낸다면, 비로

소 경험은 의사결정의 기초로서 유용하게 될 수 있다. 성공적인 프로그램과 경영관리가 잘 되고 있는 우수한 기업, 이익이 큰 제품의 판매촉진 및 기타 좋은 결과를 가져온 의사결정 등은 이러한 원인을 찾아내는 데 유용한 자료가 될 수 있을 것이다.

② 실험 : 각종 대안으로부터 의사결정을 하는 한 가지 확실한 방법은 한 가지 대안을 경험하여 어떠한 결과가 발생하는가를 보는 것이다. 이와 같은 실험은 과학적인 연구에서 이따금 사용되고 있다. 사람들은 이러한 실험이 관리활동에서 더욱 자주 실시되어야 하며, 특히 무형적 요인들의 관점에서 어떤 계획이 옳다는 것을 관리자가 확신할 수 있는 유일한 방법은 다양한 대안을 실험하여 어떤 대안이 최선인가를 알아보는 것이라고 주장하기도 했다.

③ 연구조사와 분석 : 주요한 의사결정을 하는 경우 대안 선택에 있어서 가장 효과적인 기법 중의 하나는 연구조사와 분석이다. 이 접근방법은 먼저 사실을 이해함으로써 문제점을 해결하는 것을 의미한다. 따라서 조사 분석에는 보다 중요한 변수들과 제약요인을 추구하는 목표에 관련된 전제들 간의 관계에 대한 조사가 포함된다. 조사 분석은 의사결정을 하기 위한 연필과 종이에 의한 접근방법이다. 계획 수립 문제를 해결하기 위해서는 그 구성요소를 분석하여 여러 가지의 양적인 요인과 질적인 요인을 연구해야 한다. 연구와 분석은 실험보다 훨씬 비용이 덜 들 것이다. 분석에 소요된 시간과 비용은 대개 다양한 각종 대안을 시험하는 데 소요되는 비용보다는 훨씬 적기 마련이다.

(Koontz and Weihrich, 《Management》 / 김세영 역, 《경영관리》)

'20년 휴대폰왕국' 노키아, 스마트폰 2년 방심하다 추락

세계 최대의 휴대폰 제조회사 '노키아(Nokia)'는 핀란드의 자존심이다. 광활한 산림과 호수뿐이던 유럽 변방의 핀란드를 IT(정보기술) 최강국, 국가경쟁력 1위(2003년 세계경제포럼 선정)로 끌어올린 것도 노키아다. 1992년부터 14년간 최고경영자(CEO)를 지낸 요르마 올릴라(Ollila) 현 이사회 의장은 '유대 민족을 이끌고 홍해를 건넌 모세와 같다'〈비지니스위크〉)는 찬사를 받았다.

그랬던 노키아가 급격히 추락하고 있다. 실적이 바닥을 기면서 주가는 연초에 비해 40%나 폭락했다.

노키아의 비극은 애플의 등장과 함께 시작했다. 2007년 6월 미국 애플(Apple)이 아이폰을 처음 발매했을 때 올릴라 회장의 후임인 칼라스부오 CEO는 코웃음을 쳤다. 당시 노키아의 스마트폰 시장점유율은 40%에 달했기 때문. 하지만 노키아의 스마트폰은 지나치게 기능이 단순했다. 개발진이 "아이폰에 버금가는 스마트폰을 빨리 개발해야 한다"고 건의해도 경영진은 "우리가 정한 것이 시장의 표준이다"며 구형 제품을 계속 밀어붙였다.

아이폰은 예상 외로 시장에서 돌풍을 일으키자 당황한 노키아는 무조건 애플을 따라가는 전략으로 선회했다.

영국 애버딘자산운용의 버티 톰슨(Thomson) 투자심사역은 "급격히 변화하는 IT(정보 기술) 업계에서는 한 번 실수를 저지르면 두 번째 기회를 잡기는 정말 어렵다"며 "노키아는 빨리 회사를 매각하는 것이 최상의 방책"이라고 싸늘한 반응을 보였다. (2011년 6월 6일, 〈조선일보〉)

노키아 CEO의 "우리가 정한 것이 시장의 표준이다"라며 개발진의 "아이폰에 버금가는 스마트폰을 빨리 개발해야 한다"는 건의를 묵살한 잘못된 의사결정이 '핀란드의 자존심' 노키아를 매각 위기에 몰리게 했다(자료 17 참조).

2절 조직(Organizing)

1. 조직화의 성격과 조직형태

(1) 조직의 개념

조직 또는 조직화는 기업목표를 달성하기 위해 수립한 계획을 추진하기 위해 부서별로 수행할 직무를 확정하고 직무 상호간의 관계를 규정하는 것을 말한다. 즉, 조직은 계획 활동을 효율적으로 수행하기 위하여 목표를 구체화하고 기업구성원들에게 특정의 업무를 할당하며, 또한 직무를 수행하는 데 필요한 권한을 위양하고 책임을 부과하여 각 직위의 상호관계를 명확히 규정하고 체계화시키는 것을 의미한다. (신유근, 《경영학 원론》)

(2) 조직화의 제 단계

조직화과정은 다음과 같이 5단계로 설명될 수 있다.

첫째, 조직목표의 달성에 필요한 모든 일(work)을 구체화한다. 어떠한 조직이든 목적달성을 위해 존재하며, 조직마다 다른 방법으로 달성될 수 있다. 그러나 조직목표 달성에 앞서서 조직 전체가 수행해야 하는 과업이 결정되지 않으면 안 된다.

둘째, 전과업을 어느 한 사람 혹은 집단에 의해 논리적이고 무난하게 수행될 수 있는 여러 활동들로 분할한다. 조직이란 과업을 어느 한 사람의 능력만으로 달성될 수 없는 데서 형성되는 것이기 때문에, 조직의 전 과업은 각 개인의 자질에 기초하여 할당되는 작업량이 많거나 적은 쪽으로 치우치지 않도록 적절히 할당되어야 한다.

셋째, 성원들의 작업을 논리와 능률을 지니게끔 서로 결합한다. 다시 말해서 조직은 그 규모가 커지고 활동이 복잡해짐에 따라 개인들에게 부과된 과업이 서로 관련성을 지니도록 집단화시켜야만 한다는 것인데, 이를 소위 부문화라고 부른다.

넷째, 성원들의 작업이 통일되고 조화된 전체로서 조정되기 위한 어떤 메커니즘을 설정한다. 만약 각 부서, 개인들이 전문화된 활동만을 수행하다보면, 조직 전체의 목표가 등한시 되거나 성원들 간 마찰이 발생될 수 있기 때문이다.

다섯째, 조직 효율을 감시하고 필요한 경우 효율을 유지 혹은 증대시키기 위한 조치를 취한다.

조직화란 하나의 지속적인 과정이기 때문에 위에서 설명한 다섯 단계는 정기적으로 재평가 되어야 한다. 또 조직이란 시간의 경과와 더불어 꾸준히 성장하려는 속성을 지니고 있으며, 상황은 부단히 변동하기 때문에 그때마다 유효성과 능률성이 유지되도록 조직구조를 변경해야 한다. (최병용, 《경영학 원론》)

"내년엔 아프리카다"

삼성전자는 내년에는 더욱 공격적인 목표를 세운 것으로 알려졌다.

반도체 경기가 좋아지고 있으며, 신흥 시장을 중심으로 TV와 휴대폰 등의 마케팅을 더욱 공격적으로 전개한다는 계획이다.

삼성전자는 내년 두 자릿수 이상의 성장을 이루기 위해 신흥시장을 중심 공략키로 했다. 최지성 사장은 글로벌 경영전략회의에서 "지역특성상 아프리카가 선진국보다 매우 어렵고 힘든 곳이지만 적극 개척에 나서 시장을 선점해야 한다"고 강조했다. 지난주 단행된 삼성전자 조직 개편에서 아프리카 총괄을 별도로 독립시킨 것도 '마케팅 전문가'인 최 사장의 생각이 반영됐다. 지금까지는 중동과 아프리카를 '중·아 총괄'로 한데 묶어서 관리해왔다. (2009년 12월 22일, 〈매일경제〉)

공격적인 목표달성을 위해서는 조직의 변화, 강화가 필수적으로 뒤따른다(자료 18 참조).

(3) 공식조직과 비공식조직

경영조직이 현실적으로 어떤 성격을 보이고 있는가를 알아두는 것은 경영조직의 본질을 이해하는 데 있어서 **빼놓을** 수 없는 일이다. 경영조직은 의도되고 계획된 공식조직과 의도되지 않은 비공식조직으로 나타나며, 공식적 측면과 비공식적 측면의 양면성을 보이게 된다. 먼저 공식조직이란 구체적인 과업수행이나 목표달성을 위해서

의도적으로 형성된 조직을 말한다. 예를 들어 판매부, 인사부, 경리부, 마케팅부 등이 바로 공식조직이다. 공식조직의 가장 중요하고 일차적인 목표는 자신에게 부여된 업무의 완수를 통해 조직의 목표달성에 기여하고자 하는 데 있다. 공식조직을 통하여 개인들의 노력을 통합, 조정하여 조직목표의 달성을 꾀하게 되며 개인들은 자신의 구체적인 과업을 수행하게 된다. 이러한 공식조직은 효율성의 논리가 지배하며 추구하는 목표가 상대적으로 명확하다. 다음으로 비공식조직은 조직목표의 달성 외의 다른 목표를 수행하기 위하여 결성된 조직을 말하는 것으로 조직을 이루는 구성원들의 이해와 요구에 의하여 구성된다. 조직 내에 존재하는 낚시회, 산악회, 바둑동호회와 같은 취미모임 등이 비공식조직의 대표적인 예이다. 비공식조직은 감정의 논리가 존재하며 추구하는 목표 또한 비교적 불분명한 경우가 많다.

조직의 입장에서 볼 때 비공식조직은 순기능과 역기능을 동시에 가진다. 순기능으로는 개인의 욕구 해소, 부서간의 정보 흐름 촉진 등을 통하여 공식조직에서의 능률을 올릴 수 있다는 것이다. 하지만 그와 동시에 조직 내의 비정상적인 정보흐름의 발생, 조직 내의 소외, 공식조직 업무보다 비공식조직의 일에 몰두 등으로 조직 전체적으로 악영향을 끼치는 역기능적 요소 역시 가지고 있다. 조직의 활성화를 도모하기 위해서는 비공식조직의 역기능을 없애고 순기능을 강화하여 비공식조직의 존재 의의를 살려야 한다. 주의해야 할 점은 공식조직과 비공식조직의 분류가 완전히 고정된 것은 아니라는 것이다. 비공식조직도 구성원들의 관계와 행위가 명확하게 규정되고 조직되어지면 공식조직으로 변할 수 있으며, 공식조직도 그 구조적인 관계가 강압적이 아니고 통제받지 않는 관계로 대체될 때에는 비공식조직으로 바뀔 수 있다. (신유근, 《경영학 원론》 / Koontz and Weihrich, 《Management》 / 김세영 역, 《경영관리》)

(4) 경영조직의 기본형태

조직화의 목적은 조직목표를 가장 효과적으로 달성시킬 경영조직을 구성하려는 데 있다. 이러한 경영조직의 형태는 구조적 특성에 따라서 여러 가지 형태가 존재한다.

1) **라인조직(Line Organization)** : 라인조직이란 상사의 지휘와 명령계통이 직선적으로 연결되어 있는 조직이다. 다른 부서로부터의 기능적 권한의 행사와 스태프 기능의 지원을 받는 일이 없이 오직 라인 관리자의 명령계통만 철저히 확립되어 있다. 명령계통의 일원화가 충실하게 적용되고 있으므로 조직구조가 단순하여 권한과 책임의 한계가 명백하다. 그렇기에 직계관리자는 강한 통솔력을 발휘할 수 있으며, 의사결정의 속도가 빠르고 부하직원에 대한 훈련이 용이하다는 장점이 있다. 반면에 직계관리자의 직무부담이 과중되고 부문 간 갈등이 초래되기 쉬워 조정활동이 힘들다는 점과 관리자의 양성이 어렵고 상사의 독단적인 의사결정에 따른 폐해가 야기될 수도 있다는 단점이 있다.

2) **기능별 조직(Functional Organization)** : 기능별 조직은 직무상의 업무내용이 유사하고 관련성이 있는 특성별로 분류, 결합되는 조직구조이다. 생산, 마케팅, 재무, 인사 등과 같은 경영기능별 혹은 계

획, 조직, 통제 등과 같은 관리기능별로 부문화하게 된다. 이 조직은 안정된 환경에 적합하고 전문가 양성이 용이하다는 점 이외에도 분업화를 촉진시켜 능률향상이 제고되며 조정활동이 쉽다는 장점이 있다. 그렇지만 대규모 조직에 적용하기 힘들고 전반 관리자의 양성이 어려우며 업무에 대한 책임이 명확하지 못하다는 단점도 있다.

3) 라인 · 스태프조직(Line-Staff Organization) : 이 조직은 오늘날 가장 보편화되어 있는 조직형태로 라인조직의 명령계통의 일원화 원칙과 기능별 조직의 기능화 원칙이 주는 단점들을 보완하려는 취지에서 개발된 조직형태이다. 즉, 이는 라인 기능에 대해서는 라인 관리자가 직접 결정을 하고 지시와 명령을 내리며 스태프 관리자는 단지 주어진 스태프 기능에 한해서 라인 관리자를 보조하고, 권고하며, 필요한 서비스를 제공할 권한만을 갖도록 되어 있는 조직형태이다. 이 조직은, 라인은 스태프의 지원으로 주어진 임무에만 몰두할 수 있고 스태프의 지원으로 경영 전체가 안정되며, 경영의 계획과 통제가 보다 원활하게 이뤄질 수 있다는 장점을 가진다. 그러나 라인 기능과 스태프 기능이 서로 혼동되거나 스태프 관리자와 라인 관리자간에 책임한계를 두고 빈번한 마찰이 초래되는 등의 단점이 있다.

4) 사업부제 조직(Divisional Organization) : 사업부제 조직이란 제품별, 시장별, 지역별로 사업부가 분화되어 이를 기초로 구성된 조직형태이다. 이 제도는 다각적인 경영활동을 하거나 제품의 판매지역이 광범위할 때 그 효용이 중시되는데, 각 사업부는 독립채산제적인 경영활동을 영위한다. 이 조직의 장점으로는 급변하는 환경에 적합하고, 이익중심점으로 파악할 수 있어 성과에 대한 평가가 쉬우며, 관

리자에 대한 폭넓은 교육 경험 훈련을 유도할 수 있다는 점을 들 수 있다. 한편 자원의 분배에 있어 갈등이 야기되거나 사업부간의 마찰이 빈번할 수 있고, 전반적인 조직의 목표가 무시되기 쉬우며, 전문인력을 사장시킬 우려가 있다는 단점이 지적되고 있다.

5) 프로젝트 조직(Project Organization) : 이 조직은 조직의 구체적인 특정한 계획이나 과업별로 임시적인 하나의 팀을 구성하는 조직을 지칭하는 것이다. 경영환경이 날로 급속히 변화하는 가변적 상황에서 현대의 경영조직은 프로젝트 중심으로 활동하는 경우가 많고, 그 프로젝트의 다양성만큼이나 많은 여러 가지 기능부문이 망라된 조직이 요구되는데, 이를 위해 형성된 조직형태가 프로젝트 조직이다. 프로젝트의 진전에 따라 인원이 교체되기도 하고 일단 프로젝트가 완료되면 조직이 자연적으로 해산되는 탄력성을 가지고 있다.

6) 매트릭스 조직(Matrix Organization) : 기능별 조직이 갖는 조정활동의 어려움과 사업부제 조직의 전문적 인력양성이 힘들다는 점을 보완하기 위해서 이들 조직을 혼합한 형태의 조직이 개발되기도 하였는데, 상황에 따라서 경영자는 전문적 인력의 양성과 조정활동을 동시에 고려해야 하는 어려움에 직면하게 되었다. 이러한 동기에서 출현된 것이 바로 매트릭스 조직이다. 이 조직은 각 부문에서 기능별 구조와 사업부별 구조가 동시에 이행된다는 특징이 있다. 기능별 관리자들은 전문적인 기능을 보유한 자신의 부하가 수행한 과업에 대한 책임을 지며 프로젝트별 관리자는 서로 다른 기능별 부서의 전문가들이 수행한 활동을 통합할 책임을 가지고 있다. 이러한 특징으로 인해 이 조직은 다른 어느 조직보다도 더욱 복잡한 형태를 띠게 된다. 이

조직은 환경 변화에 적응력이 높고 관련분야와의 협력이 쉬우며 전문가의 이동배치가 가능하다는 장점이 있다. 그러나 일반적으로 대규모의 조직에 적합하고, 이중적 권한과 책임에 따른 역할 갈등이 야기되며, 문제발생시 그의 해결보다는 단지 토론에 그치는 경우가 많다는 점과 보다 세심한 대인관계가 요구된다는 단점이 있다. (정시훈, 《뿌리 깊은 경영, 바람이 없다 초판》)

(5) 경영조직의 중요성

경영조직은 다음과 같은 세 가지 기능을 통해 구성원들의 행동 및 사고, 상호작용방식 그리고 기업의 생산성 및 효율성과 같은 경제적 성과에 지대한 영향을 미친다. 이러한 경영조직은 사업을 성공적으로 수행하기 위한 기틀이 된다.

첫째, 경영조직은 구성원들로 하여금 공통목표를 갖도록 해준다. 경영조직은 구성원들에게 조직목표달성을 위해 필요한 업무를 할당하고 업무수행을 위해 필요한 규정과 절차들을 명시함으로써 구성원 모두가 조직의 공통목표를 효과적으로 달성하는 데 가장 적합하고 필요한 행동을 하도록 촉진제 역할을 한다.

둘째, 경영조직은 구성원들로 하여금 협력의사를 갖도록 해준다. 한 개인이 혼자서 일을 하는 데는 한계가 있기 때문에 경영조직은 그 한계를 극복하는 방법으로 조직에 참여하고 여러 사람들과 협력하는 의사를 갖도록 한다. 조직구조에 따라 구성원들의 협력의사가 달라지는데, 그 이유는 조직구조가 어떤 규정이나 절차를 만들어 구성원들의 행동을 통제하기도 하고 촉진하기도 하기 때문이다.

셋째, 경영조직은 구성원들 간의 인간관계 형성 및 개선에 커다란 영향을 미치게 된다. 구성원들은 경영조직을 통해서 사회적 관계를 형성하고, 그 속에서 업무 이외의 정서적 측면에 대해 의사소통을 하거나, 사회적 신분 및 지위의 상승, 사회적 권한의 획득과 같은 사회적 욕구들을 충족시킬 수 있을 뿐 아니라 구성원들 간의 사회적 질서를 형성하기도 한다. (신유근, 《경영학 원론》)

(자료 19)

연말 인사 화두는 '젊은 조직'

재계가 급변하는 올 연말 인사·조직 개편에 '젊은 조직'을 화두로 내세웠다. 젊고 현장 감각이 뛰어난 인물을 요직에 발탁하는 것은 물론 임직원간 원활한 의사소통과 환경 변화에 따른 신속한 의사 결정 분위기를 만드는 방향으로 조직을 재편한다.

스마트폰이 작년 11월 이후 5~6개월 만에 휴대전화의 패러다임을 완전히 바꿨을 정도로 급변하는 세상을 경험한 재계가 새로운 환경에 적응할 수 있는 '젊은 조직'을 구축하기 위해 역량을 모으고 있다.

이건희 삼성전자 회장이 '젊은 조직론'을 내걸었다. 이 회장은 지난달 30일 "(세상이) 빨리 바뀌니까 판단도 빨라져야 하고, 이 때문에 젊은 사람들에게도 맞다"고 밝혔다. 또 "모든 리더는 리더십과 창의력이 있어야 한다"며 "21세기 새로운 문화에도 빨리 적응해야 한다"고 설명했다.

삼성이라는 조직 전체에 변화의 바람을 몰고 올 조치가 취해질 가능성도 높다.

이 회장은 과거에도 '변화'를 주창하면서 조직을 업그레이드했다.

LG그룹에서는 LG전자가 조직 개편을 서두르고 있다. LG전자는 스마트폰 흐름에 적기에 대응하지 못해 위기를 겪고 있다.

한마디로 스마트폰이 주도하는 변화에 대해 적절하게 판단을 내리지 못해 어려움에 빠진 것이다. 이에 따라 LG전자는 우선 '변화의 흐름을 신속하게 읽고 의사결정을 할 수 있는 젊은 조직'을 구축하기 위해 작업을 진행 중이다. (2010년 11월 1일, 〈매일경제〉)

21세기 기업환경 변화에 신속하고 창조적인 적응을 위하여 조직 개편이 키워드가 되고 있다(자료 19 참조).

2. 조직화의 기본과정

공식조직이란 의도적이고 공식적으로 형성된 역할구조이다. 즉, 그것은 합리적인 기준에 입각해서 조직된 것으로서 생산 활동을 중심과제로 하고 있기 때문에 능률의 논리에 따라 운영되게 된다. 따라서 공식조직을 조직화함에 있어서는 자연히 분업화, 부문화 그리고 감독 한계의 결정과 같은 기본적인 과정을 이해하고 있지 않으면 안 된다.

(최병용, 《경영학 원론》)

(1) 분업화
1) 분업화의 이점

분업화란 커다란 과업을 보다 작고 서로 유사한 일의 집합으로 분할하여 여러 사람들에게 할당함을 말한다. 이 단계는 누가 어떠한 일을 수행해야 하는가를 결정하는 과정에서 제기된다. 일반적으로 조직의 규모가 커질수록 직무를 구성하는 요소는 세분화돼 각각 다른 사람들에게 할당된다. 분업화의 이점은 다음과 같다.

첫째, 효율적인 방식으로 재화 및 서비스를 생산하게 된다. 둘째, 조직구성원의 직무에 대한 숙련도를 증가시킨다. 셋째, 개개의 작업을 진행할 때 작업과 관련된 아이디어와 창의력이 커진다. 넷째, 조직에게 중요한 활동에만 집중할 수 있게끔 해준다. 끝으로 구성원들의 작업에 대해서 야기되는 의사소통과 의사결정의 요구를 감소시킨다. 즉, 구성원들이 자신의 직무에 전문성을 갖도록 훈련된다면 적어도 관리자가 종업원의 직무에 개입할 여지가 줄어든다는 것이다.

2) 분업화의 문제점

분업화가 생산성이라는 점에서 유리한 관리방식이기는 하지만 다른 한편 결점도 내포되어 있다. 이러한 결점은 주로 작업자들에 미치는 부정적인 효과에 집중되어 있음을 알 수 있다. 칼 마르크스나 엥겔스는 "분업은 인간 자신의 행위가 그 자신에 의해 통제되는 대신에 어떻게 그 스스로를 노예화시키게 한 최초의 범례이다"라고 말하며 개인들에게는 소외와 속박의 근원이 되고 있다고 주장하고 있다. 프랑스의 사회학자인 더크하임 역시 분업화는 곧 갖가지 상이하고 협소한 직무를 탄생시켜 결국 개인들은 오직 전문화된 분야에만 반복적으로 종사하게 되기 때문에 필연적으로 사기저하를 초래하게 된다는 것이다. 그러나 분업화는 능률의 개선, 대량생산기법에의 공헌 그리고 고수준의 제품이나 서비스를 가능케 하는 등 그 장점이 이상과 같은 단

점을 훨씬 능가하고 있는 것이 사실이다. (최병용, 《경영학 원론》)

(2) 감독한계

1) 감독한계 적정화의 원칙

감독한계 또는 관리한계라 함은 관리자에게 보고하는 직속부하의 수를 말하며, 조직능률을 위해서는 그 수가 적정해야만 한다는 것이 곧 감독한계 적정화의 원칙이다. 사실 어느 한 관리자가 효과적으로 관리할 수 있는 사람이나 활동의 수에는 어떤 한계가 있게 마련이다. 왜냐하면 관리자의 능력이란 시간, 지식, 정력, 개성, 관심 등 여러 요인에 의해 제약을 받고 있을 뿐만 아니라 조직 역시 시간의 경과와 더불어 성장하고 복잡화되어 가는 경향이 있기 때문이다.

2) 감독한계의 결정요인

그렇다면 과연 감독한계를 결정짓는 요인은 무엇일까. 하나의 관리자는 몇 명의 부하를 관리하는 것이 가장 효과적이냐 하는 것은 그동안 많은 논란이 있어 왔다. 3~7명이라는 사람도 있으며, 어떤 사람은 8~15명이 적정하다고 하는 사람도 있었다. 그리하여 학자들의 관심 역시 효과적으로 관리될 수 있는 부하의 수에 영향을 주는 요인은 무엇인가에 초점을 맞추고 있다.

쿤츠와 오도넬은, 적정한 관리한계는 경영자의 개인적 능력과, 상급자의 능력에 의해 가장 큰 영향을 받고 있다고 하고 있다. 이러한 능력은 경영자 자신과 그의 직무에 따라 다르겠지만 대체로 ① 부하의 교육과 훈련 ② 권한위양의 명확성 ③ 계획의 명확성 ④ 객관적 표준의 사용 여부 ⑤ 조직의 변화 정도 ⑥ 커뮤니케이션기법 ⑦

요청되는 인적 접촉의 정도 등 7가지의 요인에 의해 영향을 받는다고 주장한다. (최병용, 《경영학 원론》 / Koontz & O'Donnell, 《Principles of Management》)

3. 부문화

(1) 부문화의 의의

부문화란 작업의 조정과 통제를 할 때 중요한 기준에 근거하여 직무를 집단화하는 것이다. (Griffin & Ebert, 《Business》) 일단 직무의 분업화가 이루어진 다음 직무를 논리적 단위로 조직화하는 단계가 부문화 과정이다. 부문화가 이루어짐으로써 공통적으로 적용할 수 있는 감독체계가 확립되고 자원의 공유와 산출물에 대한 공동책임의식이 제기되어 구성원들의 의사소통과 상호간의 활동에 대한 조정을 활발하게 하는 이점을 준다. (Aldag & Stearns, 《Management》) 조직이 성장하게 되면 점차 많은 관리계층이 형성되고, 조직구조가 대형화되고 복잡하게 되어 그 조직의 신축성과 적응성은 하락하게 되며, 결국은 경영자들의 조정능력이 무엇보다 중요시되게 된다.

(2) 부문화의 유형

1) 기능별 부문화

① 기능별 부문화의 개념 : 기능별 부문화는 생산, 재무, 인사, 마케팅 등 기본적인 기업기능에 기초를 두고 활동들을 집단화하는 것을 말한다. 기능별 부문화는 가장 일반적이며, 특히 신설기업의 경우에

흔히 채택되는 조직구조이다. 제조회사의 경우 그 기본적인 기업기능에는 생산, 마케팅, 재무, 인사 등이 포함되어 있을 것이며, 정부, 대학 등의 비기업조직이나 은행, 보험, 운수와 같은 서비스조직의 경우에는 주요 '기업기능' 이 제조기업과는 다른 명칭과 성격을 지니고 있을 것이며, 그러한 경우 역시 기능별 부문화는 주요 기능에 따라 이뤄지게 된다. 이러한 기능별 부문화와 유사한 것이 경영직능이나 기술직능에 따른 부문화이다. 전자는 계획, 통제, 관리와 같은 경영직능별로, 후자는 용접, 조립, 플레이팅과 같은 기술직능별로 각각 활동을 부문화함을 말한다.

② 기능별 부문화의 장단점 : 기능별 부문화는 전문화의 원칙과 각 부문이 기능을 논리적으로 반영되고, 기능의 권력과 권한을 그대로 유지시키며, 최고경영층의 통제를 위한 수단을 마련해 준다는 장점이 있지만, 이와 동시에 이익에 대한 책임이 최고경영층에만 주어지며, 구성원들의 시야를 지나치게 전문화시키고 편협화시킨다. 또한 기능 간의 조정이 어려워 조직의 전체적인 성장을 곤란하게 할 수 있다는 등의 단점을 지니고 있다.

2) 지역별 부문화

① 지역별 부문화의 개념 : 지역에 따른 조직설계는 흔히 대규모의 기업이나 지리적으로 광범위한 지역에 활동하고 있는 조직에서 채택된다. 이는 은행, 우체국, 세무서와 같이 전국적으로 동일한 서비스를 동시적으로 제공하려할 때 유리한 조직형태이기도 하다. 그리고 의사결정과정에 지역적 참여를 촉구하려하거나 지역별 활동에서 오는 보다 높은 경제성 또한 그 채택근거가 되고 있기도 하다. 마지막으로

커뮤니케이션 시설이 낙후되어 있거나 활동의 민첩성을 기하기 위해 이 방식을 채택했었으나, 교통, 통신, 정보가 고도로 발달한 오늘날의 경우에는 더 이상 타당한 채택 근거로 볼 수 없을 것이다.

② 지역별 부문화의 장단점 : 지역별 부문화의 장점을 제조기업만으로 국한해서 본다면 우선 첫째, 책임을 하위층으로 이전시킨다. 둘째, 지역적 시장과 문제에 역점을 둔다. 셋째, 지역적 활동의 이점을 최대한 활용할 수 있다. 마지막으로 전반 경영자의 훈련이 용이하다는 것을 들 수 있다. 그러나 지역별 부문화는 전반적인 능력을 지는 경영자들을 보다 더 필요로 하며, 각 지역별로 참모서비스를 필요로 하기 때문에 인적자원의 낭비를 가져온다. 그리고 마지막으로 최고경영층에서의 통제가 곤란하다는 등의 단점을 지닌다.

3) 제품별 부문화

① 제품별 부문화의 개념 : 제품 또는 제품사업부별 부문화에서는 각 부문의 장이 하나의 제품 혹은 제품군의 생산 판매에 대한 포괄적인 책임을 지게 된다.

② 제품별 부문화의 장단점 : 제품별 부문화는 특정의 제품이나 제품라인에만 주의와 노력을 집중시킬 수 있고, 이익에 대한 책임을 사업부 레벨에 부여함으로써 성과노력을 배가시킬 수 있으며, 기능·활동 간의 용이한 조정과 제품 및 서비스의 성장과 다각화를 가능케 하는 장점을 가진다. 그러나 지역별 부문화와 같이 전반적인 경영능력을 지닌 경영자가 더욱 필요하게 되며, 본부참모의 활용이 곤란하고 최고경영층에서 통제가 곤란하다는 결점을 지니고 있다.

4) 고객별 부문화

① 고객별 부문화의 개념 : 고객별 부문화는 특히 회사가 여러 고객층을 상대로 하고 있으며, 각 고객층의 욕구가 상이할 때 채택되는 조직구조이다. 예를 들어 가전제품 회사가 조직을 소비자사업부와 산업사용자사업부로 나누어 경영한다든가, 은행이 전체 고객을 회사·가계·기관·농업 등의 고객층으로 분류하여 조직을 구성하는 것을 말한다. 따라서 고객별 부문화는 어떻게 보면 고객 지향적이라고 할 수 있으나, 실제로는 제품별 부문화와 구별하기 곤란한 경우도 흔히 있다.

② 고객별 부문화의 장단점 : 고객별 부문화가 지닌 주된 장점은 우선 경영자는 특정의 고객집단에만 전념할 수 있기 때문에 그들의 욕구를 신속 정확히 파악하여 보다 충실히 충족시켜줄 수 있다는 것이다. 이는 다시 각 고객집단별 전문가의 양성을 가능케 하며 고객의 입장에서도 공급자에 대해 보다 높은 애고와 충성을 지니게 된다는 이점을 가져올 수 있다. 그러나 각 상이한 고객집단의 요청을 서로 조정하기가 곤란하며 각 고객집단별 전문가를 필요로 하고, 때로는 고객들을 엄격히 집단화하기가 어려운 경우가 있다는 한계성을 내포하고 있다.

5) 매트릭스 부문화

① 매트릭스 부문화의 개념 : 매트릭스 부문화는 1960년대 미국에서 기업조직이 점차 복잡해지고 규모가 커짐과 더불어 기술지향성을 띠게 되면서 조직에 보다 신축성을 부여하려는 목적으로 처음 등장하게 되었다. 매트릭스 부문화에서는 기능적 부문과 태스크포스 부문을

서로 결합시킴으로 단일사업 각 구성부분의 동시성을 높이고, 규모의 경제를 촉진하며, 주어진 사업의 효과적 성취를 기하려한다.

　② 매트릭스 부문화의 장단점 : 매트릭스 부문화의 장점은 조직에 신축성을 부여하며, 상이한 분야 간의 협동을 자극한다. 또한 종업원들에게 몰입감과 도전감을 부여하며 능력을 개발시킨다. 마지막으로 전문가로 하여금 결정적 분야에 관심을 갖도록 한다는 이점을 지니고 있다. 그러나 동시에 무정부상태를 야기하고, 권력투쟁을 유발하며, 행동보다는 토론에만 치중케 할 수 있다. 또한 고도의 대인적 기술을 요구한다는 등의 단점을 지니고 있다. (최병용, 《경영학 원론》 / Koontz & O’ Donnell, 《Principles of Management》)

4. 권한의 위양

(1) 권한위양의 의의

　권한위양이란 특정의 활동을 수행할 공식적인 권리를 다른 사람에게 이전시킴을 말한다. 권한위양은 간단하게 보이지만 여러 연구들은 불충분한 권한위양 때문에 많은 관리자들이 실패하고 있음을 보여주고 있다. 권한위양은 조직이 존재하기 위해서 필수적인 것이다. 마치 어느 기업에 있어 한 사람이 조직 목적달성을 위해 필요한 모든 업무를 다할 수 없는 것과 같이 기업이 성장함에 따라 의사결정에 관한 모든 권한을 한 사람이 행한다는 것은 불가능 하다. 즉, 권한위양이 없이는 목표의 조직적인 성취 그 자체가 불가능하기 때문에 권한위양이 없는 대규모의 조직이란 처음부터 존립할 수가 없을 것이다. 그러나 권한의 위양은 권력의 위양도 수반함을 잊어서는 안 된다. 수행할 권한만 있고 그에 필요한 수단이 없다면 일의 성취란 보장될 수 없기 때문이다. 권한의 위양의 범위는 경영자의 기본적 기능은 대상에서 제외되어야 하지만, 조직의 문화, 상황, 사람의 능력 등의 요인에 따라 결정해야 한다. (Koontz and Weihrich, 《Management》 / 김세영 역, 《경영관리》 / 최병용, 《경영학 원론》)

(2) 권한위양의 원칙

1) 책임, 권한, 의무 동시위양의 원칙 : 이는 부하에게 특정 직무와 관련된 권한을 위양할 때는 그에 대한 책임과 그 결과에 대한 보고의무도 동시에 부여되어야만 한다는 원칙이다. 조직이 자원을 능률적으로 이용하기 위해서는 특정의 과업에 대한 책임은 그것을 효과적으로 수행하는 데 요하는 충분한 능력과 정보를 지니고 있는 최하위의 수준에 할당되어야만 한다. 그와 동시에 개인이 할당된 과업을 효과적으로 수행하기 위해서는 그에 필요한 충분한 권한의 위양이 있어야만 할 것이다.

2) 계층의 원칙 : 계층의 원칙에서는 조직의 최상위에서 최하위에 이르는 각 단계별로 권한계통이 명백히 설정되어 있어야만 한다고 하고 있다. 그와 같이 명백한 권한 라인은 곧 성원들 자신이 누구에게 위양할 것이며, 누가 위양할 것이고, 누구에게 책임(보고의무)을 지고 있는가를 이해할 수 있도록 해주기 때문이다.

3) 명령계통일원화의 원칙 : 이는 모든 부하는 오직 한 사람의 상급자에게만 보고해야 한다는 원칙이다. 한 사람 이상의 상급자에게 보

고하게 되면 개인은 누구에게 책임을 지며 누구의 지시를 따라야만 할지를 알기가 곤란하여 혼란을 가져오기 때문이다. 또한 이 원칙은 부하들의 책임 회피를 미연에 방지하기 위해서도 필요한 것이다. (최병용, 《경영학 원론》)

(3) 권한위양의 기술

권한위양이 효율적으로 되지 못하는 대부분의 경우는 관리자가 권한위양의 성격이나 원리에 대해 제대로 이해하지 못하기 때문이 아니라, 원칙을 실제적으로 적용할 수 없거나 또는 원칙을 적용시키지 않으려 하기 때문에 발생한다. 어떻게 보면 권한위양은 경영관리의 한 기본적 행위라 할 수 있다. 더욱이 관리의 실패 원인을 규명한 조사연구에서 거의 예외 없이 발견된 바에 의하면 실패 원인의 으뜸에 가까운 원인들은 권한위양이 졸렬하거나 부적당한 경우인 것으로 나타났다.

1) **수용성**(receptiveness) : 권한을 위양하려는 경영관리자의 기본적인 마음자세는 다른 사람의 아이디어에 기회를 부여하려는 의도가 있어야 한다. 의사결정에는 항상 어느 정도의 자유재량이 따르기 마련이며, 부하의 결정은 상사가 했을 결정과 반드시 정확하게 일치하지 않을 수도 있을 것이다.

2) **권리를 내주려는 마음의 자세**(willingness to let go) : 권한위양을 효과적으로 하려는 경영 관리자는 그의 부하에게 결정할 수 있는 권리를 기꺼이 내주어야만 한다. 만일 어떤 경영 관리자가 기업목표에 가장 잘 공헌할 수 있는 직무에 자신의 능력을 집중하고, 그 나머지 직무는 비록 그 직무를 자신이 더욱 잘 수행할 수 있다 할지라도

부하에게 부여한다면, 그 경영 관리자는 기업에 대하여 보다 큰 공헌을 할 것이다.

3) **과오를 허용하는 마음의 자세**(willingness to let others make mistakes) : 책임 있는 관리자라면 부하들이 과오를 범하여 회사나 부하의 직위를 위태롭게 하는 것을 방치하지 않을 것이다. 그렇다고 과오를 미연에 방지하기 위해서 부하에 대하여 계속적으로 감독을 되풀이 한다면 그것은 참다운 권한위양을 불가능하게 만들 것이다. 과오는 누구나 범할 수 있는 것이므로 부하의 과오는 용납될 수 있어야 하며, 이 과오로 인한 비용은 부하를 개발하는 데 드는 투자비용으로 간주해야 한다.

4) **부하를 신뢰하는 마음자세**(willingness to trust subordinates) : 상사로서는 그의 부하를 신뢰할 수밖에 없다. 왜냐하면 권한이양이란 원래 양 당사자 간의 신뢰관계를 의미하는 것이기 때문이다. 그러나 너무도 많은 경우에 상사들은 부하들을 불신한다. 왜냐하면 이들은 갖고 있는 권한을 내놓기가 싫거나, 부하의 성공에 위협을 느낀다든가, 현명하게 권한이양을 하지 못하는 경우도 있고, 또는 권한의 적정행사를 보장할 수 있는 통제방법을 모르기 때문이다.

5) **폭넓은 통제권을 확립하고 행사하려는 마음자세**(willingness to establish and use broad controls) : 상사는 업무수행에 대한 책임을 위양할 수는 없으므로, 위양하는 권한이 기업이나 부문의 목표와 계획을 돕는 데 행사됨을 보장해 주는 방법을 발견하려는 마음자세가 되어 있지 않는 한 권한을 위양해서는 안 된다. (Koontz and Weihrich, 《Management》 / 김세영 역, 《경영관리》)

"美 - 日 뚫어!" ··· 지략 3인방

세계무대에 빛난 황금 코치진.

월드베이스볼클래식(WBC)에서 한국 야구대표팀이 4강에 오른 힘의 근원으로 '분권과 자율의 힘'이 거론되고 있다. 이는 국내 프로야구 최고 감독들로 구성된 코치진이 각자의 영역에서 전문적인 힘을 발휘했기에 가능했다.

대표팀의 김인식 감독 체제 하에 선동렬 투수코치, 김재박 타격 및 수비 코치, 조범현 배터리 코치로 코칭스태프를 구성했다.

김 감독은 국내파와 해외파를 인화로 융화시키고 전략적인 큰 그림을 그리는 한편 각 코치들에게 권한과 자율을 부여했고, 그들의 의견을 존중하며 시너지 효과를 이끌어 냈다.

선동렬, 김재박, 조범현은 모두 현역 프로야구 감독들이며, 최근 국내 프로야구의 정상을 다투었던 명장들이다.

선동렬 삼성 감독은 2005년, 김재박 현대 감독은 2003년과 2004년 한국시리즈 우승을 차지했고, 조범현 현 SK 감독도 2003년 팀을 한국시리즈까지 이끌었다. 이들이 각자의 지도력을 발휘하며 몸을 낮추고 서로 협력한 효과는 객관적인 전력에서 열세라던 한국을 파죽의 6연승과 세계 4강이라는 결과로 이끌었다. (2006년 3월 20일, 〈동아일보〉)

월드베이스볼클래식(WBC)에서 한국 야구대표팀이 4강에 오른 힘의 근원은 김인식 감독의 탁월한 권한이양의 기술이라고 볼 수 있다(자료 20 참조).

5. 집권화와 분권화

(1) 집권화와 집권적 조직

집권화란 조직의 의사결정 및 통제권한이 조직의 상위층에 집중되어 있는 상태를 말한다(Robbins, 1990 : 106). 즉, 일반적으로 조직의 상층부에서 경영활동 및 업무에 관한 거의 모든 의사결정을 하고 결정된 사항을 하위계층에 일방적으로 명령, 지시, 통제하는 것이다. 이러한 집권화가 강하게 나타나는 조직을 집권적 조직이라고 한다. 집권적 조직에서는 의사결정의 속도나 커뮤니케이션의 속도가 빠르게 결정된 사안을 실행하는 데 구성원들이 일사불란하게 움직이는 강력한 추진력을 가지고 있어 효율성이 높은 경우도 있다. 또 부문 간에 발생하는 마찰이나 갈등은 상위계층의 개입에 의해 해결되는 경향이 있기 때문에 부문 간 마찰의 해결이 용이하게 이뤄질 수 있다. 하지만 최고경영자 혹은 최고경영층에서는 책임은 지지 않고 권한만을 행사하고 조직 내의 실무담당자들에게는 권한 없이 책임만 주어지는 경향이 있다. 이에 구성원들은 진취적으로 일을 수행하는 것을 꺼려하고, 수동적이며, 타율적인 행동을 보이기도 한다.

(2) 분권화와 분권적 조직

분권화란 의사결정과 명령지시권이 조직의 여러 계층에 대폭 위양되어 있는 상태를 가리킨다(Gibbson 외 1991 : 457-458). 즉, 조직의 상층부에서 모든 의사결정을 하는 것이 아니고 경영활동 및 업무에 관한 의사결정권의 일부 또는 대부분을 하위층에 위양하는 권한배분의 방식이다. 이러한 분권화가 강하게 나타나는 조직을 분권적 조직이라고 한다. 분권적 조직에서는, 일반적으로 조직의 상층부에서는 예외적인 경영활동 및 업무에 관한 의사결정만을 하고 일상적인 업무는 하위계층의 일선담당자에게 의사결정권을 위양하거나, 상위계층의 의사결정문제에 관해 하위계층이 참여하여 의견 및 아이디어를 제시하게 하거나, 경영활동 및 업무와 관련된 문제를 중간계층이 실질적으로 확정하고 최고경영자는 사후승인만을 하기도 하는 등 다양한 양상을 보인다. (신유근, 《경영학 원론》)

(3) 분권화 정도의 결정요인

분권화의 참된 가치는 그것이 과연 조직목표의 능률적 달성에 기여하고 있느냐의 여부에 따라 평가되지 않으면 안 된다. 그리하여 분권화의 정도를 결정함에는 기업의 전략과 환경의 영향, 조직의 규모와 성장률을 동시에 고려해야만 한다. (최병용, 《경영학 원론》)

3절 지휘(Directing)

지휘란 기업의 목표달성에 구성원들이 기여하도록 하기 위하여 기업이 의도하는 목표를 구성원에게 인식시키고, 이를 달성할 수 있도록 조직구성원들을 지도하고 감독하여 영향을 미치는 것을 말한다. 즉, 경영자가 경영활동을 실행하기 위하여 구성원들을 지시·지도·감독하는 기능을 지휘라 할 수 있다. 따라서 지휘는 동기부여, 리더십, 의사소통 등 인간관계적 측면과 밀접한 관련이 있다(리더십은 별도로 기술한다). (신유근, 《경영학 원론》)

1. 동기부여

(1) 동기의 개념

경영자는 다른 사람들과 더불어 그리고 다른 사람들을 통해 조직목표를 달성한다. 그러므로 경영자는 조직 내 개인들 행동의 원인을 규명하고 그들이 조직목표의 달성에 자발적이고 적극적으로 협조하도록 하는 방법을 이해하고 있어야만 한다.

동기(motivation)는 개인행동(individual behavior)의 근원이 되고 있는데, 조직 내에서 개인행동에 영향을 주는 동기요인은 무수히 많을 것이다. 동기란 '행동을 강요하는 개인 내면의 추동력(趨動力)'이라 정의될 수 있다. 개인들은 그들의 내면에 흔히 '욕구(want)', '필요(needs)', 혹은 '공포(fear)'라 불리는 어떤 추동력(driving force)이 있음으로 해서 특정의 행동을 하게 된다.

(2) 동기유발의 중요성

종업원들의 동기는 곧 그 조직의 효과와 능률, 즉 성과수준에 직접 영향을 미치기 때문에 그것은 경영자에게 극히 중요한 관심사가 아닐 수 없다. 본래 경영자란 다른 사람들과 더불어 또 그들을 통해서 경영을 하고 있기 때문이다. 그러나 사람들의 행동이란 비합리적이고 복잡하기 때문에 그들의 참된 동기를 밝혀내기란 용이한 일이 아니다. 그뿐만 아니라 동기론자들조차도 개인들의 동기란 과연 무엇이고 또 조직성과를 위해 그것은 어떻게 유발되어야만 하느냐에 관해 각기 상이한 의견을 제시하고 있다.

그럼에도 한 가지 분명한 것은, 기본적으로 개인의 성과는 ① 개인의 능력, ② 동기, ③ 환경 등 세 변수에 의해서 결정되고 있다는 사실이다. 이 가운데 어느 하나가 부족하거나 결여되어 있어도 유효한 성과는 이루어질 수 없다. 그러나 이 중에서 가장 중요한 것은 역시 동기임을 알 수 있다. 왜냐하면 개인의 능력과 환경이 아무리 우수하다 하더라도 처음부터 일하려는 동기가 결여되어 있는 한 이들 두 변수도 제 기능을 발휘할 수가 없게 되기 때문이다. (최병용, 《경영학 원론》)

(3) 동기부여 이론들

동기부여 이론은, 가장 적절한 동기부여 방식은 어떤 것인가라는 근본적인 질문에서 연구가 진행되어 왔다. 아래에서는 동기부여 모델에 관한 이해를 토대로 동기부여 이론을 크게 내용이론과 과정이론, 강화이론의 세 가지로 살펴보았다.

1) 내용이론

동기부여에 관한 내용이론은 어떠한 요인이 동기를 유발하는가에 연구의 초점을 두고 있다. 즉, 어떠한 요인들이 종업원들의 동기부여에 크게 작용하는가를 파악하고자 하는 것이다. 대표적인 이론으로는 매슬로우(A. H. Maslow)와 알더퍼(C. P. Alderfer)의 욕구단계이론과 허츠버그(F. Hertzberg)의 2요인이론, 인간에 대한 두 개의 가정을 통해 각 유형별로 두 가지의 관리방식을 제시한 맥그리거(D. McGregor)의 X · Y이론, 욕구에 순위를 부여하지 않고 있으며 성취와 친교와 권력의 욕구를 강조하는 맥클랜드(R. McClelland)의 이론 등이 있다. 이 이론들은 공통적으로 동기유발의 내용 측면을 강조하고 있다.

먼저 매슬로우의 욕구단계이론에서는 인간의 욕구가 다원적인 계층적 구조로 이루어져 있다고 본다. 그리하여 인간의 행동은 자신의 미충족된 욕구가 순차적으로 충족되는 과정에서 동기가 유발된다고 보고 있다. 그는 낮은 수준의 욕구가 만족되면 더 높은 단계의 욕구가 동기유발 요인으로 작용한다고 가정한다.

이와 달리 알더퍼는 하위욕구가 충족되면 상위욕구에 대한 욕망이 커지게 되지만 상위욕구가 충족되지 않을수록 오히려 하위욕구에 대한 욕망이 커진다는 내용의 ERG이론을 제시하였다. 그는 욕구의 계층성을 인정하되, 이를 존재와 관계, 성장의 3단계로 축소하여 설명하고 있다.

위의 두 이론은 만족과 불만족을 단일 차원에서 설명하고 있다. 반면에 만족과 불만족을 별개의 이원적 구조로 설명하는 것이 바로 허츠버그의 2요인이론이다. 그는 개인의 행동을 자극하는 요인으로 위생요인과 동기요인이 있다고 주장한다.

먼저 위생요인(불만족요인)은 개인의 직무환경과 관련된 외재적인 성격을 갖고 있어 직무의 환경요인이라고도 한다. 종업원의 임금, 안정된 직업환경, 작업조건, 신분, 경영방침 등과 같은 것을 말한다. 이러한 위생요인의 충족은 단지 불만족의 감소만을 가져올 뿐 만족에는 아무런 작용을 하지 못한다고 보고 있다. 반면, 동기부여요인(만족요인)은 직무 자체와 관련이 있어 직무내용 요인으로도 불리는데 개인의 성취감, 인정, 책임감, 성장, 발전, 존경과 자아실현 욕구와 같이 만족을 촉진하는 요인을 말한다. 이러한 동기요인의 충족은 불만족과는 관련이 없지만, 만족에 적극적인 영향을 주게 되며, 일에 대한 적극적인 태도를 유도해낸다.

그러나 만족 불만족요인이 반드시 이원적 구조로 이루어진다는 보장이 없다는 점에서 문제가 제기되고 있으며, 개인차를 무시하고 만족과 동기부여를 동일한 것으로 간주하고 있다는 점 등의 문제점이 있음도 유의해야 한다. 이상의 내용들의 관련성은 표 A, B와 같다.

(표 A) 매슬로우의 욕구에 대한 계층적 구조

욕구의 계층	욕구의 내용
1단계 : 생리적 욕구	의식주에 관련된 욕구로서 가장 기초적인 인간의 욕구
2단계 : 안전 욕구	육체적 안전과 심리적 안정에 관한 욕구
3단계 : 사회적 욕구	대인관계에서 나타나는 욕구로 정을 주고받거나 어떤 단체에 속하기를 원하는 욕구
4단계 : 존경의 욕구	타인으로부터 존경을 받고 싶어 하는 욕구
5단계 : 자아실현의 욕구	자기능력을 개발하고 최대로 발휘하고자 하는 최상위의 욕구

(표 B) 알더퍼의 욕구에 대한 계층적 구조

욕구의 계층	욕구의 내용
1단계 : 존재 욕구 (Existence : E)	모든 형태의 생리적 · 물리적 욕망에 대한 것으로, 매슬로우의 생리적 욕구나 물리적 측면의 안전 욕구에 해당
2단계 : 관계 욕구 (Relatedness : R)	타인과의 대인관계에서 발생하는 욕구로서, 매슬로우의 안전욕구와 사회적 욕구, 일부분의 존경욕구에 해당
3단계 : 성장 욕구 (Growth : G)	창조적 · 개인적 성장을 위한 한 개인의 노력과 관련된 욕구로서, 매슬로우의 자아실현 욕구와 일부의 존경욕구에 해당

내용이론은 모두 동기부여의 첫 단계인 개인의 욕구 충족에 관심을 두고 있다. 그렇지만 그러한 요인들에 의해 동기가 어떻게 유발되는지에 대해서는 설명하지 못한다는 문제점도 가지고 있다.

2) 과정이론

개인의 동기부여를 하나의 과정적 측면에서 이해하고자 하는 것이 동기부여의 과정이론이다. 이 이론에서는 사람들이 어떻게 목표를 달성하며, 목표달성 후 민족을 어떤 과정으로 평가하느냐에 초점을 두게 된다. 이러한 접근법으로는 기대이론과 공정성이론이 대표적이다.

먼저 브룸(V. H. Vroom)의 기대이론을 살펴보자. 그는 사람들이 여러 가지 가능한 행동 대안을 인지적으로 평가하여 자기 자신에게 가장 유리한 결과를 가져올 것으로 예측되는 행동을 선택한다고 보았다. 이러한 관점으로 개인의 동기가 유발되는 과정을 다음과 같이 설명한다.

먼저 동기유발 정도와 개인의 능력에 의해 성과가 결정된다고 보았다. 동기유발은 일 자체와 관련된 직무성과, 생산성 등의 1차 수준결과에 대한 주관적인 선호도와 결과에 대한 주관적인 확률인 기대에 의해 결정된다고 본 것이다. 다시 말해 주관적 선호도와 성과(1차 수준결과)가 보상을 가져올 것으로 기대하는 주관적 확률에 의해 결정된다고 하였다. 이러한 관계를 간단히 표현하면 다음과 같다.

성과 = 동기유발 × 개인의 능력
동기유발 = 1차 수준결과의 유의성 × 기대
1차 수준의 유의성 = 2차 수준결과의 유의성 × 수단성

아담스(J. S. Adams)의 공정성이론은 각 개인이 타인의 투입 대 산출과 자신의 투입 대 산출비율 사이의 불균형을 크게 인지할수록 동기유발이 강하게 나타난다는 이론이다. 즉, 인지부조화이론에 근거하고 있는 것이다. 이 관계를 간단히 표현하면 다음과 같다.

$$\frac{\text{자신의 결과(보상)}}{\text{자신의 투입}} = \frac{\text{타인의 결과(보상)}}{\text{타인의 투입}}$$

여기서 산출·투입에 대한 불공정은 과소보상뿐만 아니라 과다한 보상에 의해서도 느낄 수 있다. 그렇기에 이러한 불공정을 해소하기 위해 자신의 투입과 산출을 조정하거나 비교대상이 되는 타인의 투입과 산출을 조정할 수도 있게 된다. 아니면 투입과 산출의 인지적인 왜곡, 비교인물의 변경 등과 같은 과정을 통해 불공정을 해소하게 되며, 이 과정에서 개인의 동기가 유발된다는 것이다.

3) 강화이론

강화이론은 보상이 행동을 변화시키거나 유지시키는 역할에 초점

을 두고 있다. 강화이론에서는 학습이론의 조작적 조건화를 동기부여 이론에 도입하여 보상적인 결과를 가져오는 행위는 반복되지만 처벌을 가져오는 행위는 반복될 가능성이 작아진다는 가정을 토대로 하고 있다.

강화이론에서는 개인의 행동을 유발하는 요인으로 네 가지 유형의 강화를 제시하고 있다. 먼저 바람직한 행위를 증대시키기 위한 방안으로 개인의 행동에 대해 바람직한 보상을 제공함으로써 그들의 행동을 강화하는 적극적 강화이다. 반면에 성과가 나타날 때 불편한 자극을 끝나게 해줌으로써 그러한 행동을 강화하는 것은 소극적 강화다. 또한 바람직하지 않은 행위를 감소하기 위한 방안으로는 잘못된 행위에 대해 보상을 제공치 않음으로써 그러한 행위를 약화시키는 소거와 직접적인 처벌을 가하는 것이 있다.

네 가지 유형의 강화요인들을 이용한 강화방법 또한 네 가지로 나뉘어 제안되고 있다.

행동과는 상관없이 시간을 기준으로 적용되는 고정적 간격법과 변동적 간격법이 있다. 이와는 달리 시간과는 상관없이 행위의 빈도와 관련되어 적용되는 고정적 비율법과 변동적 비율법이 있다.

경영자들이 가장 즐겨 사용하는 강화의 형태는 주로 적극적 강화라고 볼 수 있다. 그 가운데서도 적극적 강화의 변동적 비율법에 의한 시행이 가장 바람직한 방법이라는 의견이 지배적이다.

(4) 효과적 동기유발을 위한 제언

지금까지 여러 가지 동기이론에 관해 살펴보았다. 이러한 이론들이 실제 기업의 상황에서 효과적으로 적용되기 위해서는 무엇보다도 종업원들에 대한 깊은 이해와 치밀한 계획 그리고 계획집행에서의 인내 등이 필요하다. 그렇기에 결코 동기이론의 현실적 적용이 쉬운 문제만은 아니라는 것을 알 수 있을 것이다. 이런 관점에서 스티어즈(R. Steers)와 포터(L. Poter)는 이러한 동기이론을 실제 적용함에 있어 고려해야 할 몇 가지 지침을 제시하고 있다. 이는 경영자들이 심사숙고해야 할 문제이므로 잘 파악해 둘 필요가 있다.

① 경영자는 다른 사람의 단점을 고치기 이전에 자신의 장·단점부터 잘 알고 있어야 한다.

② 경영자는 적극적이고 의도적인 자세로 종업원들의 동기유발에 임해야 한다.

③ 경영자는 성과 지향적인 조직문화를 형성해야 한다.

④ 경영자는 종업원들이 저마다 다른 동기와 능력을 가지고 있음에 유의해야 한다.

⑤ 종업원들에 대한 보상은 반드시 성과와 연계하여 제공되어야 한다.

⑥ 종업원들의 직무는 도전의식과 다양성을 가질 수 있도록 설계되어야 한다.

⑦ 경영자는 항상 종업원의 옆에서 그들의 문제를 해결해 줄 수 있어야 한다.

⑧ 조직의 생산성을 향상시키기 위해서는 종업원들의 적극적인 협조를 구해야 한다.

‘3·3·3·1법칙’을 40여 년간 지켜 종업원을 감동케 한 신도리코 아산 공장은 동기부여의 모델이 될 수 있다(자료 21 참조).

(자료 21)

공장이야, 미술관이야…
여기서 일하고 싶다, 신도리코 아산공장

‘조깅 → 아침식사 → 점심식사 → 정원·연못 산책 → 일과 후 PC활용 강좌 또는 국제 규격 체육관에서 농구’

신도리코 아산공장 기계제조 1부 이문우(29) 사원의 하루 일과다. 김씨는 “근무 6년차지만 아직도 공장 시설을 모두 활용해보지 못했다”고 말했다. 그는 “공장 생활을 하다 보면 1년이 지루한 줄 모르고 훌쩍 간다”고 덧붙였다.

전장품 제조부 김혜정(28) 사원은 공장 뒤편 배방산 산책로를 즐기는 ‘팬’이다. 점심시간마다 울긋불긋한 가을 단풍이 물든 2km 산책로를 거닐고, 가끔 공장 안 미술관에 걸린 작품을 둘러보다 보면 기분이 전환된다. 생산관리부 강영훈(30) 계장도 “아산공장 관리자와 직원들에게는 문화적인 향기를 가진 공장에 다닌다는 자부심이 있다”고 말했다.

충남 아산시 남동 신도리코 아산공장은 직원들의 사기를 올리기 위해 만들어진 ‘예술 작품’이다. 이곳 공장들은 민현식 한국예술종합학교 교수가 20여 년에 걸쳐 차례로 설계했다.

신도리코는 직원들의 창의성을 위해 ‘문화’에 신경을 쓴다. 이 회사는 연초에 전직원에게 줄 생일 선물을 준비한다. 직원 본인은 물론 부모에 배우자 생일까지 직속 상사가 챙겨준다. 공장 식당에서는 흔히 보는 식판 대신 가정용 주발과 그릇을 쓴다. 마치 자신의 집처럼 편안하고 존중받는 기분을 느낄 수 있도록 한 것.

김용식 신도리코 상무는 이 같은 노력을 '3·3·3·1법칙'이라고 설명했다. 10의 수익을 거두면 회사 3, 직원 3, 주주 3, 사회 1의 비율로 수익을 분배한다는 뜻이다. "40여 년간 이 원칙을 지킨 게 중요합니다. 그래야 직원이 감동하니까요." 신도리코에는 노조가 없고, 창사 뒤 45년간 한 번의 노사 분규도 없었다.

김 상무는 "내부 고객인 직원을 감동시켜 회사에 열광하도록 만들면, 이들이 기업이익을 최대한 끌어올릴 수 있다는 게 신도리코의 방침"이라며 "공장 작업 환경에 대한 투자는 회사와 직원을 함께 살리는 투자"라고 말했다. (2005년 11월 29일, 〈조선일보〉)

2. 커뮤니케이션

(1) 커뮤니케이션의 중요성

커뮤니케이션은 한 조직의 존립에 기본이 되고 있으며, 조직 내 여러 인적·물적 요소들을 능률적이고 효과적인 활동단위로 조정시킴에 있어서 필수적인 요인이다. 어떠한 경영자든 의사결정을 토대로 하여 활동을 하게 되며, 그러한 의사결정을 위해서는 반드시 각양의 사실·정보·지식의 전달이 필요하게 되는 것이다. 이렇듯 커뮤니케이션은 특히 경영자에게 있어서 더욱 중요시된다. 왜냐하면 경영자는 바로 커뮤니케이션과정을 통해서만이 그의 기본적 기능인 계획·조직·지휘·통제활동을 수행해갈 수가 있을 뿐만 아니라, 커뮤니케이션이란 경영자시간의 대부분을 차지하고 있는 활동이 되고 있기 때문이다. (최병용, 《경영학 원론》)

이미 많은 학자들은 조직화된 노력을 함에 있어서의 커뮤니케이션이 갖는 중요성을 인식하고 있었다. 예를 들어 바나드(Barnard)는 커뮤니케이션을 공통의 목표를 달성하기 위해 사람들을 조직 내에서 서로 연결하는 수단이라 하였다. 이와 같은 기능은 현재에도 커뮤니케이션의 기본적인 기능에 해당한다.

사실상 집단활동은 정보의 전달 없이는 불가능한데, 그 이유는 정보의 전달 없이는 조정과 변화가 실시될 수 없기 때문이다. (Koontz and Weihrich, 《Management》 / 김세영 역, 《경영관리》)

(자료 22)

3가지 '경영의 道'

<Weekly BIZ> 창간 3주년. 저희는 그동안 늘 여러분 같은 기업인이 어떤 고민을 하고, 어떤 이야기를 듣고 싶어 하는지를 생각하면서 지면을 만들어 왔습니다. 지난 3년 동안 저희는 여러분이 만나기 어려운, 세계 최고의 경영대가(大家), CEO들을 만나서 이야기를 들어왔습니다. 우리는 늘 여러분을 대신해서 그들에게 경영의 도(道)를 물었습니다.

그들은 저마다 다른 분야에서 활동하고 있고, 생각도 달랐습니다. 하지만 그들의 이야기엔 공통점이 있었습니다. 저희는 경영 대가들의 이야기에서 3가지 키워드를 뽑을 수 있었습니다. '혼(魂), 창(創), 통(通)'이 그것

입니다. 요약하자면 조직에 혼을 심고, 창의성이 살아 넘치게 하고, 소통하는 조직을 만들라는 것입니다.

기업 환경이 어려울 때일수록 소통의 중요성은 더욱 커집니다. 통(通)하기 위한 첫 단계는 청(聽), 즉 잘 듣는 것입니다.

세계 최대 제약회사인 화이자의 제프 킨들러(Kindler) 회장이 한국에 왔을 때 저희와 인터뷰를 했습니다. 그의 말 중에 가장 기억에 남는 게 하나 있었습니다. 그는 바지 주머니 속에 늘 갖고 다니는 것이 있다고 했습니다. 무엇일까요? 뜻밖에도 동전 10개였습니다. 그는 매일 1센트짜리 동전 10개를 왼쪽 바지 주머니에 넣고 집을 나선다고 합니다. 한 명의 직원과 대화하고 그의 고민이나 이야기를 충분히 들어주었다는 생각이 들면 왼쪽 주머니에 있던 동전 하나를 오른쪽 주머니로 옮깁니다. 하루 동안 왼쪽 주머니에 있던 10개의 동전이 모두 오른쪽 주머니로 옮겨가면 그는 스스로 자신에게 '100점'이라는 점수를 준다고 합니다. 그는 "매일 스스로에게 이런 숙제를 내는 이유는 CEO로서 무엇보다 가장 중요한 게 직원들과의 대화라고 생각하기 때문"이라고 말했습니다. 실제로 조직의 많은 문제들이 리더가 잘 들어주기만 해도 풀리는 경우가 많습니다. (2009년 10월 17-18일, 〈조선일보〉 土日섹션)

커뮤니케이션은 한 조직의 존립에 기본이 되고 있으며, 공통의 목표를 달성하기 위해 사람들을 조직 내에서 서로 연결하는 수단이라는 커뮤니케이션의 중요성을 의식하게 하는 내용이다(자료 22 참조).

(2) 커뮤니케이션 과정

커뮤니케이션은 일상생활이나 조직체생활에서 계속적으로 일어나고 있는데, 이들 커뮤니케이션을 자세히 분석해 보면 정보의 전달자와 수신자간에 어떤 일정한 과정으로 구성되어 있음을 알 수 있다. 이러한 커뮤니케이션을 동태적인 상호작용의 과정으로 파악하려는 모형이 버로(D. K. Berlo)에 의해 제시되었다. 그는 선형적이고 단계적인 정보이론의 접근방법에 반대하였으며, 과정이라는 개념을 달리 파악하여 그것을 동태적이고, 지속적이며, 항상 변화하는 것으로 보았다.

버로는 다음 그림과 같은 커뮤니케이션 모형을 제시하였는데, 아래에서는 그의 모형에서 나타나는 중요한 개념을 살펴보기로 한다.

(그림) 커뮤니케이션 과정 모델

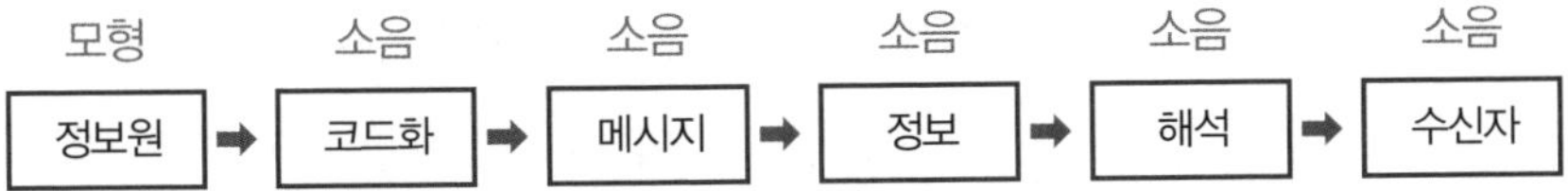

커뮤니케이션은 정보의 전달에서 시작된다. 타인에게 전달하고자 하는 정보의 원천을 발신자 또는 정보원이라고 하는데, 이들은 소유하고 있는 아이디어나 정보를 부호나 심볼로 변화시키는 코드화 과정을 통해 메시지를 전달하게 된다. 여기에서 코드화(Encode)란 정보를 보내는 사람의 의도가 정보를 받는 사람에게도 똑같은 의미로 전달될 수 있도록 공통성을 가진 어휘나 문자, 숫자, 몸동작으로 정보를 변화시키는 것을 말한다.

이 과정에서 전달하고자 하는 정보를 얼마나 적절하게 코드화시키느냐에 따라 커뮤니케이션의 유효성이 영향을 받게 되는데, 정보원, 즉 정보의 발신자가 가지고 있는 커뮤니케이션 능력이나 태도, 경험, 지식 등이 풍부할수록 적절한 커뮤니케이션이 이루어질 수 있는 것이다.

정보원에 의해 코드화된 정보를 우리는 메시지라고 부른다. 정보를 수신하는 사람은 메시지를 통해 정보원이 전달하고자 하는 정보의 내용을 이해하게 되는 것이다.

그러면 이처럼 코드화 과정을 거친 메시지는 어떻게 수신자에게 전달되는가? 우리가 일상생활에서 사용하는 모든 매체들이 메시지를 전달하는 경로로 사용된다. 전화나 컴퓨터, 전보, 텔레비전, 메모, 문서 등 타인과의 의사소통을 가능하게 하는 모든 수단이 바로 커뮤니케이션의 채널이 되는 것이다. 우리가 어떤 수단을 이용해 메시지를 전달하고자 할 때는 항상 가장 적절한 경로를 선택하여야 하는데, 먼저 각 매체들이 가지는 장·단점을 잘 이해하고 이를 고려하여 가장 효과적이고 능률적인 경로를 선택하여야 한다. 이제 정보원이 정보를 코드화한 메시지를 특정 경로를 통해 전달하면 수신자가 이를 받아 해석하는 과정을 거치게 된다. 수신자는 발신자가 코드화한 메시지를 해석(Decode)하여야 하는데, 이 과정에서 유의할 점은 발신자의 의도를 그대로 이해할 수 있도록 그 의미를 정확하게 해석해야 한다는 점이다. 우리는 흔히 이 과정에서 오해로 인해 전달된 정보와는 전혀 다른 해석을 하게 되는 실수를 하게 된다.

결국 정보 제공자의 메시지를 얼마나 정확히 해석해 내느냐에 따라 커뮤니케이션의 성패가 좌우된다고 해도 과언은 아닐 것이다. 그만큼 메시지의 해석능력은 커뮤니케이션 성공의 중요 요인이 되는 것이다.

누구나 일상생활에서 주위의 소음이나 타인의 간섭 등으로 인해 대화를 방해받았던 경험을 가지고 있을 것이다.

주변의 시끄러운 소리로 인해 두 사람이 대화가 제대로 이루어지지 않을 때 우리는 이를 소음(Noise)이라고 한다.

커뮤니케이션을 방해하는 소음을 크게 두 가지로 구분가능한데, 먼저 정보를 받는 사람이 전달되는 메시지에 별로 관심을 기울이지 않음으로 해서 발생하는 내적인 소음과 외부의 간섭이나 잡음으로 인한 외적인 소음이 그것이다. 모든 유형의 소음은 정보전달자와 수신자 사이의 커뮤니케이션을 방해함으로써 정확도를 떨어뜨리거나 정보의 왜곡을 가져오게 됨으로 커뮤니케이션의 경로에 존재하는 소음들을 적절히 통제하는 노력이 필요한 것이다.

정보원이 코드화한 메시지를 전달하고 수신자가 이를 받아 해석하는 과정에서의 소음을 통제하면 커뮤니케이션이 거의 끝나게 된다.

마지막으로 우리는 전달된 정보가 정확히 이해되었는가를 확인하기 위해 피드백 과정을 거치게 된다. 피드백은 정보원에게 메시지의 전달이 제대로 이루어졌는가를 알려줌으로써 앞으로의 커뮤니케이션에 있어서 부족한 점을 수정하여 효과적인 커뮤니케이션이 이루어질 수 있도록 하는 역할을 수행하게 된다.

(3) 커뮤니케이션의 유형

조직에서 커뮤니케이션은 다양하게 이루어지지만 그 중에서 가장 기본적인 형태는 개인 사이에서 이루어지는 개인 간 커뮤니케이션과 조직구조라는 사전에 결정된 커뮤니케이션의 통로가 존재하고 있는 조직 커뮤니케이션으로 구분된다. 아래에서는 각각에 대해 간단히 살펴보고 피드백의 유형에 따른 일방향 커뮤니케이션과 쌍방향 커뮤니케이션에 대해서도 살펴보기로 한다.

1) 개인 간 커뮤니케이션

개인과 개인 사이에 이루어지는 커뮤니케이션의 유형으로 사람들, 특히 소수의 사람들 간의 커뮤니케이션을 개인 간 커뮤니케이션이라고 한다. 개인 간 커뮤니케이션은 다시 구두를 이용한 커뮤니케이션과 서면 또는 언어 이외의 수단을 이용한 커뮤니케이션으로 구분된다.

① 구두 커뮤니케이션

우리가 얻는 많은 정보들은 사람들 간의 대화를 통해 얻어진다. 이처럼 개인 간의 대화나 집단토론, 연설 등을 통해 정보를 전달하는 것을 구두 커뮤니케이션이라고 한다.

② 서면 커뮤니케이션

대화뿐만 아니라 글도 커뮤니케이션의 주요 수단이다. 서면을 통한 커뮤니케이션은 기록이나 자료 및 법적 증거를 제공하는 장점을 지닌다. 이 방법은 전달하고자 하는 메시지를 주의 깊게 준비할 수도 있고 또한 많은 양을 우편으로 다수의 수신자에게 직접 우송할 수도 있는 장점이 있다.

그러나 이처럼 한 번에 대량으로 커뮤니케이션을 할 수 있다는 장점에도 불구하고 소요되는 시간의 문제로 인해 실제 그 유용성은 크지 않은 편이다.

③ 비언어 커뮤니케이션

앞에서 살펴본 언어를 이용한 커뮤니케이션, 서면을 이용한 커뮤니케이션 이외에도 정보의 전달을 강화시키는 수단으로 많이 이용되는 게 비언어적 커뮤니케이션이다. 이는 얼굴표정이나 몸짓 같은 수단을 말하는 것으로 일반적으로 다른 커뮤니케이션의 정보 전달력을 강화시켜주는 수단으로 많이 활용된다.

2) 조직적 커뮤니케이션

커뮤니케이션의 당사자들이 사전에 정해 놓은 조직구조를 통해 정보전달이 이루어지는 것을 조직적 커뮤니케이션이라고 한다. 물론 기본적인 커뮤니케이션의 과정은 개인 간 커뮤니케이션 과정과 동일하게 발생한다. 그러나 조직에서의 커뮤니케이션이 정해진 틀 속에서만 이루어지는 것은 아니며, 공식적인 조직구조를 통한 커뮤니케이션과 더불어 자연발생적인 커뮤니케이션이 함께 형성되는 것이 일반적이다. 따라서 조직 커뮤니케이션 분야는 크게 공식적인 커뮤니케이션과 비공식적인 커뮤니케이션으로 구성되게 된다.

아래에서는 커뮤니케이션 망과 공식적 · 비공식적 커뮤니케이션의 구체적인 내용을 살펴보도록 한다.

① 커뮤니케이션 망(Communication Network)

커뮤니케이션 과정에서 조직체의 공식 정보구조와 조직 구성원들의 자생적인 행동이 복합적으로 작용하게 되며, 이로 인해 커뮤니케이션의 효율성과 집단 및 조직체의 성과가 많은 영향을 받게 된다. 따라서 조직체 내에서의 상호작용을 통하여 구성원들은 자기들의 과업과 규범 그리고 작업조건과 자기 사진들의 개인적 특성을 중심으로 자기들에게 가장 적합한 커뮤니케이션 패턴을 형성하도록 노력하여야 한다.

② 조직적 커뮤니케이션 채널

(가) 공식적 커뮤니케이션

공식적 커뮤니케이션은 크게 ① 수직적 커뮤니케이션(Vertical Communication), ② 수평적 커뮤니케이션(Horizontal communication) 그리고 ③ 대각적 커뮤니케이션(Diagonal communi-cation)으로 나눌 수 있다. 수직적 커뮤니케이션은 그 방향에 따라 다시 ㉮ 하향적 커뮤니케이션과 ㉯ 상향식 커뮤니케이션으로 나누어진다. 이것은 조직의 활동에 있어서 가장 중요한 커뮤니케이션의 유형이 된다. 왜냐하면 조직의 구조, 권력, 리더십 등의 중요한 조직변수들과 가장 깊은 관련이 있기 때문이다. (신유근, 《조직 행위론》)

■ 수직적 커뮤니케이션

• 하향적 커뮤니케이션

조직 내에서 가장 흔하게 일어나는 커뮤니케이션은 상하의 명령계통을 따라 최고경영자에서부터 현장 근로자에게까지 이어지는 하향적 커뮤니케이션이다. 주로 라인계통을 통한 명령이나 지시의 형태로 이루어지므로 지시적 커뮤니케이션이라고도 한다.

또한 하향적 커뮤니케이션에서는 하급자는 자신의 지위 때문에 상급자가 잘못한 것을 바로 말하지 못하는 경향이 있다는 것을 고려해야 할 것이다. 그러므로 하향적 커뮤니케이션에서는 정보가 의도한 대로 전달되었는지를 확인하기 위한 피드백 과정이 반드시 필요하다고 하겠다.

• 상향적 커뮤니케이션 : 조직 내에서는 지시나 명령의 전달로 인한 하향적 커뮤니케이션과 더불어 하급자의 성과나 의견을 상급자에게 전달하는 상향적 커뮤니케이션이 반드시 필요하다.

상향적 커뮤니케이션은 주로 참여적이고 민주적인 조직 분위기에서 활성화될 수 있으며 비지시적인 형태로 이루어진다. 하급자의 정보전달이 원활하게 이루어질 수 있도록 조직문화를 만들어감으로써 조직목표의 공동설정, 사기진작 등을 통해 조직성과에 긍정적인 영향을 가져올 수 있다.

■ 수평적 커뮤니케이션

수평적 커뮤니케이션은 조직 내의 상하관계에서 이루어지는 수직적 커뮤니케이션과는 달리 같은 위치에 있는 구성원이나 부서간의 의사소통을 의미하는 것으로 상호작용적 커뮤니케이션이라고도 한다. 최근 들어 구성원 간, 부서간의 조정기능이 중요시되면서 수평적 커뮤니케이션의 중요성이 더욱 부각되고 있는데, 그 유형으로는 하부단위 부서 간에 의견교환이나 조정이 이루어지는 수평적 커뮤니케이션과 단위부서 내에서 같은 계층의 구성원들 간에 이루어지는 형태가 있다. 구성원 또는 부서간의 원활한 의견교환을 통한 조정 기능이 기업성과에 긍정적인 영향을 준다는 점을 고려할 때 공식적 또는 비공식적인 수평적 채널을 형성해 주는 것이 최고경영자의 중요한 역할이라고 하겠다.

■ 대각적 커뮤니케이션

대각적 커뮤니케이션은 교차 커뮤니케이션이라고도 하는데, 조직구조상 동일한 계층에 속하지 않으며, 또한 동일한 명령계통에도 속하지 않는 조직의 하부단위 사이에서 발생하는 의사소통을 의미한다. 대표적인 예가 라인부서와 스태프부서간의 커뮤니케이션으로 신속한 정보흐름을 촉진하고 조직목표 달성을 위한 노력을 조성하는 데 많이 이용된다. 프로젝트 조직과 같은 동태적 조직에서 많이 볼 수 있는 대각적 커뮤니케이션에서는 수평적 커뮤니케이션과 마찬가지로 부서 간의 갈등문제가 발생하기 쉽다는 문제점을 안고 있다.

(나) 비공식적 커뮤니케이션

조직이라는 틀에 속해 있는 종업원들은 여러 가지 필요에 의해 직종과 계층을 넘어서 구성원 간에 인간적 유대를 갖고 커뮤니케이션을 유지하는 경향이 있다. 여기에는 감정적 친화 외에 학연, 지연, 입사 동기 등으로 인한 관계를 통해 커뮤니케이션이 형성되는 것을 말한다. 이렇게 조직에서는 공식적 커뮤니케이션 체계 외에 자생적으로 형성된 비공식적 커뮤니케이션 체계가 동시에 존재하게 된다.

이러한 비공식 커뮤니케이션 체계 혹은 경로를 흔히 우리는 '그레이프바인(Grapevine)'이라고 하는데, 이는 비공식적 커뮤니케이션이 포도넝쿨처럼 복잡한 형태로 얽혀 구성원들 간에 전달되기 때문에 붙여진 말이다. 최고경영자들은 흔히 소문의 형태로 나타나는 비공식 커뮤니케이션의 부정적 영향에만 초점을 두고 이를 조직에서 배제하려는 경향을 보이는데 반드시 부정적인 결과만을 초래하는 것은 아니다. 오히려 공식적 커뮤니케이션에서 간과되기 쉬운 조직의 인간적인 측면이 비공식적 커뮤니케이션을 통해 조직 내에 전파되면서 구성원의 공감대를 형성하고 조직목표를 위해 단일감을 형성하는 긍정적인 측면이 있음을 유의해야 할 것이다. 즉, 빠르게 전파되는 비공식적

커뮤니케이션의 순기능을 적절히 활용할 수 있다면 조직 내의 의사전
달 효과를 한층 강화할 수 있다는 점에서 비공식적 커뮤니케이션에
대한 관리가 필요하다고 하겠다.

앞에서 우리는 조직 내에서 발생하는 공식적·비공식적 커뮤니케이
션과 개인 간의 커뮤니케이션에 대해 살펴보았다.

흔히 공식적인 조직적 커뮤니케이션은 비공식 커뮤니케이션과 개인
간의 커뮤니케이션이 가지는 쌍방향의 의사전달 특성을 배제하는 경
향이 있는데 조직 내의 효과적인 커뮤니케이션을 위해선 쌍방향 커뮤
니케이션의 중요성을 인식할 필요가 있다.

쌍방향 커뮤니케이션은 일방적 커뮤니케이션과는 달리 정보전달자
와 수신자간의 상호 피드백이 원활히 이루어지는 특징을 가지고 있으
므로 조직 내의 지시나 명령이 정확성을 요구하는 경우 쌍방향 커뮤
니케이션의 이용을 통해 조직 구성원 간의 일체감을 증가시킬 수 있
다는 점을 명심하여야 할 것이다.

(4) 커뮤니케이션의 장애요인

커뮤니케이션의 이점을 최대화하기 위해서는 커뮤니케이션 과정에
서 발생하게 되는 잠재적 문제점들을 이해하고 이를 최소화할 수 있
어야 하는 것이다. 이를 위해서는 먼저 원활한 커뮤니케이션을 방해
하는 요인들이 무엇인지에 대한 이해가 필요하다고 할 것이다. 그렇
지 않고서는 커뮤니케이션을 효율적으로 관리한다는 것이 어렵기 때
문이다.

따라서 우리는 먼저 조직 내에서 원활한 커뮤니케이션을 방해하는

요인들이 무엇인지를 살펴보고자 한다.

먼저 개인들의 준거체계 차이로 인한 문제이다.

개인들은 그들의 상이한 성격, 욕구동기 및 경험에 따라 똑같은 정보에 대해서도 서로 다른 해석과 반응을 보이는 경향이 있다. 이처럼 정보를 받는 사람이 그들의 준거체계에 따라 메시지를 달리 해석함으로써 전달자가 의도한 내용을 수신자가 오해할 수도 있음을 고려해야 한다.

또한 우리가 믿는 바와 다른 정보에 접할 때 우리는 이 정보를 거부하는 경향, 즉 선택적으로 정보를 받아들이는 선택적 경청의 문제가 있다. 다시 말해, 우리는 이미 믿고 있는 것을 재확인시켜 주는 정보만을 암묵적으로 받아들이는 경향이 있다는 것이다. 예컨대 조직에서 경비지출을 줄이라는 지시는 대개 거부감을 가져오지만 월급을 올려준다든가 해외출장을 보내준다든가 하는 정보는 즐겁게 받아들여지는 것을 알 수 있다.

정보를 받는 사람들의 정보에 대한 가치판단은 정보전달자에 대해 수신자가 가지고 있던 평가나 경험, 또는 메시지 내용의 예견 등에 따라 이루어지는 것을 알 수 있다.

조직 관리자들은 구성원들이 항상 불평만 한다는 선입견을 가지고 대수롭지 않게 받아 넘길 때 이러한 문제가 발생하기 쉽다.

이처럼 정보발신자에 대한 신뢰도는 정보전달의 효과에 커다란 영향을 미친다. 커뮤니케이션 당사자들 간에 허심탄회한 대화가 가능할 때 정보전달의 효과가 극대화된다는 점에서 최고경영자는 조직 구성원들과 신뢰관계를 형성하는 노력을 보여야 할 것이다.

이 외에도 커뮤니케이션에서 이용되는 기호나 몸짓 등의 의미, 단어의 의미가 서로 차이 남에 따라 발생하는 오해의 문제, 과다한 정보량의 제공, 조직 내 지위로 인한 압력 등으로 인한 정보의 왜곡 등이 커뮤니케이션을 방해하는 요소들이다.

이러한 커뮤니케이션 방해요소들을 적절히 제거하고 조직 내 커뮤니케이션의 향상을 위해 활용 가능한 것이 커뮤니케이션 감사이다.

커뮤니케이션 감사는 조직 내 커뮤니케이션 형성과 과정에 대한 구성요소들을 목적과 활동의 측면에서 하나씩 검토함으로써 조직목표 달성에 긍정적 기능을 할 수 있도록 해준다는 측면에서 최고경영자가 관심을 가져야 할 부분이다.

앞에서 살펴본 장애요인들로 인해 메시지가 생략되는 누락이나 의미가 변해버리는 왜곡의 문제, 구성원이 처리할 수 없을 정도의 과중한 정보제공 등의 문제들이 커뮤니케이션 감사를 통해 해결될 수 있다는 점에서 그 중요성을 강조하고자 한다.

(5) 커뮤니케이션 효과의 개선 방안

커뮤니케이션의 유효성을 개선하기 위해서는 발신자의 노력과 수신자의 노력, 이들 양측에서의 공동노력 그리고 조직적인 배려가 다 같이 필요하게 된다.

1) 정보발신자의 노력

발신자는 커뮤니케이션의 효과를 증대시키기 위해 수신자 위주의 다각적 커뮤니케이션을 토대로 다음의 대안들을 활용할 필요가 있다.

첫째, 가장 중요한 것은 피드백인데, 이는 쌍방적 커뮤니케이션을 통해 촉진 될 수 있으리라 본다. 쌍방적 커뮤니케이션이란 메시지를 전달한 후 수신자가 질문이나 의견을 제시하도록 함으로써 발신자의 메시지가 제대로 이해되었는지를 확인할 수 있는 커뮤니케이션 체계를 말한다.

둘째, 정보의 발신자는 그가 전달하고자 하는 것을 분명히 염두에 두고 있어야 한다. 이는 메시지의 목적을 명확히 하고 소기의 결과를 달성하기 위해 정보전달을 계획하는 것이 커뮤니케이션의 첫 단계가 됨을 의미한다.

끝으로, 정보수신자의 욕구를 고려해야 한다. 적당한 기회가 있을 때마다 장기적으로나 단기적으로 수신자들에게 가치있는 정보가 전달되도록 노력해야 할 것이다.

2) 정보수신자 측의 노력

수신자 역시 보다 성실한 청취자가 되고 발신자의 입장에 관심을 둠으로써 유효한 커뮤니케이션을 위해 노력해야 한다. 수신자는 발신자(정보원)의 의도와 동기 등을 파악하기 위해 자신을 발신자의 입장에 놓아 봄으로써 메시지를 정확하게 이해할 수 있다.

커뮤니케이션이란 어디까지나 쌍방적인 현상이기 때문에 수신자가 발신자의 커뮤니케이션에 부정적으로 반응하거나 불성실한 태도를 보인다면 원만한 커뮤니케이션은 이루어질 수 없게 된다.

3) 커뮤니케이션 시간의 설정

시간적 압박을 극복하기 위하여 구성원들 간의 커뮤니케이션 시간을 별도로 설정하는 방법도 고려할 수 있다. 공식적인 회합시간을 특별히 설정하여 구성원들 간의 모든 커뮤니케이션을 보완하는 것은 물론 점심시간이나 퇴근 이후에 상호 교류의 시간을 마련하여 상호간의 커뮤니케이션을 촉진시킬 수 있다.

4) 비공식 커뮤니케이션의 적절한 활용

구성원들 간의 비공식 커뮤니케이션을 효과적으로 활용하는 것도 좋은 방법이 될 수 있다.

비공식 커뮤니케이션을 공식 커뮤니케이션에 보완하여 활용하는 것이 효율적인 커뮤니케이션에 바람직할 것이다. 한 연구결과에 의하면 구성원들은 약 50%의 정보를 비공식 커뮤니케이션을 통하여 얻는다고 한다. (정시훈, 《뿌리 깊은 경영, 바람이 없다 초판》)

5) 조직적인 배려

이상 설명한 발신자와 수신자 측에서의 노력 외에도 경영자는 또한 처음부터 커뮤니케이션이 원활히 유지되도록 조직구조 그 자체를 설계하지 않으면 안 된다. 가령 사내에 노이즈 요인이 되고 있는 각종의 장애물을 제거한다든가, 경영자와 종업원들 간의 비공식접촉을 증대시킴으로써 상호의 신뢰감을 증대시킨다든가 아니면 피드백이 용이하도록 조직적인 배려를 하는 것이 그것이다. 목표관리(MBO)와 조직개발(OD)과 같은 기법을 도입하는 것도 커뮤니케이션을 개선하기 위한 중요한 방안이 될 수 있다. MBO는 목표의 공동결정, 성과의 피드백, 공동의 문제해결을 강조하기 때문에, 특히 하향식커뮤니케이션을 개선하고 경영자와 종업원들 간의 신뢰분위기를 조성해주는 데 도움이 된다. 그리고 OD는 조직문화를 변경시키려는 기법이기 때문에 그것이 성공적으로 이루어진다면 종업원들과 각 계층의 경영자들 사이에 개방적이고, 객관적이며, 진정한 커뮤니케이션을 촉진시킬 수가 있게 될 것이다. (최병용, 《경영학 원론》)

젊은 세종의 무기는 '열린 귀' 였다

젊은 군주 세종이 풀어야 할 최우선 과제는 노(老)대신들의 마음을 이끌어내는 일이었다. 부왕인 태종이 상왕으로서 군사권과 인사권을 쥐고 흔드는 상태에서 2인자의 길을 걷는 것도 어려웠고, 고려에 대한 단심(丹心) 운운하는 길재와 같은 신하들의 존재도 부담스러운 일이었다. 하지만 무엇보다 어려운 과제는 세종보다 2~30년씩 나이가 많은 노회한 대신들의 적극적인 지지를 이끌어내는 일이었다.

세종이 그들의 마음을 얻기 위해 취한 첫 번째 조치는 부지런히 묻고 경청하는 일이었다. 즉위한지 사흘째 되던 날 "내가 인물을 잘 모르니 경들과 의논해서 벼슬을 제수하려 한다"는 왕의 말이 그 대표적인 것이다. 즉위 제일성이 "의논하자"였던 것인데, 세종은 대신들을 수시로 불러서 나라에 도움 되는 절실한 말을 강직하게 말해달라고 주문하곤 했다. 토론하다가 쓸 만한 아이디어가 나오면 곧 해당 부처에 명을 내려 시행하도록 하는 조처도 신하들의 신뢰를 쌓는 데 도움이 됐다.

세종의 탁월한 지적 리더십 역시 신하들의 존경심을 이끌어 내는 데 기여했다. 세종은 경연이라는 세미나식 국정회의를 매달 5회꼴로 열었는데 신하들은 국왕의 해박한 유교 경전 및 역사 지식에 감탄하곤 했다. 특히 그는 회의 때 신하들의 무지가 드러나면 "무릇 배우는 자들이 스스로 모른다고 말하는 것이 옳다. 그대들은 그 알지 못하는 것을 혐의쩍게 여기지 말라"고 다독거리곤 했다. 학문에 있어서 뛰어날 뿐만 아니라 겸손한 세종의 인격에 신하들은 차차 마음을 열기 시작했다. (2011년 5월

소통의 중요성과 소통하기 위한 첫 단계는 청(聽), 즉 잘 듣는 것이
라는 경영의 도(道)를 인식케 하는 내용이다(자료 23 참조).

4절 통제

1. 통제의 의의

관리에서 통제의 기능은 기업 목표와 이 목표를 달성하기 위해 설
정된 계획이 확실히 이루어지도록 성과를 측정하고 수정하는 것이다.
계획수립(planning)과 통제(controlling)는 밀접히 관련되어 있다.

통제는 최고경영자로부터 일선 감독관에 이르기까지의 모든 관리자
의 기능이다. 특히 몇몇 하위계층의 관리자들은 통제를 하는 데 있어
일차적인 책임이 계획의 집행에 책임 있는 모든 관리자에게 있다는
것을 잊고 있다. 때때로 상위직 관리자들의 권한과 그에 따른 의무
때문에 최고 및 상급수준에서 통제가 너무 강조된 나머지, 하위계층
에서는 통제가 거의 필요없는 것으로 사람들은 생각한다. 비록 통제
범위가 관리자들 사이에 차이는 있겠지만, 모든 계층의 사람들이 계
획의 실행에 책임이 있으므로 통제는 모든 계층에 필수적인 관리자의
기능이다.

2. 통제의 과정

기본적인 통제절차는 장소와 대상에 관계없이 다음 3단계를 밟아 이루어진다. (1) 표준의 설정, (2) 이 표준에 대한 성과 측정, (3) 표준과 계획으로부터의 편차 수정이 그것이다.

(1) 표준의 설정

계획은 관리자가 통제를 수행하는 척도이므로, 논리적으로 볼 때 통제절차의 첫 단계는 계획을 수립하는 것이다. 그러나 계획은 그 세부내용과 복잡성에 있어 다양하기 때문에 또한 관리자가 모든 것을 항상 볼 수는 없기 때문에 특정한 표준을 설정하게 된다. 정의에 따르면 표준이란 단지 성과를 측정하기 위해 설정한 기준을 말하는 것이다. 표준이란 전체적인 계획수립 프로그램 속의 선정된 지점들로, 이를 기준으로 성과측정을 함으로써 관리자에게 계획실행의 모든 단계를 보지 않고도 사태가 어떻게 진행되고 있는가를 알려주기 위한 것이다.

(2) 업무성과의 측정

비록 그런 측정이 항상 가능하지는 않다 하더라도, 표준에 대한 업무 성과의 평가는 편차가 발생하기 이전에 발견되어 적절한 행위로 이를 회피할 수 있도록 앞을 내다보는 기초 위에서 행해지는 것이 이상적이다. 신중하고 앞을 내다보는 경영자는 때때로 표준으로부터 장차 발생할지 모를 이탈을 예측할 수 있다. 그러나 그런 능력이 없다면 편차는 가능한 한 초기에 드러나도록 해야 한다.

(3) 이탈의 수정

표준은 하나의 조직구조에 있어 다양한 위치를 반영한다. 만약 성과가 적절히 측정된다면 이탈(deviation)의 수정은 보다 쉬워진다. 경영자들은 개인 혹은 집단 의무를 배정함에 있어 수정조치가 어디에 적용되어야 하는지를 정확히 알고 있다.

이탈의 수정은 통제를 전체 관리 시스템의 일부로 볼 수 있게 하는 핵심이며 다른 관리기능과 관련을 가질 수 있게 하는 행위이다. 경영자들은 그들의 계획을 철회함으로써 혹은 그들 목표를 일부 변경함으로써 이탈을 수정할 수 있다.

3. 통제의 필요성과 수준

통제란 목표의 원만한 달성을 위해서는 반드시 필요한 과정이기 때문에 어떠한 조직을 막론하고 통제 없이 존속해 갈 수는 없을 것이다. 그러므로 통제의 필요성을 단지 '목표의 원만한 달성을 위해'라고 단순화시켜 생각할 수도 있을 것이다. 그러나 그 중요성에 비추어 그것을 보다 구체적으로 살펴볼 필요가 있다.

(1) 통제의 필요성

현대의 기업에 통제를 필요로 하게 하는 요인은 많다. 그 중에서 더욱 중요한 요인들은 아래와 같다.

첫째, 급변하는 경영환경이다. 조직이 통제할 수 없는 외적인 경영환경의 급속한 변화로 인하여 조직은 불확실한 위험에 직면하게 된다. 이러한 불확실성에 효과적으로 대비하고 동태적인 환경 변화에 대응하기 위해서 통제활동이 필요하다.

둘째, 기업규모의 증대 또한 통제활동을 요구하게 하는 원인이 된다. 기업의 규모가 커지면 커질수록 권한의 위양이 빈번히 일어나게 되며 조직구조는 점차 복잡하게 된다. 그렇기에 증대되는 권한위양에 따른 관리책임성의 증가와 조직 내의 다양한 활동을 조정하고 통합하기 위해서 적절한 통제가 있어야 한다.

셋째, 과업을 수행하는 데에 있어 구성원들이 범할 수 있는 실수의 가능성은 항상 존재한다. 관리자는 부하직원이 중대한 오류나 실수를 범하기 이전에 이를 탐지하여 수정하도록 해야 한다. (정시훈, 《뿌리 깊은 경영, 바람이 없다 초판》)

(2) 통제의 수준

'통제' 란 말은 그것이 자칫 개인들의 자유와 자율을 위협하는 것으로 인식되기가 쉽기 때문에 그다지 달갑지 않은 어감을 지니고 있다는 것도 부인할 수 없다. 더구나 오늘날과 같이 권한의 합법성이 도전을 받고 있고, 개인들의 독자성과 자아실현의 욕구가 강조되고 있으며, 또 민주화 경영의 중요성이 인식되어가고 있는 때에 통제란 말은 분명히 좋은 의미로 받아들여지지는 않을 것이다. 그럼에도 통제란 필요한 것이다. 문제는 경영자가 어떻게 개인들의 자율의 욕구와 조직 측에서의 통제의 필요성 간에 있을 수 있는 마찰을 최소화하느냐 하는 데 있다. 이것이 곧 통제수준의 적정화의 문제이다.

지나친 통제는 개인들의 근무욕구와 창의력을 상실시키고 반대로 미흡한 통제는 혼란·낭비·비유효성을 가져오기 때문에 통제활동에 관한 한 경영자의 과업도 조직통제와 개인의 자율성확보 간에 적절한 균형을 유지시켜주는 일이라 할 수 있다. (최병용, 《경영학 원론》)

4. 통제의 유형

통제의 유형은 크게 관리자의 권한정도와 통제의 시기와 정보 등 세 부류로 나눌 수 있다.

(1) 관리자의 권한정도에 따른 종류

관리자가 자신의 과업을 달성하는 데에 있어 가져야 할 권한이나 재량의 정도를 기준으로 통제를 분류하면 사이버네틱 통제와 비사이버네틱 통제가 있다.

사이버네틱 통제 시스템(Cybernetic Control System)이란 발생하는 편차를 자동적으로 수정해주는 장치가 조직에 내재하여 자율적으로 운영되고 규제되는 시스템을 말한다. 관리자의 재량이나 권한의 여지가 거의 없고 인간적인 개입이 힘든 시스템이다. 예를 들어 자동화된 부품발주 시스템이 이 유형에 속한다.

이와는 달리 비사이버네틱 통제 시스템(Noncybernetic Control System)은 어느 정도의 인간적인 개입이 보장되고 관리자의 재량이나 권한이 부여된 시스템이다.

(2) 통제의 시기에 따른 분류

통제의 시기에 따라 조종통제, 심사통제, 사후통제로 분류할 수 있다.

조종통제(Steering Control)는 사전에 행위가 일어나기 전에 통제를 시도하는 것이다. 사전통제 혹은 피드-포워드 통제(Feed-Forward Control)라고도 불린다. 어감에서 알 수 있듯이 이 방식은 조직의 투입자원이 조직의 처리과정에 투입되기 이전에 그 질과 양을 통제하려는 데에 목적을 두고 있지만 예측이나 추정이 잘못되거나 현재의 조건 등이 변할 때는 오류를 범할 수 있다는 단점이 있다.

심사통제(Screening Control)는 행위가 진행되는 과정에서 그 행위를 평가하는 것으로 예/아니오 통제(Yes/No Control)라고도 한다. 사전에 정해 놓은 점검사항에 문제가 발생한다면 적절한 수정행동이 취해지거나 그 과정이 중지된다.

사후통제(Post-Action Control)는 완료된 행위의 결과를 측정하고 평가한다. 목적이나 성과수준의 변화가 평가의 기준이 되며 통제기준에 의해서 보상이 결정된다. 이 통제는 투입된 노력이나 행위의 과정이 잘 알려지지 않을 때 사용된다.

5. 통제의 기법

(1) 비예산 통제

① 통계자료 : 역사적이건 예측된 것이건 통계자료는 통제의 한 방법이 될 수 있다. 단, 실제성과의 기준으로서 통계자료가 의미가 있

기 위해서는 비교대상이 되는 실적이 편차를 보일 때 그것이 얼마나 중요한가, 또 누구에게 그 책임이 있는가를 사전에 의미 있게 다루어 정해야 한다.

② 특별보고서 및 분석 : 특수한 문제분야를 조사한 보고서를 작성하는 것이 정교한 보고 시스템의 설계, 운용보다 비용 면에서 적을 수 있으므로 특히 규모가 큰 기업에서 활용 가능성이 높다.

③ 내부감사 : 내부감사는 회계뿐만 아니라 조직의 업무 전반에 대한 정기적이고 독립적인 평가를 한다는 의미에서 업무감사라고도 한다. 이 감사는 단지 회계만이 아닌 조직 전반을 평가하는 데도 그 목적을 강조하고 있으므로 정책, 절차, 권한행사, 경영진의 자질, 각종 경영활동의 효율성, 특수문제 및 업무의 여러 단계를 포괄적으로 평가한다.

④ 개인적 관찰 : 많은 과학적 기법들은 계획했던 것을 사람들이 수행하고 있는가를 확인하는 데 도움을 주고는 있지만 통제의 문제는 아직도 인간의 활동을 측정하는 것이다. 통제란 조직목표가 조직의 구성원들에 의해 제대로 달성되고 있는가를 평가하는 것이다. 그러므로 수치화된 통계자료나 각종 보고서보다 실제 구성원의 행동을 면밀히 관찰하여 구성원의 활동을 측정, 평가하는 것이 훨씬 커다란 의의를 갖는다.

(2) 예산 통제

1) 예산의 의의

예산은 실행해야 할 특정계획이 있는 부서에 기업의 자원을 합리적으로 배분하고 투입된 자원이 계획을 수행하는 데 있어 얼마나 능률적으로 활용되었는가를 평가할 수 있는 통제기법이다. 일정한 미래를 위해 계획한 수입, 지출, 이익을 나타내며, 그러한 계획수치는 다시 미래의 성과가 측정되는 표준이 될 수가 있기 때문이다. 이는 화폐단위로 표시하며 예산의 수립과 변경에는 반드시 공식적인 승인절차가 요구된다는 특징이 있다. 예산이 효과적으로 사용되기 위해서는 특정목표를 달성하는 데 필요한 인적, 물적 자원이 포함된 직무단위인 책임중심점이 먼저 설정되어야 한다. 책임중심점에는 수익중심점, 비용중심점, 이윤중심점, 투자중심점 등이 있다.

2) 예산의 종류

예산은 설정목적에 따라 운영예산과 재무예산으로 구분되기도 하며 설정방법에 따라 변동예산과 고정예산으로 나누어지고 기타의 0(零)기준 예산으로 분류된다.

운영예산은 한 예산기간 내에 기업이 소모하리라 예상되는 재화와 용역에 관한 예산으로 비용, 수익, 순이익, 예산으로 편성된다. 재무예산은 동일한 기간에 기업의 현금 수입과 지출에 관한 예산이다. 변동예산은 모든 원가를 변동비와 고정비로 분류, 조업도(매출량 혹은 생산량)의 수준에 따라 발생하는 변동원가를 감안하여 탄력성을 부여한 예산이다. 고정예산이란 예산기간 중 계획된 특정의 조업도를 전제로 하여 수립된 단일예산이다. 고정예산 하에서는 계획된 특정조업도의 예산액을 실제조업도의 변동에 따라 예산허용액으로 수정하지 않는다.

(3) 재무 통제

재무통제는 전통적으로 중요한 통제수단으로 인식되고 있다. 더욱이 기업이 치열한 경쟁에서 살아남고, 나아가 시장에서 선도적인 지위를 갖기 위해서는 무엇보다도 재무적 상태가 중요하기 때문에 재무통제는 더욱 그 중요성이 부각되고 있다.

1) 재무제표에 의한 통제 : 재무제표란 기업에서 발생한 각종 경제적 거래행위를 복식부기의 원칙 하에 기록하고 이를 일정한 양식에 체계적으로 정리한 것을 말한다. 통제 목적을 위해 기업에서 주로 사용하고 있는 재무제표에는 다음과 같은 것이 있다.

작성일 현재, 기업의 자산과 부채, 자본에 대한 총괄적인 정보를 보여주는 대차대조표와 일정 기간 동안 기업이 이룩한 재무적 성과를 알려주는 손익계산서, 일정 기간 동안 기업이 조달하고 사용한 현금이 전년에 비해 얼마나 증감하였는가를 나타내는 현금흐름표 그리고 기업이 생산하고 있는 제품의 원가와 관련된 정보를 포함하고 있는 제조원가명세서 등이다.

재무제표에서 알 수 있는 정보는 일정 기간에 거쳐 이익을 벌어들일 수 있는 능력을 보여주는 지표인 수익성, 자산을 얼마나 빨리 현금으로 전환할 수 있는가를 말해주는 유동성, 자산의 효과적 사용을 알려주는 활동성, 부채의 이용 정도에 따른 기업이 직면한 영업 혹은 재무 위험을 표시하는 레버리지 등이 있다.

재무제표가 갖는 한계점은 모든 정보가 과거의 역사적 원가로 기록된다는 점이다. 재무제표에 의한 통제 역시 근본적으로는 이런 한계에 직면하게 되지만 현재와 미래의 경영활동의 지침을 제공해준다는 점에 그 의의가 있다.

2) 손익분기점 분석에 의한 통제 : 우리는 '앞에서 벌고 뒤에서 밑진다'라는 말을 종종 듣는다. 이 말이 뜻하는 바는 무엇일까? 자신이 판매하는 재화에 대한 원가정보를 정확히 모른다면 누구든지 밑지는 장사를 할 수 있다는 뜻이다.

손익분기점 분석이 시사하는 바는 매우 크다. 손익분기점 분석이 제공하는 정보로는 매출액과 총원가를 일치시켜 주는 매출량과 매출액, 변동원가 혹은 고정원가의 변화에 따른 손익분기점의 이동 정도, 재화의 가격 상승이나 하락에 따른 마진의 변화폭 등이 있다. 따라서 그것은 조직성과를 측정할 수 있는 기준과 그러한 성과의 개선을 위한 시정행위의 기초를 제공함으로 해서 통제수단으로서도 유효하게 이용될 수가 있는 것이다.

한계점으로는 동분석에서는 변동비와 고정비가 항상 일정한 것으로 간주하고 있으나, 생산설비가 한계에 이르면 이들도 급격히 상승하는 경향이 있다는 것, 두 번째로는 판매가격도 항상 고정되어 있음을 전제로 하고 있으나, 더 많은 매출액을 올리기 위해서는 판매가격을 인하해야만 함은 물론, 시장조건의 변동에 따라 가격 역시 극히 가변적일 수밖에 없다는 점이다. 하지만 손익분기점분석 그 자체가 '적절한 범위' 내에서의 비용, 판매량, 이익 간의 관계만을 분석하려는 데 주된 목적을 두고 있기 때문에 이와 같은 한계점에도 불구하고 오늘날 손익분기점분석기법은 산업계에서 계획 및 통제를 위한 수단으로서 널리 이용되고 있는 것이 사실이다. (정시훈, 《뿌리 깊은 경영, 바람이 없다 초판》)

6. 효과적인 통제 시스템이 가져야 할 속성

통제 시스템이 효과적이기 위해서는 몇 가지 속성을 반드시 가져야 한다. 통제의 기본과정과 기본요소는 보편적인 반면, 실제 시스템은 특정한 설계를 필요로 한다. 사실, 통제가 시행되기 위해서는 특별히 대상에 맞춰 이루어지지 않으면 안 된다. 간단히 말해서, 통제는 계획과 직위에 따라, 또 개별 관리자와 그들의 성격에 따라, 그리고 효율성과 효과성의 필요에 따라 이루어져야 한다.

(1) 계획과 직위에 따르는 통제

모든 통제기법과 시스템은 그것들이 따르도록 되어 있는 계획을 반영해야 한다. 모든 계획과 운영의 전 종류 및 양상은 독특한 특징을 가지고 있다. 관리자가 필요로 하는 것은 그들이 책임을 지고 있는 계획이 어떻게 진척되고 있는지를 알려줄 정보인 것이다. 마케팅 계획의 진행에 따라 필요한 정보는 생산계획을 검토하기 위해 요구되는 정보와는 아주 다를 것이다.

같은 방법으로 통제는 직위에 따라서 이루어져야 한다. 구매부에 대한 통제가 판매부와 구매부에 대한 통제에 적용될 수는 없으며 소기업에 필요한 통제는 대기업에서 필요한 통제와 다른 것이다. 이러한 통제의 본질은 계획의 특성과 구조를 잘 반영하고 있는 통제일수록 관리적 필요를 더욱 효과적으로 충족시켜 줄 것을 강조하고 있다.

통제는 또한 조직구조를 반영해야 한다. 조직구조는 한 기업에 근무하는 사람들의 역할을 명확히 하는 수단으로서, 계획의 집행에 대한 책임자와 계획으로부터의 이탈에 대한 책임자를 나타내 준다. 그러므로 통제는 조직구조를 반영해야 하며, 통제가 어떤 행위에 대한 책임이 있는 직위를 잘 반영하도록 설계되어 있을수록 관리자는 계획으로부터의 편차를 수정하기가 더 쉬워질 것이다.

(2) 개별 관리자들에 따르는 통제

통제는 또한 개인적 관리자에게도 적용될 수 있어야 한다. 통제 시스템과 정보는 물론 개별 관리자들이 그들의 통제기능을 수행하는 것을 돕기 위한 것이다. 만약 관리자들이 통제 시스템과 정보를 이해할 수 없거나 이해하지 않으려 한다면 그것들은 쓸모없이 될 것이다. 사람들은 이해할 수 없는 것은 신뢰하지도 않을 것이다. 또한 신뢰하지 않는 것은 사용하지도 않을 것이다.

(3) 중요점(critical points)에 있어서의 예외를 강조하는 통제

통제의 효과성과 효율성을 위한 가장 중요한 방법의 하나는 예외를 강조할 수 있도록 통제를 계획하는 일이다. 바꾸어 말하자면, 관리자는 계획된 성과로부터 예외사항에 대해 주의를 집중함으로써 관리자가 그들의 관심을 필요로 하는 부분을 알아내기 위하여 전통 있는 예외의 원칙(exception principle)에 근거를 둔 통제를 할 수 있게 된다.

결과적으로 예외의 원칙은 실무에 적용함에 있어서 중요점 통제의 원칙(the principle of critical-point control)에 의해 보완되어야 한다. 예외를 살펴보는 것으로 충분한 것이 아니라, 중요점에 있어서의 예외사항들을 살펴보아야 하는 것이다. 관리자가 예외사항에 대해 통제노력을 집중할수록 통제는 보다 더 효율적이 될 것이다. 그러나 이 원칙은 효과적인 통제의 경우 관리자들이 가장 중요한 문제에 일차적인 관심을 기울일 것을 요구한다는 사실에 비추어 고려되어야 한다.

(4) 통제의 객관성 모색

관리에는 불가피하게 주관적인 요소가 개입되기 쉽다. 그러나 부하가 직무를 잘 수행하는지의 여부가 주관적으로 결정되는 문제가 되어서는 안 된다. 주관적인 통제가 이루어지는 곳에서는 관리자 또는 부하의 성격이 성과를 판단하는 데 영향을 미쳐 판단이 정확하지 않게 될 수 있다.

(5) 통제의 융통성 확보

통제는 변경된 계획, 예기치 않았던 상황, 완전한 실패에 직면하더라도 실행될 수 있어야 한다. 즉, 통제가 실패 또는 예기치 않은 계획의 변경에도 불구하고 유효한 것이 되려면 융통성이 있어야 한다는 것이다.

(6) 통제 시스템과 조직문화의 조화

가장 효과적인 통제 시스템 또는 방법이 되기 위해서는 조직 분위기에 적합해야 한다. 예컨대, 상당한 자유와 참여기회를 주고 있는 조직에 엄격한 통제 시스템을 적용할 경우, 그 조직의 성격에 맞지 않게 너무 강력하기 때문에 실패로 돌아가고 말 것이다. 이와 반대로 의사결정에 대한 참여를 허용하지 않는 감독자에 의해서 관리되는 부하들에 대해선 일반화되고 관대한 통제 시스템이 거의 성공을 거둘 수 없을 것이다.

(7) 통제의 경제성 달성

통제는 통제비용에 준하는 가치를 지녀야 한다. 이 요건은 비록 간단한 것이지만, 실무에 적용하는 데는 흔히 어려움이 따른다. 관리자는 특정 통제 시스템이 어떤 가치를 지니는지 또는 어느 정도의 비용이 드는지를 확인하기가 매우 어렵다. 경제성은 상대적인 개념이다. 왜냐하면, 통제로부터 얻는 편익은 활동의 중요성, 운영의 규모, 통제 부재로 말미암아 발생할 비용 그리고 그 시스템의 공헌도에 따라 다양하기 때문이다.

(8) 수정조치에 이르는 통제의 수행

적절한 시스템은 실패가 어디에서 일어나며 누가 그 실패에 대해 책임이 있는가를 밝혀주고, 거기에 대하여 어떤 수정조치를 취할 수 있도록 보장하게 된다. 통제는 계획으로부터의 이탈이 적절한 계획수립, 조직편성, 인적자원 관리 및 지휘를 통해서 수정될 때만 정당화되는 것이다. (Koontz and Weihrich, 《Management》 / 김세영 역, 《경영관리》)

3장 리더십

3장 리더십

1절 서론

위대한 업적의 뒤에는 언제나 위대한 리더들이 자리매김하고 있다. 90년대 컴퓨터 분야의 초거대기업 IBM의 몰락 위기 후 회생의 뒤에는 루 거스너 회장이, 2002년 한·일 월드컵 대한민국 4강 신화의 뒤에는 거스 히딩크 감독이, 소니를 제치고 TV업계 1위를 차지한 놀라운 실적 뒤에는 최지성 삼성전자 사장이 있어왔다. 이들은 모두 강력한 리더십(Leadership)을 바탕으로 조직 구성원들을 이끌어 위대한 업적들을 남겼다.

리더십(Leadership)은 경영 자체와 동일시할 만큼 조직 행위에 있어 매우 중요한 위치를 차지하고 있다. 우리는 흔히 조직의 성패를 효과적인 리더십의 발휘 여부와 관련지어 생각한다. 더욱이 경영의 제반 사고가 인간을 중심으로 전개되고 있고, 경영활동이 이러한 인간을 통하여 목표를 달성하는 과정으로 이해되는 현대적 경영의 관점에서 리더십의 중요성이 크게 부각되고 있다. 왜냐하면 목표의 달성이 조직 구성원의 활동을 통하여 성취된다는 사실을 보면 조직의 리더 또는 경영자로 하여금 조직에서 구성원의 노력을 통합하고, 조정하도록 하는 리더십의 필요성을 더욱 강조하고 있기 때문이다.

조직의 리더들은 조직의 구성원들에게 영향력을 발휘하여 그들이 조직 목표달성에 공헌할 수 있도록 사기를 고양시키고, 그들의 잠재적인 능력을 활성화시킬 수 있는 리더십의 기술을 개발하지 않을 수 없는 것이다.

이러한 관점에서 리더십은 관리능력의 유효성을 기하는 데 절대적이며 필수적인 요건으로 등장하게 되었다.

1. 리더십의 정의

리더십이란 용어는 그 사용하는 사람이 어떠한 환경에서 활용하느냐에 따라서 그 의미가 다르게 나타날 수 있다. 지금까지 리더십을 연구하는 과정에서 용어에 대한 일반적인 정의가 명확히 설정되어 있지 못하고 있어 그 의미의 모호성을 한층 더 가중시키고 있다.

한편 리더십 연구의 과정에 있어 흔히 권력(power)·권한(authority)·통제(control) 및 감독(supervision) 등의 어휘를 리더십과 함께 혼용하여 표현하는 경우가 많아 용어의 정확성을 기하는 데 더욱 혼란을 주고 있다.

또한 많은 학자들은 리더십을 정의하는 데 있어서 개별적인 입장에서 분석하고 자기중심적인 관점에서 관찰하려고 하는 경향이 뚜렷하다.

이러한 상황에 대하여 스톡딜(R. M. Stogdil)은 "리더십을 정의하는 데 있어서 연구하는 학자들의 수만큼이나 그 정의도 다양하다"고 결론을 내리고 있다.

다음은 여러 학자들에 의한 리더십의 대표적인 정의를 보여주는 것이다.

첫째, 리더십은 '조직 구성원들에 의하여 공유된 목표를 향하여 집단을 지도하는 과정에서 나타난 개인의 행위' 다.

둘째, 리더십은 '주어진 상황에서 구체화된 목표를 달성하고자 하는 노력으로서 효과적인 커뮤니케이션을 활용하여 이루어진 대인 관계적인 영향력' 이다.

셋째, 리더십은 '쌍방 간의 상호작용에서 이루어지는 것으로서 상대방에게 적절한 정보를 제공함으로써 상대방이 이를 듣고 받아서 행동하여 발신자가 원하는 방향이나 목표를 달성할 수 있게 하는 힘' 이다.

넷째, 리더십이란 '공동목표를 달성하기 위하여 한 개인이 집단의 성원들에게 영향을 미치는 과정' 이다.

이렇게 리더십 정의의 다양성에도 불구하고, 일반적인 공통의 의미를 보여주는 하나의 현상은 리더십이란 한 집단 내에서 두 사람 이상이 상호작용하는 과정에서 나타나는 것이며, 리더가 부하들에 대하여 의도적으로 영향력을 행사하려고 하는 과정에서 그 본질을 찾아 볼 수 있다는 것이다.

(자료 24)

설득의 리더십

여여(與與) 갈등 극복… '100년 숙제' 풀었다

건강보험 개혁 법안이 하원 표결을 통과되기 위해 버락 오바마(Obama) 미국 대통령은 민주당 253석 가운데 반란표를 37표 이내로 묶어둬야 했다. 하지만 실상은 개혁 법안에 반대하는 민주당 의원들이 그 보다 훨씬 많았다.

1월 말 국정연설에서 "미국을 소모시키는 피곤한 정쟁을 넘어서겠다"고 선언했던 오바마 대통령은 당초 21일부터 예정됐던 해외 순방을 연기했다. 외교적 '결례'를 무릅쓰면서까지 법안 통과에 온힘을 쏟았다. 반대파 의원들을 대통령 전용기 '에어포스 원'에 태워 설득작업을 벌였다. 데니스 쿠치니치 민주당 의원은 그렇게 '찬성'으로 돌아왔다.

아무도 결과를 섣불리 예측할 수 없는 상황. 21일 밤 건보 개혁 법안에 대한 최종 표결결과는 찬성 219, 반대 212표였다. 22일 하원 표결 후 미국 언론들은 "오바마 대통령의 리더십에 정당성을 부여한 투표였다"고 평가했다. 표결 막판까지 민주당 의원들을 설득한 '소통의 리더십'에 대한 평가다. 미국 역사상 100년 숙원사업이던 건강보험 개혁 법안은 그렇게 힘든 허들을 넘었다.

〈뉴욕타임스〉는 "오바마는 미국 사회보장제도를 개혁으로 이끈 몇 안 되는 대통령 가운데 한 명으로 역사에 기록될 것"이라고 보도했다. (2010년 3월 23일, 〈조선일보〉)

미국 오바마 대통령의 건강보험 개혁안 하원 통과는 '리더십은 주
어진 상황에서 구체화된 목표를 달성하고자 하는 노력으로서 효과적
인 커뮤니케이션을 활용하여 이루어진 대인관계적인 영향력'이라는
리더십의 정의를 실감케 하는 내용이다(자료 24 참조).

2. 리더십의 유효성

리더십의 유효성의 개념은 리더십 본질과 마찬가지로 그 내용이 매
우 다양하다. 리더십의 유효성을 측정할 수 있는 기준으로서 직무성
과, 목표달성도, 집단의 존속 및 유지, 집단의 성장, 어려운 환경에
대응할 수 있는 집단력, 부하들의 만족도, 목표에 대한 부하들의 전
념도, 조직 구성원들의 심리적인 안정감 그리고 리더의 지위와 직위
의 유지 등이다.

이렇게 다양한 유효성에 관한 정의가 있지만 가장 일반적으로 리더
십의 유효성을 측정하는 기준으로서는 집단의 목표와 과업을 수행하
는 데 있어서 집단력을 발휘하는 정도를 말한다.

경우에 따라서 리더십의 유효성을 측정하는 데 객관적인 수치를 그
기준으로 쓰는데, 이들의 대표적인 예는 수익성, 수익증가율, 판매고,
시장점유율, 투자회수액, 생산성, 단위당 원가 등이다.

한 집단에 있어서 리더에 대한 부하들의 태도 역시 리더십의 유효
성을 측정할 수 있는 주요한 변수가 될 수 있다. 즉, 상사가 부하들의
욕구와 기대를 얼마나 반영시켜 주느냐에 따라서 윗사람에 대한 부하
들의 존경과 흠모를 더하게 한다.

종업원들은 자신들의 욕구 충족이 어느 정도 되느냐에 따라 직무에 대한 전념도가 달라질 것이며, 만일 위 사람에 대한 불만이 고조되면 그들이 취하는 태도가 저항, 무시 또는 거절의 형태로서 나타날 것이다.

리더십의 유효성은 경우에 따라서 부하들의 지각 정도에 따라 좌우될 수 있다. 상사가 집단행동에 대한 질적인 기여도가 어느 정도 되는 것인가를 부하들이 느끼는 정도에 따라 달라진다.

다시 말하면 리더가 집단의 응집력, 구성원들의 협동성, 종업원들의 동기부여, 문제해결능력, 의사결정능력 그리고 갈등해소 능력에 어느 정도 영향력을 미치는 것인가를 부하들이 느끼게 된다.

또한 더 나아가 리더가 종업원들이 직장생활에서 어느 정도 삶의 보람을 느끼게 하고 심리적인 성장과 발전을 가져오게 하느냐 하는 것이 리더십 유효성의 척도가 되는 것이다.

흔히 리더십 유효성을 측정하는 기준이 많으면 많을수록 일관성과 타당성이 결여될 수 있으며, 이따금 상호간에 역상관관계가 나타나는 경우가 있다. 이러한 유효성 기준간의 이질적인 요인들을 수용하기 위해서는 장기간에 걸쳐 특정한 리더의 행동이 각 척도 기준에 대하여 어떠한 영향을 미치는가를 면밀히 고찰하여, 주어진 상황 하에서의 리더십 유효성을 귀결시켜야 할 것이다. 리더십 유효성에 대한 다면적인 개념은 그만큼 리더십 연구의 폭을 넓히는 계기가 될 것이다.

(박내회, 《현대리더십론》)

68세에도 진화하는 '열정의 화신'
퍼거슨 감독 인간 스토리

1960년대 전성기를 구가하던 맨유는 1980년대 초반 위기를 맞았다. 성적이 바닥이었다. 수술이 필요했고, 1986년 새로운 사령탑이 지휘봉을 잡았다.

스코틀랜드 출신의 알렉스 퍼거슨 감독이었다. 감독 한 사람만이 바뀌었을 뿐이다. 하지만 그는 맨유를 넘어 잉글랜드 축구 클럽 역사까지 바꿔놓았다.

퍼거슨 감독이 16일(한국 시각) 맨유 지휘봉을 잡은 이후 잉글랜드 프리미어리그(EPL) 11번째 우승컵을 들어올렸다. 특히 재임 기간 동안 두 번째로 EPL 3연패의 금자탑을 쌓아올리며 최고 중의 최고 사령탑으로 우뚝 섰다. 그의 기록은 EPL 사상 최초이자 1,000년에 한 번 나올까 말까한 대기록이다. 1888년 잉글랜드 클럽 축구가 세상에 나온 이후 퍼거슨 감독보다 더 화려한 감독은 없었다. 특히 세계 최고의 구단 맨유는 명성만큼이나 잡음이 끊이질 않는다. 톱스타들의 톡톡 튀는 개성은 웬만한 사람으로는 제어가 안 된다. 하지만 그는 '헤어드라이어'라는 별명을 만들어내며 스타들을 발밑에 두고 입맛대로 요리했다. 권위에 도전하는 선수가 나오면 곧바로 철퇴를 가했다. 데이비드 베컴, 로이 킨, 반 니스텔루이 등이 맨유를 떠난 것도 이 때문이다. 후유증은 있었지만 최근의 '로테이션 시스템'도 그만의 방법이었다.

이 같은 용병술을 앞세워 그는 최고의 라이벌인 리버풀과 드디어 어깨를 나란히 했다. 지휘봉을 잡을 당시 우승 스코어가 18대 7이었다. 하지만 23년이 흐른 현재 EPL 우승 스코어는 18대 18로 동률을 이뤘다. (2009년 5월 18일, 〈스포츠조선〉)

퍼거슨 감독의 인간 스토리는 다양한 유효성에 관한 정의가 있지만 가장 일반적으로 리더십의 유효성을 측정하는 기준으로 하는 집단의 목표와 과업을 수행하는 데 있어서 집단력을 발휘하는 정도를 말한다는 내용을 상징적으로 나타내고 있다(자료 25 참조).

3. 리더십과 영향력 과정

리더십이란 조직목표를 달성하는 과정에서 조직 구성원들에게 영향력을 행사하는 것이다. 자기가 관리하는 부하가 없으면 리더란 존재할 수 없다. 그러나 리더라 해도 부하에게 일방적으로 영향력을 행사할 수 있는 것은 아니다. 상사가 부하들로 하여금 조직목표를 달성하고자 할 때 하향적인 영향력을 행사하듯이 부하 역시 자기가 추종하는 상사에 대하여 영향력을 행사할 수 있다. 또한 구성원 동료 간에 있어서도 상호 영향력을 받게 된다.

그러므로 영향력은 리더와 추종자 및 동료 간에 상호적으로 이루어지는 것이다.

(1) 영향력과정의 본질

영향력이란 영향력을 행사하는 사람이 영향력을 받는 사람에게 어떤 형태의 변화를 주는 것이다. 그러나 영향력의 행사는 그것을 어떻게 받느냐 하는 과정에 따라서 그 본질이 달라질 수 있다. 영향력을 행사하는 사람의 행동에 따라서 상대방의 태도, 가치관, 지각, 행동 그리고 신념에 여러 가지 복합적인 변화의 결과를 초래할 수 있다. 또한 특정 목표 인물의 행위가 나타났을 때 그 결과는 원래 영향력 행사자가 원하는 방향에서 나타나는 경우도 있지만 전혀 원하지 않은 방향에서 결과가 나타나는 경우도 있다. 즉, 리더가 행사하는 영향력의 강도가 상대방을 통제하기에 충분하여 원하는 방향으로 이끌어 갈 수 있는 경우가 있다. 하지만 경우에 따라서는 영향력의 정도가 미흡하여 상대방이 어느 정도만 느낄 뿐 행위의 변화에는 미치지 못하는 경우가 있다.

(2) 하위자에 대한 상위자의 영향력

일반적으로 상사는 여러 가지 형태의 영향력을 부하에게 행사할 수 있다. 그러나 특별한 상황에서는 제한된 영향력만을 행사할 수 있기 때문에 리더의 합법적 권력을 분석할 때에는 행사자의 영향력 범위를 구분할 필요가 있다. 조직 내 계층, 즉 상사와 부하의 관계에서 잠재적 영향력을 행사할 수 있게 주어진 권한은 직위권력(position power)이라고 하며, 개인의 특성에서 나오는 잠재적 영향력을 개인적 권력(personal power)이라고 한다.

1) 직위권력

조직 내의 각 직위에서는 관리자가 공식적으로 권력을 행사할 수 있다. 공식적인 권력의 범위는 명확하게 규정되어 있을 수도 있지만 부수되는 사항에 대해서는 개괄적인 범위 내에서 관리자의 재량과 판단에 주어지기도 한다. 이러한 재량과 판단의 정도는 조직과 관리계층에 따라 많은 차이를 보여준다.

조직의 공식적 권력 시스템에는 보상뿐만 아니라 처벌에 관한 사항도 포함된다. 징벌·강등·과태·전출·해고를 할 수 있는 관리자의 권력은 강제적 영향력의 원천이다.

리더의 직위권력에는 합법적으로 부하의 행동을 요구하고 보상과 처벌을 조정할 수 있는 권리 외에도 다른 것들이 포함된다. 부하의 직무설계를 수정할 수 있는 재량을 가진 리더는 부하의 작업동기부여와 직무만족에 대하여 잠재적으로 강력한 영향력을 미치는 것이다. 리더는 동기부여 요인을 증가시키기 위해 부하의 직무를 재설계함으로써 부하의 동기부여 요인을 증진시킬 수 있다.

직위권력에서 특히 중요한 측면은 리더의 핵심적인 정보(vital information)에 대한 통제이다. 관리자들은 정보망의 '중추신경(nerve centre)'으로서 조직 내 상부 계층이나 타부서 또는 외부로부터 많은 종류의 정보를 접하게 된다. 그러나 정보의 많은 부분은 리더가 상사, 동료 그리고 외부인들과 효과적인 관계를 맺고 유지할 때만 얻을 수 있는 것이다. 정보를 엄격히 통제한다는 것은 부하에게 합리적 신념, 합리적 설득, 강화 및 세뇌 등을 원활하게 할 수 있을는지는 모르지만 정보 자체의 신뢰성에 따라 장기적으로 볼 때 상사에 대한 불신과 반항의 부작용을 초래하게 된다. 리더는 될 수 있으면 관련 정보를 개방하여 정보의 공유의식을 높이고 집단의식을 고취하는 것이 바람직하다.

2) 개인적 권력

합리적인 설득, 합리적인 신념 그리고 개인적인 동일시와 같은 유형의 영향력을 사용할 수 있는 기회는 리더의 직위 속성보다는 리더의 특성(characteristic)에 달려 있다. 합리적인 설득을 효과적으로 사용하기 위해서 리더는 전문적인 지식, 설득력 그리고 부하의 모티브와 지각에 대한 통찰력 등을 갖추어야 한다. 리더가 신뢰성 있게 행동하고 전문지식과 기술을 소유한 오랜 실무경험을 가지고 있거나 학위를 소지하고 있다면 전문가로서 지각되기가 훨씬 쉬울 것이다. 합리적인 신념을 극대화하기 위해서는 리더의 전문성에 대한 신념을 굳게 하여 줄 뿐만 아니라 부하가 리더에 갖는 신뢰의 정도가 높아야 한다.

카리스마와 개인적인 매력은 개인적 권력의 한 원천이다. 이러한 속성을 가진 리더는 부하에게 개인의 동일시, 영감적 호소 및 합리적인 신념을 훨씬 강하게 할 수 있다. 카리스마적인 리더에 필요한 자질들은 명확히 나타나고 있지 않다. 일반적으로 이해되고 있는 한 가지 중요한 특징은 추종자의 요구, 희망 그리고 가치관에 대한 리더의 통찰력인 것으로 여겨지고 있다. 카리스마적 리더십을 발휘할 수 있는 기회는 상황의 성격에 달려 있으며, 기업조직에서보다는 정치적 또는 종교적인 조직에서 보다 많이 볼 수 있다.

(3) 상위자에 대한 하위자의 영향력

리더십에 있어서 영향력 행사과정(influence process)을 이해하려면 하위자들에게 행사하는 영향력뿐만 아니라 하위자가 리더에게 행사하는 영향력도 고려해야 한다. 하위자의 잠재적인 영향력은 때때로 '대응권력(counter power)'이라고 불리는데, 이것은 리더의 권력행사에 제약요소로 작용한다. 기본적으로 하위자의 대응권력의 원천이 되는 것은 하위자들에 대한 리더의 의존상황이라고 할 수 있다.

리더는 자신의 전문적 기술(expertise), 매력, 합법적인 지위(legitimate status) 등에 근거하여 영향력을 행사할 계기를 마련하지만 추종자들의 기대와 욕구를 충족시켜 주지 못할 때에는 그 영향력이 급속히 약화된다. 따라서 리더의 부하에 대한 가장 기본적인 의존은 리더라는 직위를 유지하기 위해서 추종자들의 기대와 욕구를 충족시켜 줄 필요성 때문에 생겨나는 것이다.

하위자들은 위협적이고 강압적으로 자신들의 대응권력을 행사할 필요가 거의 없다. 왜냐하면 하위자들이 리더가 원하는 결과에 막대한 영향력을 행사한다는 단순한 사실이 리더가 자신의 직위권력을 남용하지 못하도록 제동을 걸고 적법한 요구나 합리적인 설득, 규범적인 호소(nor-mative appeal) 등의 비강압적인 수단을 통한 하위자들의 영향력 행사를 리더가 더 잘 수용하도록 해주기 때문이다.

그렇지만 리더가 하위자의 대응권력을 과소평가하고, 하위자가 행사하는 미묘한 영향력에 아무런 반응을 나타내지 않을 때에는 하위자들은 위협하거나 적의에 찬 행동을 표출하기 쉽다. (박내회, 《현대리더십론》)

日 과거 1,000년간 최고 기업인
'경영의 神' 마쓰시타 선정

가난을 딛고 일어서 일본 최고 부자에 열 번이나 오르며 '저패니즈 드림'을 실현한 마쓰시타 고노스케(松下幸之助, 1894~1989) 마쓰시타전기산업 창업자.

일본에서 가난을 없애겠다며 평생 제조업에 전념했고 부패한 정치를 바로잡기 위해 사재를 털어 마쓰시타정경숙을 만들었던 그는 <아사히신문>이 28일 발표한 밀레니엄특집 설문조사에서 과거 1,000년간 일본 최고의 경제인으로 뽑혔다. 득표율은 전체 응답자(8,559명) 중 31.2%.

'경영의 신'으로 불리는 마쓰시타는 지주집의 3형제 중 막내로 태어났다. 그러나 쌀장사를 하던 부친이 사업에 실패하면서 초등학교 4학년 때 학업을 중단했다.

남의 집 가게 심부름꾼으로 사회에 첫 발을 내디딘 그가 23세 때 전사원 3명으로 사업을 일으켜 관계회사 71개사, 종업원 3만 5천명, 연간매상액 5조 6백억 엔의 거대기업군으로 키운 산화 같은 이야기는 이미 지난 62년 <타임>지에 커버스토리로 소개되기도 했다.

또한 미국 하버드대, 스탠퍼드대에서는 마스시타 경영에 관한 특별강좌가 개설되기도 했다.

마쓰시타전기산업 역사관 앞에는 그의 동상이 서 있다. 작년 11월 그의 92회 생일을 맞아 이 회사 노동조합이 생일선물로 건립한 것. 노사관계가 좋다는 日本에서도 대기업의 경우에 노동조합이 창업자의 동상을 세워

증정한 것은 이제까지 예가 없었던 일이다.

1976년 록히드 사건으로 다나카가쿠에이 당시 총리가 체포되는 등 정치 불신이 극에 달하자 마쓰시타는 정치개혁에 눈을 돌린다. 1979년 6월 사재 70억 엔을 들여 마쓰시타정경숙을 창설했다. 이곳을 거친 정치가는 현재 국회의원만 38명에 이른다.

노다 요시히코 일본 총리는 마쓰시타정경숙 1기 출생이다.

작고한지 11년이 흘렀지만 아직도 마쓰시타자료관에는 그를 흠모하는 젊은 실업가들이 매년 수천 명씩 몰리고 있다. (1987년 10월 17일, 〈동아일보〉 / 2000년 3월 29일, 〈동아일보〉 / 2011년 9월 9일, 〈조선일보〉)

일본의 경제발전과 기업경영 및 사회변화에 미친 마쓰시타 고노스케의 영향력을 보면서(자료 26 참조) 리더십과 영향력의 관계를 다시 한 번 깊게 생각하게 된다.

2절 리더십 특성이론

과거나 현재를 불문하고 리더는 특별한 자질을 향유하고 있으며 보통 일반 사람들과는 달리 독특한 인간적인 특성과 성품을 가지고 있다고 생각하여 왔다. 리더가 소유하고 있는 특성은 일반 사람들과 구별될 수 있다고 믿기 때문에 이러한 특성을 측정할 수 있는 방법과 기술을 개발하는 것이 리더의 주된 연구대상이 되었으며, 이것이 특성이론의 전통적인 사상이다.

1. 리더십의 전통적인 자질이론

리더의 특성이론(traits theory)은 리더십 연구의 초기에 활발하였던 접근방법으로서 1920년경에 미국에서 주류를 이루었다. 그러나 유럽에서는 그보다 훨씬 전에 '영웅들이 가지고 있는 독특한 자질(the unique qualities of heroes)'에 대한 연구가 있었다.

이 같은 영웅들의 독특한 특성이 무엇인가에 대한 관심이 초기 리더십 연구의 주종을 이루었으며, 이러한 특성이론을 한편 '위대한 사람이론(great man theory)'이라고도 부른다.

특성이론을 연구하는 학자들은 리더십의 유효성(leadership effectiveness)과 관련된 개인들의 특성이나 속성이 무엇인가를 밝히고 이러한 특성을 리더십의 주요 결정요인이라고 규정하고 있다.

초기학자들이 전통적인 방법에 의하여 리더의 특성을 도출한 결과 다음과 같은 결과를 볼 수 있다.

첫째, 일반적으로 리더십의 직위를 가지고 있는 사람은 부하들보다 지적능력, 학구적 성향, 책임 완수력이 강하고, 사교적이며 활동적이고, 사회·경제적인 지위를 누리고 있다.

둘째, 리더에게 요구되고 있는 특성은 진취성, 일관성, 전문지식, 자신감, 통찰력, 협동성, 적응성 그리고 설득력 등이다

셋째, 그러나 리더가 상기 자질은 가졌다 하여도 자동적으로 리더십을 발휘할 수 있는 것이 아니라 리더십의 유효성은 당연히 상황의

요청에 의하여 크게 좌우될 수 있다.

2. 리더십 특성에 대한 후기 연구

스톡딜은 1949년부터 1970년 사이에 163편의 연구를 통하여 리더의 특성에 대한 조사를 하면서 다음과 같이 말하고 있다. 즉, 많은 리더십 연구자들이 초기의 특성이론에 대한 비관적 비판에 대해서 너무 지나친 반응을 보인 나머지 '리더의 특성'을 전적으로 부정하기에 이르는 경우도 있다는 것이다. 그러나 리더의 특정 자질은 리더십의 유효성을 증진시킬 수 있는 가능성을 보여 주고 있으며, 물론 이러한 특성의 상대적 중요성은 상황의 성질에 따라 많이 달라질 수 있을 것이다.

스톡딜의 연구에 의한 리더의 주요 특성요인들은 다음과 같다.

1) 신체적 특성(physical characteristics)
2) 사회적 배경(social background)
3) 지적 능력(intelligence and ability)
4) 개성(personality)
5) 과업수행요인(task-related characteristics)
6) 사회관계요인(social characteristics)

1) 신체적 특성

일반적으로 신체적 특성(physical characteristics)의 요인으로서 연령, 신장, 체중 그리고 리더의 외모 등을 들고 있다. 신체적 특성이 리더십 유효성에 어떠한 영향을 미치는 것인가를 규명하기 위하여 1940

년 이전에는 많은 연구들이 진행되었으나 그 연구의 결과들은 상호 상반된 내용을 보여주고 있다. 특히 1948년부터 1970년대에 이르기까지는 리더의 신체적 특성에 대해서는 그렇게 크게 관심을 가지지 않았다.

연령이 리더십 발휘의 한 요인이 된다고 지적하고 있다. 분야에 따라서 잠재능력의 발휘 정도가 다르겠지만, 과학예술 그리고 정치 분야에 있어서는 청년기의 초기에 접할 때 능력과 자질의 발휘가 나타나게 된다는 것이다. 이러한 결과는 가능한 한 일찍이 잠재능력의 소질을 발견하여 특수교육과 훈련을 최대한으로 기하여 줌으로써 빠른 시일 내에 자질 발휘의 계기를 마련해 주어야 할 것이다. 그러나 경우에 따라서는 경험이 중요한 능력 발휘의 요인이 될 수도 있다. 특히 조직 규모가 큰 기업체에서는 최고경영층에 도달하기까지는 일정한 시간이 요할 뿐만 아니라 이들이 관리능력을 효과적으로 발휘하기까지는 경력과 경험이 뒷받침해 주어야 한다는 것이다.

2) 사회적 배경

리더의 사회 · 경제적 배경에 대한 연구는 꾸준히 시행되어 왔다. 매튜스(D. R. Matthews)는 1789년부터 1934년 사이에 미국의 대기업체의 최고경영자와 정부의 장관급을 대상으로 그들의 배경을 조사한 결과 58%가 그들의 조상이 대지주이거나 또는 전문직 및 공직에 재직한 경력이 있으며, 그들의 가정이 비교적 부유한 경우가 많았다.

그러나 오늘날 산업사회의 특성으로 보아서 성공한 사람들은 반드시 가정의 배경이 다른 사람보다 더 나은 위치에 있어서 결정되는 것이 아니라 주어진 기회의 포착과 노력이 더 큰 요인으로 작용된다고 볼 수 있다. 일반적으로 오늘날 관리자들은 과거보다 교육 수준이 훨씬 높아지고 있으며, 일반 중역들 간에도 경영학석사(MBA)의 소지자들이 크게 증가하고 있어 전문지식의 활용도가 더 높아가는 현상을 볼 수 있다.

3) 지적능력

일반적으로 리더십과 지적능력과의 관계는 정(正)의 상관관계가 있다는 것이 많은 연구에서 증명되고 있다.

여러 연구의 결과들은 리더의 부하들보다 판단력, 결단력, 일반상식 그리고 화술 등 너무 지식이나 지능 차이가 높으면 극도로 자기 본위적이거나 자기 우월성으로 흐르기 쉬워져 조직 내에서 부하들과의 상호작용이 이루어지기 어렵다.

4) 개성

한 개인의 특성인 개성(personality)은 리더십 유효성에 많은 영향을 미치고 있다. 특히 개성의 요인인 환경 적응성과 확고한 신념 등은 리더십의 중요한 요인이 되며, 자신감, 솔직성, 인내력, 독립성, 객관성, 추진력 및 직무에 대한 열성 등도 리더십 결정의 중요 요인이 될 수 있다고 한다.

일반적으로 리더의 자질 요인은 리더와 부하들의 특성 그리고 조직 내 직위의 상·하 등의 변수에 의하여 요구되는 자질이 다르다고 한다.

5) 업무수행 관계적 특성

과업수행을 하는 데 있어서 필요로 하는 리더의 특성은 리더십을 발휘하는 데 중요한 요인으로서 지적되고 있다. 즉, 리더가 직무수행에 대한 높은 성취감이나 책임감을 가지고 직무에 임하는 것은 리더십의 주요한 요인이 된다. 이러한 특성을 소유한 관리자는 대부분 과업 지향적이며 목표달성에 책임감과 자율적인 행동을 취하려고 하는 성향이 많다. 이들은 또한 업무추진력과 함께 장애요인을 극복할 수 있는 인내력을 보여주며 일반적으로 강한 동기와 직무에 대한 집요성을 갖추고 있다.

6) 사회관계적 성격

리더는 제환경에 적극적으로 참여하는 성격이 있으며, 자기와 서로 다른 성격과 취미를 가진 사람들과도 쉽게 어울리는 경향이 있으며, 이들은 일반적으로 다른 사람들로부터 쉽게 받아들여지는 성격이 있다. 이러한 성격은 상대방에게 단순한 협동심을 불러일으키게 할 뿐만 아니라 그들을 통하여 목표를 좀 더 효율적으로 달성할 수 있게 한다. 대인관계의 능력이란 상호 교류과정에서 상대방을 이해하게 하고 매력을 느끼게 하여 자기의 인기를 높이게 할 뿐만 아니라 상대방으로부터 충성심을 불러일으키고 집단의 응집력을 높여 주는 것이다.

리더의 특성이론에 관한 많은 연구의 결론을 종합하여 보면 리더란 책임감이 강하며, 목표달성에 있어서 열성적이며, 인내심이 있어야 한다. 더 나아가 이들은 대인관계에 있어서 상호 원만한 관계를 유지할 수 있는 능력과 자기 자신에 대한 자신감 그리고 상대방과의 관계에서 오는 긴장감을 흡수할 수 있는 능력과 좌절과 절박감을 이겨낼 수 있는 힘을 가져야 한다. (박내회, 《현대리더십론》)

(자료 27)

'재신(財神)', 아시아 최고부자 리카싱 長江그룹회장

개인 재산만 188억 달러(약 18조 원)로 아시아 최고이자 세계 10위의 부자인 리카싱(李嘉誠), 78) 청쿵(長江)그룹회장. 1940년 고향(광둥성 차오저우)을 떠나 가족과 함께 홍콩으로 온 그는 아버지가 세상을 뜨자 학교(중학 1년)를 중퇴했다. 어머니와 두 동생의 생계를 위해 철물점, 시계, 플라스틱 혁대 가게 외판원으로 일을 했다.

미래를 대비하고 연구하는 그의 노력은 1970~1980년대 고속 성장의 원동력이 됐다. 22세 때(1950년) 청쿵(長江)플라스틱을 창업한데 이어 1971년에는 청쿵실업(부동산)을 만들어 주력사로 키웠다. 1979년에 또 다른 주력사인 허치슨왐포아(항만, 전화, 에너지, 호텔 등 종합재벌) 그리고 1985년에 홍콩전력…. 사업 확장 때마다 그는 대성공을 거뒀다. 타이밍을 제대로 살리는 발군의 비즈니스 감각 때문이었다.

'재신(財神)', '상신(商神)', '초인(超人)'이라는 극존칭으로 불리는 그는 재산, 학력, 혈연 등 모든 면에서 제로(zero)에서 시작했지만 아시아 최고의 기업군을 일궈냈다.

"지금까지 수많은 사업에서 대성공한 비결은 무엇인가요?"라는 기자의 질문에 "첫째, 열심히 일하고 인내력과 강한 의지를 갖는 것입니다. 더 중요 한 것은 지식(knowledge)입니다. 특히 자신의 비즈니스 분야에서 가장 업데이트된 지식을 가져야 합니다. 둘째, 현재를 넘어 미래 자기 비즈니스가 어떻게 발전할지에 대한 지식이 필수적입니다. 세 번째는 정직과 신뢰로 자신에 대한 좋은 평판(reputation)을 쌓는 것입니다."

여든 가까운 고령임에도 세계 변화와 정세에 정통하고 최첨단 IT 분야까지 소상하게 꿰뚫고 있는 것은 취침 전 최소 30분 이상은 책을 읽는 평생의 불문율 덕분이라 한다. (2006년 10월 28일, 〈조선일보〉)

재산, 학력, 혈연 등 사회적 배경이 제로(zero)에서 시작했지만 지적능력과 인내력, 독립성으로 대표되는 개성과 과업 지향적인 업무수행 관계적 특성을 통하여 리카싱 청쿵(長江)그룹회장은 '초인(超人)'의 경지에 이를 수 있었다(자료 27 참조).

3절 리더십 행동이론

효과적인 리더라 해서 반드시 어떤 유별난 특질을 지니고 있는 것임은 아니라는 사실이 명백해지면서 조사가들은 리더를 효과적이 되게 한 행동(behaviors)이 과연 어떤 것인가를 분리해내려는 데 관심을 두게 되었다. 다시 말해서 이들 조사가들은 유효한 리더가 어떤 사람이었느냐가 아니라, 그들은 과업을 어떻게 위양했고, 부하들과 어떻게 커뮤니케이션을 했으며, 어떠한 방식으로 동기유발을 시켰고 그리고 어떻게 과업을 수행했느냐 하는 등 소위 그들이 과연 무엇을 했느냐에 초점을 두고 있다. 특질과는 달리 행동이란 학습될 수 있는 것이기 때문에, 이 접근법에 의하면 리더십 행동을 적절히 교육만 시킨다면 보다 유효한 리더가 탄생될 수 있으리라는 가정을 세울 수가 있다. (최병용, 《경영학 원론》)

리더십 행동에는 두 가지 종류의 행동으로 이루어져 있다. 과업행동(task behavior)과 관계성행동(relation behavior)이 그것이다. 과업행동은 목표달성을 촉진하는 행동이다. 즉, 집단성원들이 그들의 과업목표를 달성하도록 도와주는 행동들이다. 그리고 관계성행동은 하위자들이 서로 간에 좋은 인간관계를 가지고 잘 지내도록 도와주며, 일터에서 만족을 느끼도록 도와주는 행동이다.

리더십 행동 연구의 주요한 목적은 리더가 어떻게 하면 이들 두 가지 유형의 행동을 조합하여 하위자들의 과업목표를 위한 노력에 영향을 미칠 것인가를 설명하는 데 있다. (Northouse, 《Leadership》 / 김남현 역, 《리더십》)

리더의 행동에 관한 대표적 연구들 중 가장 고전적(classical)이라고 할 수 있는 것으로는 '아이오와 리더십 연구(The Leadership Studies)', '오하이오 주립대학의 리더십 연구(The Ohio State University Leadership Studies)', 미시간대학교(University of Michigan Leadership Studies)' 등을 들 수 있다.

1. 아이오와 리더십 연구

'아이오와 리더십 연구(Iowa Leadership Studies)'는 선구자적인 리더십 연구로서 집단 역학의 효시자인 커트레빈(Kurt Lewin)의 지도 하에 로날드 립피트(Ronald Lippitt)와 렐프 화이트(Ralph K. White)가 리더십 스타일을 실험한 것이다. 1930년대 말엽에 실시한 이 연구에서는 10세의 소년들로 구성되어 있는 한 클럽을 대상으로 하여 리더십 스타일이 변화함에 따라 소년들이 어떠한 행동을 보이는가를 실험 연구였다. 이 실험에서 각 클럽은 다음과 같은 세 가지 스타일의 리더 아래서 일하게 되어 있었다.

1) **권위형**(authoritarian style) : 명령적이고 참여를 허용하지 않는 스타일. 칭찬이나 비판을 개인적으로 행하되 친절하고, 노골적으로 냉정한 것은 아니고 중립적인 태도를 취하는 형

2) **민주형**(democratic style) : 집단의 토의나 결정을 권장한다. 칭찬이나 비판 시에는 객관적인 입장을 취하고 정신적으로 그 집단의 일원이라는 점을 강조하는 형

3) **자유방임형**(laissez faire style) : 집단에게 완전한 자유를 주고 사실상 리더십 행사가 없는 형

'아이오와 리더십 연구'는 세 가지 스타일의 리더십을 적용, 실험함에 있어서 이들 클럽 구성원들의 만족과 좌절 및 공격과 같은 변수에 어떻게 영향을 주는가를 관찰하였다. 이 연구는 다양한 결과를 나타내었으며 리더십 형태의 차이에 따라 뚜렷한 반응을 나타낸 것도 있었으나, 어떤 변수는 불명확한 경우도 있었다.

그러나 확실한 것은 소년들이 압도적으로 민주형 리더를 좋아하였다는 사실이다. 각 개인과의 인터뷰에서 밝혀진 바에 따르면 20명 중 19명이 권위형 리더보다는 민주형 리더를 더 선호했다. 대부분의 소년들은 "권위형 리더들은 자신들이 원해서 하려는 것을 못하게 했고, 자신들은 그저 일만 해야 했는데, 그것도 빨리 해내어야만 했다"고 불평을 하였다. 반면 민주형 리더를 더 선호했던 이유로서 상관이 윗사람 행세를 하지 않았고, 그러면서도 항상 할 일이 많았다고 말하였다.

그리고 리더십 스타일과 작업생산성과의 상관관계를 정확히 설명하지는 못했지만 한 집단의 생산적인 행동을 이해하는 데 도움을 주는

부수적 연구 성과를 얻어냈다. 즉, 권위형 리더는 조직 구성원들에게 좌절감을 갖게 하였고, 그 반응으로서 무관심 또는 도전적인 행동을 초래하였으며, 자유방임형 분위기도 사실 많은 도전적 행동을 유발시 켰다. 민주형 리더는 양 극단현상의 중간에 해당되었다.

'아이오와 리더십 연구'는 하나의 초기적인 실험이었으며, 그 연구 내용이 성인들의 조직생활에 적용되기에는 어려운 난점이 많으므로 일반적인 결론을 내리기에는 부족함이 많지만, 리더십 연구 측면에서 역사적인 의의를 갖는 중요한 시도였음은 사실이다.

더구나 리더십의 스타일 여하에 따라 같은 집단으로부터 서로 상이 한 반응이 일어날 수도 있고 더 복잡한 현상이 일어날 수도 있다는 사실을 발견함으로써 중요한 공헌을 했다고 보아야 할 것이다. (박내회, 《현대리더십론》)

2. 오하이오 주립대학의 리더십 연구

1940년대 말에 실시되었던 이 연구는 집단과 조직의 목표달성에 도 움을 주는 리더십 행동을 파악하는 데 중점을 두었다.

(1) 연구의 전개

연구자들은 1,800여 개의 리더십 행동의 예들 중에서 리더십 행동 을 잘 대표할 수 있는 150개의 항목으로 축약했다. 이러한 항목을 사 용하여 만들어낸 예비 리더십 설문지(preliminary leadership ques-tionnaire)를 민간인과 군인들에게 배포하여 그들을 감독하는 사람들의 행동을 기술하게 하였다.

(2) 연구의 내용

이러한 분석에 의하여 하위자들이 리더의 행동을 '배려(consideration)'와 '구조주도(initiating structure)'라고 명명된 행동범주로 구분하여 인식하고 있다는 사실이 밝혀졌다. 두 가지 모두 폭 넓게 정의된 것으로서 여러 가지 구체적인 행동들을 포괄하고 있는 범주였다.

① 배려는 하위자를 깊이 생각해주는 리더의 지원적, 우호적 행동, 하위자들과의 상담, 하위자들의 이해관계를 대변하는 행동, 하위자들과의 개방적인 의사소통, 하위자의 공헌에 대한 인정 등의 행동항목과 관련이 있다. 이러한 행동들은 관계지향적(relationship oriented)이라 할 수 있는데, 하위자들과 원만한 관계를 맺고 유지하는 행동을 말한다.

② 구조주도는 하위자들에게 지시하는 행동, 하위자들의 역할을 명확히 해주는 행동, 계획 수립, 조정, 문제해결, 업무성과가 신통치 않은 하위자를 꾸짖기보다 뛰어난 성과를 낼 수 있도록 독려하는 행동 등에 관련된 행동항목을 포함하고 있다. 이러한 과업 지향적(task-oriented) 행동들은 인력과 자원을 효율적으로 활용하여 조직의 목표를 달성하는 수단이 된다. 요약하면 배려와 구조주도는 하위자들의 행동과 동기부여에 리더가 영향을 행사하는 것과 관계가 있다고 할 수 있다. (박내회, 《현대리더십론》)

3. 미시간대학의 리더십 연구

(1) 초기 연구 전개 및 내용

초기 연구는 일련의 현장연구로 이루어졌는데, 각각의 연구는 유사한 조직단위를 표본으로 하여 실시되었다.

또한 효과적인 리더들을 분류하기 위해 집단생산성을 객관적으로 측정할 수 있는 측정치가 사용되었다.

이 연구에서는 효과적인 관리자들과 비효과적인 관리자들이 어떻게 다른가를 연구하기 위해 관리자의 행동에 관해 기술한 내용을 분석하였다.

이 연구에서 몇 가지 흥미로운 연구결과를 얻을 수 있었다.

효과적인 리더들은 하위자들이 하는 일과 같은 종류의 일에는 시간과 노력을 쏟지 않았으며, 그 대신 작업계획 및 일정의 수립, 하위자들의 활동내용 조정, 기술지원 등의 일에 시간과 노력을 투여한다는 사실이 밝혀졌다. 즉, 그들은 하위자에 대해 보다 많은 배려를 해주며, 지원적인 행동을 해주는 것으로 밝혀졌다.

또한 하위자들에게 업무목표와 지침만을 설정해주고, 자율적으로 작업방법이나 업무의 진척을 조절할 수 있도록 허용해 준다는 것도 밝혀졌다.

(2) 참여적 리더십에 대한 연구

미시간대학의 연구팀에서는 리더가 의사결정에 하위자를 참여시킨다면 보다 효과적이 될 것이라는 가설을 검증하는 현장실험을 실시하였다. 이 연구에서 얻어진 결과는 여러 가지로 나타났지만 특정상황 하에서는 참여적 리더십(participative leadership)이 하위자들에게 훨씬 더 높은 성과를 내게 하고 만족감도 크게 느끼게 한다는 사실이 밝혀졌다.

리커트(Likert)는 미시간대학의 리더십 연구가 다음과 같은 특정한 리더십 행동이 유효성이 높다는 사실을 입증하는 것이라고 밝혔다.

1) **지원적 행동** : 하위자가 자신을 가치 있고 중요한 존재라고 느낄 수 있도록 리더는 하위자에게 지원적 행동을 해주어야 한다.

리더의 지원적 행동에는 하위자에 대한 믿음과 신뢰, 하위자의 성장과 발전을 돕는 행동, 하위자의 의견과 기여에 대한 인정 등이 포함된다.

2) **집단 중심의 감독** : 이는 관리자들이 하위자들을 개인별로 감독하는 것보다 집단회의(group meeting)를 통해서 감독해야 한다는 것을 말한다.

집단을 중심으로 감독하면 하위자의 의사결정 참여를 촉진할 수 있고, 갈등을 원만히 해결할 수 있다.

3) **높은 성과를 지향하는 목표** : 집단 의사결정에서 특히 중요한 것은 구체적인 성과목표와 품질 표준을 설정하는 일인데, 리더는 집단 구성원들이 자신들의 능력에 비추어 약간은 높지만 실현가능한 목표를 설정할 수 있도록 이끌어 주어야 한다는 것이다.

4) **연결핀 기능(linking pin function)** : 집단의 의사결정 사항과 목표는 전체 조직의 목표나 방침과 조화를 이루어야 하므로 중간 및 하위관리자들은 자신의 집단과 상위관리자 사이에서 중개자 역할을 해

야만 한다.

관리자가 자기 집단의 이익을 대변하고 필요한 자원과 편익을 얻으려면 자신의 상위자들에게 상당한 영향력을 행사할 수 있어야 한다. 이에 따라 리커트는 조직을 일련의 중첩된 집단들(overlapping groups)로 구성되어 있다고 보았다.

리커트의 주장에 따르면 위와 같은 네 가지 관리형태가 계획 수립이나 조정과 같은 기술적 기능(technical function)과 융합될 때 집단에서 높은 성과를 기대할 수 있을 것이라고 한다. (박내회, 《현대리더십론》)

4. 블레이크와 모튼의 리더십 그리드 연구

리더십 스타일을 정의하는 접근방법으로서 널리 알려진 것 중의 하나는 불레이크(Robert Blake)와 모튼(Jane Mouton)이 개발해 낸 관리격자모형(the managerial grid) 내지는 리더십 그리드모형(leadership grid)이다.

불레이크와 모튼은 '생산과 사람을 위한 관심을 통해 리더가 어떻게 하면 조직을 도와 목표를 달성할 수 있도록 할 것인가'를 설명하기 위해 관리자가 생산성과 인간성 모두에 관심을 가져야 할 중요성을 밝히고 있는 기존 연구들에 입각하여, 관리자들의 관심을 극적으로 나타낼 수 있는 리더십 그리드 모형을 고안한 것이다. (Koontz and Weihrich, 《Management》 / 김세영 역, 《경영관리》)

'생산을 위한 관심'은 리더가 '조직의 과업달성을 위해 어떻게 노력하고 있는가'를 가리킨다. 이것은 광범위한 활동들을 포괄하는 것으로서 거기에는 정책 결정, 신제품 개발, 생산 과정상의 문제해결, 작업분담, 판매량 등과 관련된 활동 등이 포함된다.

'사람에 대한 관심'은 리더가 '목표달성을 위해 노력하고 있는 종업원들을 위해 어떻게 마음을 쓰고 배려하는가'를 가리킨다.

여기에는 조직을 위한 헌신과 신뢰의 구축, 종업원들의 개인적 가치의 실현, 좋은 작업환경의 제공, 공정한 임금구조의 유지, 좋은 사회적 관계의 촉진 등과 같은 활동들이 포함된다.

리더십 그리드는 다음의 다섯 가지 주된 리더십 행동을 제시하고 있다. (Northouse, 《Leadership》 / 김남현 역, 《리더십》)

(1) (9.1)형

과업(task) 주도형으로서 인간관계 유지에는 적은 관심을 보이지만 생산에 대해서는 지대한 관심을 보이는 유형이다. 종업원들이 과업완수와 직무상의 요구에 따를 것을 심하게 강조한다.

매사가 성과 지향적이고 사람을 목표달성의 수단으로 여긴다. 리더십 유형에 있어서는 매우 독재적이다.

(2) (1.9)형

컨트리클럽(country club)형으로서 과업완수에 대한 관심은 낮고 대안관계에 대한 관심이 높은 리더십 유형이다.

이들은 모든 사람이 긴장이 없고, 우호적이며 행복하면서도 기업의 목표달성을 위한 노력에는 아무런 관심을 갖지 않는 환경을 만든다.

(3) (1,1)형

무능력(impoverished)형으로서 인간 혹은 생산 중 어느 것에도 거의 관심이 없고 자기 직무에 최소한의 관심만을 갖는다. 이들은 매사에 무관심하고, 확실한 의견을 주지 않으며, 체념적이고 무감동한 것으로 묘사될 수 있다.

(4) (5,5)형

이는 중간(middle of the road)형으로서, 생산과 관계의 유지 모두에 적당한 정도의 관심을 보이는 유형이다.

(5) (9,9)형

이는 이상형 또는 팀(team)형으로서, 생산과 관계의 유지 모두에 지대한 관심을 보이는 유형이다.

이는 종업원들의 자아실현 욕구를 만족시켜 주고 신뢰와 지원의 분위기를 이루며, 한편으로 과업달성을 이루기를 강조하는 유형이다.

이들은 인간 및 생산성 모두에 대해 가능한 최고 수준의 헌신적인 행동을 보여준다.

그들이야 말로 진정한 '팀의 리더'로서 기업의 생산성 욕구와 개인의 욕구를 조화시킬 수 있다.

앞의 다섯 가지 리더십 행동 중 마지막의 팀 리더스타일이 가장 이상적이라고 하고 있다. 즉, 이 스타일의 리더십은 어떠한 상황 하에

서나 성과의 개선, 낮은 결근율과 이직률 그리고 높은 종업원 만족을
가져오게 된다는 것이다.

그리하여 이 경영격자 어프로치는 오늘날, 특히 미국에서 경영자
훈련을 위한 도구로서 많이 활용하고 있다.

이러한 리더십 행위이론으로부터 우리는 조직에서 리더가 효과적인
리더십을 발휘하도록 하기 위해서는 생산에 대한 관심(과업)의 정도
와 인간에 대한 관심(관계)의 정도가 모두 높아지도록 리더의 행동을
개발해야 한다는 시사점을 얻을 수 있다. (신유근, 《경영학 원론》)

리더십 그리드

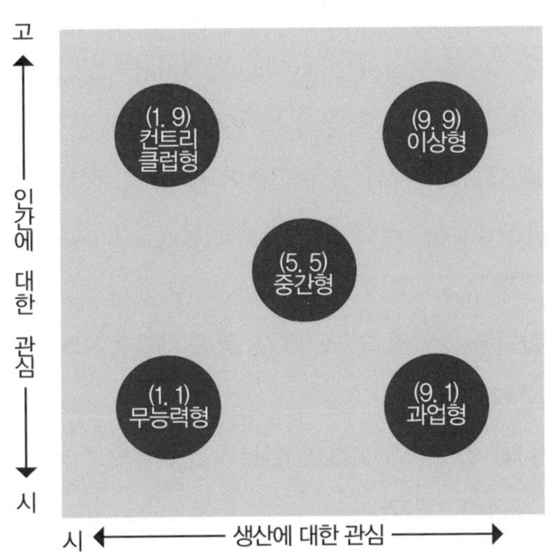

(신유근, 《경영학 원론》)

'살아있는 경영 神' 이나모리 가즈오 명예회장

지난 2007년 일본 스미토모 생명보험은 전국의 기업체사장 2만 6,000여 명에게 가장 이상적인 경영자가 누구인가 물었다. 고인이 된 마쓰시다 고노스케와 혼다 소이치로가 각각 1, 2위에 올랐고, 3위가 바로 이나모리 가스오 명예회장이었다.

현존 인물 중에선 일본에서 가장 존경받는 경영자인 것이다.

하지만 그의 청춘시절은 좌절의 연속이었다. 중학교 입시에서부터 낙방의 고배를 마셨고, 결핵에 걸렸다 간신히 나았다. 대학시험은 1지망에 불합격했고, 고향의 대학을 졸업했지만 취업시험에 번번이 낙방했다. 은사의 추천으로 중소기업에 입사는 했는데, 그 회사는 내일 당장 문을 닫는다고 해도 이상할 것이 없을 만큼 다 쓰러져 가는 회사였다.

그는 27세 때 맨손으로 사업에 뛰어들어 세계적인 전자부품회사인 교세라와 일본의 SK텔리콤 격(格)인 민간 이동통신업체 KDDI 두 대기업을 창업했다.

두 그룹을 합치면 종업원 7만 6,000여 명에 매출이 4조 4,000억 엔(약 58조 원)을 넘는다.

그는 사재(私財) 200억 엔을 출연, 일본의 노벨상으로 비유되는 '교토상'을 만들어 시상하고 있다.

1983년 그의 경영철학을 전수하기 위해 세이와주쿠(盛和塾)가 설립됐는데, 회원이 5,000명에 이른다.

그는 또한 경영자의 철학을 역설하면서 "돈으로 사람을 움직이기보다 인간 및 생산성 모두에 대해 가능한 최고 수준의 헌신적인 행동을 보여준다는 (9.9)형(이상형 또는 팀형)의 모델을 이나모리 가스오 교세라 명예회장에게서 찾아볼 수 있다(자료 28 참조).

4절 리더십 상황이론

지금까지 리더십의 특성이론과 행동이론을 중심으로 살펴보았다. 이를 통해 서로 다른 특성과 행동은 서로 다른 상항의 리더에게 중요하다는 사실을 일게 되었으며, 따라서 리더십 상황이론이 태동하기에 이르렀다.

리더십 상황이론에서는 주어진 상황 하에서 리더에게 가장 효과적일 수 있는 특성, 기능, 행동을 결정해 주는 상황의 여러 측면을 확인하는 데 관심을 두고 있다. 이하에서는 리더십 유효성에 관한 2가지의 대표적인 상황이론을 검토하려고 한다. 각 이론들을 상황적합적이론(contingency theory)이라고 부르는데, 그 이유는 부하에 대한 리더의 영향력 정도는 특정상황의 조절 변수에 대해 상황적합적(contingent)이라고 가정하고 있기 때문이다.

효과적인 리더의 공통된 어느 한 가지 특질이라는 것도 없지만, 어

느 한 가지의 스타일이 어떠한 상황 하에서나 유효한 것도 아닌 것임
이 밝혀지게 되었다는 것이다. (박내회, 《현대리더십론》 / 최병용, 《경영학 원론》)

1. 상황적합이론

상황적합이론 중 가장 널리 인정을 받는 것이 피들러(Fred E. Fiedler)의 상황적합이론이다.

(1) 리더십 상황의 주요 차원

자신의 연구를 기초로 하여, 피들러는 어떠한 리더십이 가장 효과적이 될 것인가를 결정하는 데 도움을 주는 리더십 상황의 3가지 주요 차원을 설명했다.

1) 지위권력(position power) : 이것은 개인 특성이나 전문성 등과 같은 권력의 원천과는 구별되는 것으로서, 지위권력에 의하여 리더가 집단 구성원들로 하여금 명령에 따르도록 할 수 있는 정도를 의미한다. 관리자의 경우 이 권력은 조직의 권한(organizational authority)으로부터 생겨나는 권력이다.

피들러가 지적한 바와 같이 명확하고 상당한 지위 권력을 가진 리더는 이러한 권력이 없는 리더보다 쉽게 추종을 받을 수 있다.

또한 지위권력은 리더가 하위자들에게 상과 벌을 줄 수 있는 권한의 양을 가리키는 말이다. 이는 개인이 조직 내의 어떤 지위에 오름으로써 얻게 되는 합법적 권력(legitimate power)을 포함한다.

만약 리더가 하위자들을 채용, 해고할 수 있는 권한을 가지고 있고

승진이나 급여 인상의 권한이 있다면, 그 같은 리더의 지위권력은 강력하다고 할 수 있다. 그러나 리더에게 이 같은 권한이 없다면 그의 지위권력은 약한 것이라고 말할 수 있다. (Koontz and Weihrich, 《Management》 / 김세영 역, 《경영관리》 / 김남현 역, 《리더십》)

2) 과업구조(task structure) : 피들러는 이 차원을 언급하면서 과업이 어느 정도 명확하고 구체적으로 규정될 수 있으며, 사람들이 그 과업에 대하여 어느 정도로 책임을 지려는 지를 염두에 두고 있었던 것이다.

업무가 명확할 때에는 임무가 모호하고 구조화되지 않은 상황에 비하여 업무성과의 질은 보다 쉽게 통제될 수 있으며, 집단 구성원으로 하여금 보다 분명하게 업무성과의 책임을 지게 할 수 있다. (Koontz and Weihrich, 《Management》 / 김세영 역, 《경영관리》)

3) 리더-구성원 간의 관계(leader-member relations) : 지위 권력과 과업구조는 주로 기업에 의하여 영향을 받기 때문에 피들러는 리더의 관점에서 이 차원을 가장 중요한 것으로 보았다. 이 차원은 집단 구성원들이 리더를 좋아하고 신뢰하며, 그 리더를 추종하는 정도에 관계된 것이다.

(2) 리더십 유형

피들러는 이 접근방법에서 2가지 중요한 리더십 스타일을 설정했다. 하나는 주로 과업 지향적인 리더십으로, 리더는 임무수행의 결과에서 만족을 얻는다. 다른 하나는 주로 양호한 인간관계의 형성과 개인적으로 우수한 지위의 획득을 지향하는 인간관계 지향형 스타일이다.

　피들러의 연구를 검토해 보면, 과업 지향적이거나 혹은 인간관계 지향적인 리더십 스타일 중 어느 것도 자동적으로 조직에 효과적인 리더십 스타일이거나, '좋다'고 할 만할 것이 없다는 것을 발견하게 된다. 리더십의 효과성은 집단 환경 속의 여러 다양한 요소에 의해 좌우된다. 이것은 충분히 예상될 수 있는 사실이다. (Koontz and Weihrich, 《Management》 / 김세영 역, 《경영관리》)

(3) 피들러 모델의 평가

　물론 피들러의 컨틴전시 모델이 상황적 변수 모두를 고려하지 않았고, 리더십과정에 대한 충분한 설명이 부족하며, 실제로 상황적 요인을 리더에게 맞도록 바꾼다는 것이 곤란하다는 등의 한계점을 지니고 있는 것은 사실이다. 그러나 리더십이란 단지 특질이나 행동 그 이상이라는 입장과 아울러 상황적 요인과 적절히 결합되기만 한다면 누구나 훌륭한 리더가 될 수 있다는 논거는 어느 정도 현실적 타당성을 지니고 있는 것으로 보아야만 한다. (최병용, 《경영학 원론》)

2. 경로-목표이론

　경로-목표이론(path-goal theory)은 리더의 행동이 부하의 직무만족과 동기유발에 어떠한 영향을 미치는가를 설명하기 위하여 개발된 이론이다.

　하우스(Robert House)에 의하면 리더의 동기부여기능이란, 첫째 작업 목표의 달성에 대한 대가로 부하가 향유하게 될 보상을 증가시키는 것이고, 둘째 그 같은 보상을 목표로 하고 나아가서 경로에 어려움이 없도록 장애물을 제거해 줌으로써 만족의 기회를 더 많이 가질 수 있도록 하는 것이라고 말하고 있다. (박내회, 《현대리더십론》)

경로–목표이론의 밑에 깔린 가정은 기대이론(expectancy theory)에서 유래된 것이다. 기대이론에 의하면 하위자들은 다음과 같은 경우에 동기가 유발된다는 것이다.

① 그들이 노력하면 그 과업을 수행해낼 수 있다고 생각할 때

② 노력의 결과가 어떤 성과(보상)를 초래하게 될 것이라고 믿을 때

③ 과업수행의 결과로 얻은 보상이 가치 있는 것이라고 믿을 때 등이다.

이 이론이 리더들에게 주는 교훈은 하위자들의 동기유발을 위해 그들의 필요(욕구 : motivational needs)에 가장 적합한 리더십 유형을 활용하라는 것이다. 그래서 리더들은 작업 상황에서 정보나 보상을 제공함으로써 하위자들의 목표달성(subordinate's goal attainment)의 수준을 제고하려고 노력한다(Indvik, 1986). 하우스(House)와 미첼(Mitchell, 1974)에 의하면 하위자들이 작업의 대가로 받게 되는 보상의 양과 보상의 종류를 증대시킬 수 있을 때 그 리더십은 종업원들의 동기유발을 가능하게 한다는 것이다.

리더십은 또 다음과 같은 경우에도 종업원들의 행동을 유발시킬 수 있다는 것이다. 즉, ① 목표달성의 경로(the path to goal)를 분명히 하고, 코칭(coaching)이나 지도를 통해 그 경로를 쉽게 통과해 가도록 할 때 ② 목표달성으로 가는 길에 놓인 장애물을 제거하여 줄 때

③ 작업 그 자체에서 개인적으로 만족을 느끼도록 할 때 등이 그것이다.

결국 경로–목표이론의 주장에 의하면 각각의 리더행동은 하위자들의 동기유발에 상이한 영향을 미친다는 것이다 '어떤 특정한 리더행동이 하위자들의 행동을 유발시킬 수 있는가' 의 여부는 하위자들의 특성과 과업의 특성에 달려있는 것이다. (김남현 역, 《리더십》)

(1) 리더행동

경로–목표이론에서 매개 변수는 리더의 행동이 어떻게 부하의 동기유발 및 직무만족에 영향을 미치는지에 대해 설명하여 준다.

경로–목표이론의 초기 연구에서는 리더의 행동을 구조주도와 배려 등 두 개의 차원으로 보았으나, 최근의 연구에서는 다음과 같이 4개의 범주로 구분하였다.

1) 지시적 리더십(directive leadership) : 이는 부하들의 활동을 계획, 조직, 통제, 조정하는 행동을 말한다. 이 지시적 리더십은 부하들에게 기대하고 있는 것이 무엇인가를 알려주고, 구체적인 작업지시를 행하고 규칙과 절차를 따르도록 요구한다.

2) 지원적 리더십(supportive leadership) : 이는 부하들의 욕구 충족에 대하여 생각하고, 그들의 복지와 안녕에 대한 관심을 표명하며, 우애로운 분위기와 환경을 조성한다.

3) 참여적 리더십(participative leadership) : 이는 부하들과 상의하고 정보를 교환하며, 의사결정과정에서 부하의 의견이나 제안을 참작한다.

4) 성취 지향적 리더십(achievement-oriented leadership) : 부하
들에게 도전적인 목표를 설정하여 주며, 최고 수준의 과업성과를 기
대하여 계속적인 개선 향상을 도모하며, 부하들이 그같이 훌륭한 성
과를 올릴 수 있는 능력에 대하여 확신을 나타내 보인다.

(2) 부하의 특성과 작업환경(과업)의 특성

경로-목표이론에서는 리더행동의 유형과 부하의 행동과의 관계를
조절(moderate)하는 두 개의 변수를 제시하고 있다. 즉, 하나는 부하
의 특성과 관련된 것이고 또 하나는 작업환경(과업)의 특성과 관련된
것이다. (박내회, 《현대리더십론》)

1) 부하의 특성

하우스(R. House)에 따르면 부하들이 어떠한 리더십 스타일을 선호
하느냐 하는 것은 그 부하들의 특성에 의해서 결정된다고 한다. 즉,
그들의 행동이 환경에 영향을 줄 수 있을 것으로 믿고 있는 개인들은
참가적 리더십을 좋아하는 반면에, 사건의 발생을 단지 운(運)으로만
돌리려하고 있는 개인들은 반대로 권위주의적 리더십 스타일을 더 선
호하고 있었다는 것이다.

부하들이 그들 스스로의 능력을 어떻게 평가하느냐 하는 것도 또한
그들의 스타일 선호에 영향을 준다고 한다. 그리하여 고도의 기능과
능력을 갖추고 있다고 생각하는 부하들일수록 지나치게 통제적인 경
영자를 싫어할 것으로 생각되는데, 그 이유는 그러한 통제가 보상적
이기보다는 오히려 반(反)생산적인 것으로 간주될 것이기 때문이다.
그러나 그렇지 못한 부하들은 보다 명령적인 행동이 과업을 보다 원

만히 수행토록 해주며, 동시에 조직적 보상을 증대시키는 데 기여할 것으로 믿기 때문에 보다 지시적인 리더십 스타일을 환영한다고 한다. (최병용, 《경영학 원론》)

2) 작업환경(과업)의 특성

부하의 특성 이외에도 과업의 특성(task characteristics)은 '리더의 행동이 부하의 동기유발에 영향을 미치는 데'에 주요한 영향을 미친다. 과업의 특성에는 과업의 설계(the design of the task), 조직의 공식적인 권한 시스템, 부하들의 일차적 작업집단(primary work group)의 특성 등이 포함된다.

과업의 설계는 과업의 특성 중 가장 중요한 변수다. 조직요인도 무시할 수 없는데, 이는 규칙, 절차 등이 부하의 작업 활동을 조절하고 있는 정도나 높은 압력과 작업상의 스트레스가 있는 상황 또는 불확실성이 높은 상황 등을 의미한다. 작업집단의 행동과 리더십 유형과의 관계는 집단의 발전단계에 따라 리더십 유형이 달라져야 함을 나타낸다.

만약 그 작업 상황에 명확하게 구조화된 과업이 있고 강한 집단규범이 있으며, 공식적 권한 시스템이 확립되어 있다면, 부하들은 바람직한 목표로 가는 경로가 분명한 것을 알게 될 것이다. 따라서 리더는 목표를 명확히 할 필요가 없고, 또 이들 목표를 어떻게 달성할 것인가에 대해 지도(코치)할 필요도 없어질 것이다. 따라서 이 경우에는 지원적 리더행동이 더 유효하다.

그러나 다른 상황에서의 과업특성들이 리더십의 개입을 요구하기도 한다. 과업의 내용이 불명확하거나 모호할 경우 리더는 지시적 리더행동의 발휘를 통해 그 같은 과업을 구조화할 필요가 있다.

경로-목표이론의 주된 초점은 하위자를 도와 장애물(목표달성으로 가는 도정상의 장애물)을 극복하도록 하는 것이다. 여기서 장애물이란 작업환경 내에서 하위자들의 작업에 방해가 되는 모든 것을 말한다. (김남현 역, 《리더십》)

(3) 경로-목표이론의 평가

경로-목표 모델은 '왜' 특정의 리더십 스타일이 상황에 따라 그 유효성이 다른가 하는 이유를 제시하고 있다는 점에서 높이 평가할 만하다. (최병용, 《경영학 원론》)

이 이론의 핵심은 리더가 목표와 행동 사이의 경로에 영향을 미친다는 것이다. 리더는 지위와 임무 역할을 명확히 하고, 업무수행을 방해하는 장애물을 제거하며, 또한 목표설정에 있어서 집단구성원의 지지를 구하고, 집단 응집력과 팀의 노력을 촉진시킴으로써 또 작업성과에 있어서는 개인적 만족을 위한 기회를 증대시켜 주며, 스트레스와 외부통제를 감소시키고, 기대하는 바를 명확히 해주고, 사람들의 기대에 부합하는 기타 다른 일들을 함으로써 경로에 영향을 줄 수 있게 된다.

경로-목표이론은 실무 관리자에게 대단히 많은 점을 시사하고 있다. (Koontz and Weihrich, 《Management》 / 김세영 역, 《경영관리》)

히딩크 '18개월의 도전'

그동안의 16강 진출 실패 요인을 상대 전력에 대한 분석 부족 탓으로만 돌리며 개선되는 모습을 보여주지 못했던 한국은 아시아 '축구 강호' 중 가장 늦은 2001년에야 국가대표팀 감독에 네덜란드 출신의 명장 거스 히딩크를 과감히 기용했다.

그는 88년 PSV아인트호벤에 팀 사상 최초로 유럽챔피언스리그 우승컵을 안겼고 네덜란드리그 3연패를 달성했다.

세계 최강의 실력을 갖추고 있으면서도 선수들 간 알력으로 비틀거리던 네덜란드 축구를 프랑스월드컵 4강까지 이끈 것은 그의 뛰어난 통솔력을 보여준 일례다.

그의 첫 검증 무대는 홍콩 4개국 칼스버그컵 대회였다. 그 대회에서 히딩크호(號)는 북유럽 강호 노르웨이에 아쉽게도 2-3으로 패했다. 파라과이와도 1-1 무승부를 기록한 후 승부차기에서 어렵사리 승리, 여전히 월드컵 16강까진 갈 길이 멀다는 생각만을 심어주었다.

게다가 2001년 컨페더레이션스컵 프랑스전과, 8월 15일 체코와의 원정 평가전에서 모두 0-5로 참패해 국민들에게 한국 축구는 나아진 게 전혀 없다는 인식을 심어주었다. 그러나 히딩크는 선수들과 함께 계속 앞으로 나아가고 있었고 특유의 긍정적인 마인드로 숱한 비난과 비판을 일축했다. 그는 여전히 희망적인 자세로 초지일관했고, 체력에 중점을 두는 프로그램을 강력히 밀어붙였다.

2002년 히딩크는 우리에게 '월드컵 4강'이라는 멋진 선물을 안겨주고 새로운 상황에서는 새로운 리더십이 요구된다는 리더십 상황이론의 성공을 보여준 사례다(자료 29).

5절 리더십 개발

1. 리더십 기술 개발의 필요성

리더의 행동은 바람직한 조직 풍토의 형성과 인간관계의 개선에 중요한 역할을 함으로써 효율적인 인간관계를 통하여 조직의 응집력을 높이고 생산성을 향상시키는 것이며, 관리자의 최대 과제이다. 이렇게 조직의 유효성을 증진시킬 수 있는 리더십 기술은 리더가 갖추어야 할 중요한 기술(art)이며, 이러한 리더십의 개발은 조직의 주요한 과제라 할 수 있다.

최근 리더십의 개발에 대한 관심이 증폭되어 왔는데, 그 이유로는 급속한 사회의 변화, 새로운 리더십 개념의 도입 및 평생교육(continuing education)의 필요성 때문이라고 할 수 있다. 좀 더 자세히 설명하면 다음과 같다.

첫째, 급속한 사회변화 때문에 기업이 당면하고 있는 문제의 복잡성과 다양성이 심화되고 있다. 현대 사회는 가히 기술혁명 내지 기술

폭발시대에 살고 있다고 할 수 있을 뿐만 아니라, 기업의 규모가 과거에 비해 매우 커져 있다. 이와 같은 규모의 증대는 기업의 사회적 책임을 요구하기 시작했으며, 이에 대한 연구들도 많이 쏟아져 나왔다. 무엇보다 중요한 것은 과연 기업이 이와 같은 변화를 흡수해서 소화할 만한 능력을 갖고 있느냐 하는 것이다.

둘째, 새롭게 제기되는 문제의 복잡성과 다양성에 대한 인식을 통해 새로운 관리 개념 및 리더십 개념의 도입이 필요함을 알게 되었다. 오늘날 점점 가속화되는 사회적·경제적·정치적·기술적 변화에 대처하고 적응하며 생존하느냐 하는 것이다.

셋째, 이와 같은 변화에 대처하기 위해 평생교육 내지는 생애교육(life-long education)이 필요함을 인식하게 되었다. 경영자에 대한 재교육 내지는 계속교육의 기회를 제공하기 위해서 우리나라에서도 거의 모든 대학들이 경영학석사과정 및 최고경영자과정을 경영대학원에 설치하여 운영하고 있는 실정이다. (박내회, 《현대리더십론》)

(자료 30)

"직원을 리더로 키워야 기업이 산다"

미국 경제주간지 〈포춘〉 최신호(10월 1일자)가 발표한 '리더를 잘 키워 내는 기업' 순위에서 제너럴일렉트릭(GE)이 1위에 올랐다. 〈포춘〉은 "앞으로 세계경제는 금융자본보다 인적자본에 더 의존하게 될 것"이라며 기업들이 리더십 개발의 중요성을 한층 진지하게 인식하기 시작했다고 설명했다.

'인재를 키우는 회사' 라는 명성을 얻으면 능력 있는 인재들이 이 회사로 몰려든다. 이들이 높은 성과를 내면 회사는 다시 최고의 인재를 끌어모을 수 있다.

다음은 〈포춘〉이 제시하는 '인재를 키우는 기업' 이 되는 방법이다.

▽ **시간과 돈을 투자하라** = 짐 스키너 맥도널드 CEO는 주요 매니저 200명의 경력과 발전 상황을 직접 관리한다. 시간의 50% 이상을 인적 관리에 쏟는 CEO도 적지 않다. GE의 크로톤빌 연수원에서는 매년 수천 명이 교육을 받는다. 엄청난 비용이 들지만 여기서 배출된 인재들이 벌어들이는 돈은 어마어마하다.

▽ **'미래의 리더' 를 조기에 발견하라** = 존 라이스 GE 부회장은 "입사 당일부터 리더십 능력을 평가한다"고 말했다. 잠재적 리더를 일찌감치 발굴해 집중적으로 키운다는 것.

▽ **업무를 통해 리더십을 쌓게 하라** = 다양한 업무를 경험하도록 경력 관리를 해주면 차후에 큰 자산이 된다. 그러나 순환보직은 전문성이 떨어지는 것이 흠.

▽ **지속적인 관심과 지원은 필수** = 리더십 교육도 피드백이 중요하다. 멘터링 시스템을 통해 지속적으로 교육하고 관리해야 한다.

▽ **개인이 아닌 팀을 키워라** = 독불장군은 살아남을 수 없다. GE의 크로톤빌 연수원에는 팀원 전체가 함께 입소해 팀 운영의 리더십을 배운다.

▽ **'인재 중시' 를 기업문화로** = 일회적인 리더십 교육으로는 인재를 키울 수 없다. GE의 '인재 경영' 은 1892년 찰스 코핀 전 회장 이래 100년 넘는 역사의 산물이다. (2007년 9월 22일, 〈동아일보〉)

일회적인 리더십 교육으로는 인재를 키울 수 없다.

GE의 '인재경영'은 1892년 찰스 코핀 전 회장 이래 100년 넘는 역사의 산물이라는 기사내용(자료 30 참조)은 리더십 기술 개발의 필요성을 잘 나타내고 있다.

2. 리더에게 요구되는 리더십 기술

리더가 관리의 과정에서 필요로 하는 리더십 기술이란 적어도 다음과 같은 다섯 가지의 기술이 필요하다고 생각된다. 즉, 리더에게 요구되는 리더십 기술이란,
  - 전문적 기술(technical skill)
  - 인간관계적 기술(human relations skill)
  - 개념적 기술(conceptual skill)
  - 의사소통 기술(communication skill)
  - 의사결정 기술(decision-making skill)

(1) 전문적 기술

전문적 기술은 경험 · 교육 · 훈련에 의해 얻어지는 것으로서 어떤 직무를 수행하는 데 필요한 지식 · 방법 · 기술 및 장비를 활용할 줄 아는 능력을 말한다.

리더는 집단의 책임 있는 위치에 있는 자로서 조직의 목표 · 가치 · 기술의 개념에 이르기까지 잘 이해하고 있음으로써 관련된 업무를 잘 수행할 수 있다. 따라서 전문적 기술(technical skill)은 조직 성장에

가장 기초적인 요소로서, 특히 낮은 계층의 리더에게 필수적이고 비중이 큰 기술이지만 관리의 형태가 현장의 물리적 작업에서 멀어져 갈수록 – 즉, 관리계층이 상위로 오를수록 – 그 중요성이 감소하게 된다.

하지만 최고경영층에서는 이것이 중요하지 않다는 것은 아니며, 특히 소기업의 경우에는 더욱 그렇다. 따라서 최고경영층의 리더에게서 전문기술은 별로 사용되지는 않으나, 그의 인간관계기술(human relations skill)이나 개념적 기술(conceptual skill)의 더 나은 개발을 위해서는 전문적 기술을 소홀히 할 수 없다. (박내회, 《현대리더십론》)

(자료 31)

한국계 '기적의 손' 美 국민영웅 되다

'피터 리는 기적의 손을 지녔다.' 미국 애리조나 투손 총기사건으로 중상을 입은 가브리엘 기퍼즈 연방 하원의원을 수술한 한국계 미국 의사 피터 리(Peter M. Rhee, 49세)에 대한 관심이 커지고 있다. 지난 8일 발생한 사건 현장에서 유권자 단합대회를 하던 기퍼즈 의원은 범인이 쏜 총탄에 관자놀이부터 이마를 관통당하며 중태에 빠졌다.

사건 당시 조깅을 하고 있던 그는 휴대전화에서 긴급한 비상호출을 받고 병원으로 곧바로 달려갔다. 그가 이끄는 의료팀은 불과 38분 만에 기퍼즈 의원 수술 준비를 마쳤다. 생사의 갈림길에 서 있던 기퍼즈 의원은 수술 후 상태가 호전됐다.

12일 투손 애리조나대학교에서 열린 총기 난사 희생자 추모식에 참석한 버락 오바마 대통령은 감격스러운 목소리로 "가브리엘 기퍼즈 의원이 처음으로 눈을 떴습니다"라는 말을 세 번이나 반복했다.

오바마 대통령의 한 마디에 엄숙하고 슬픈 분위기였던 추모식장은 이내 환호와 박수로 가득 찼다. 비극적인 사건의 현장에서 미국이 다시 하나 되는 순간이었다. 추모식 현장에는 기퍼즈 의원 수술을 집도한 피터 리 박사가 함께 있었으며, 그는 참석자들에게 기립박수를 받았다.

미국판 휴먼 드라마를 연출한 피터 리는 투손에 있는 '유니버시티 메디칼 센터(UMC)' 외상외과 · 응급전문의다.

한국에서 태어나 어릴 적 미국으로 건너간 그는 1987년 메릴랜드주 베데스다 USUHS대학을 졸업했다. 이후 캘리포니아주 샌디에이고에 있는 발보아 해군병원에서 외과 인턴십을 거친 뒤 캘리포니아대 어바인 메디컬 센터에서 레지던트 과정을 마쳤다. 1993년에는 시애틀 워싱턴대학 하버뷰 메디컬 센터에서 펠로십 과정도 이수했다.

전쟁터에서 그의 활약은 더욱 빛났다. 피터 리는 20여 년간 미 해군에서 외과의사로 근무하며 이라크와 아프가니스탄 등 전쟁터에서 수많은 외과수술을 집도했다. 미국 언론들은 그가 지난 20여 년간 전장에서 쌓은 경험이 기퍼즈 의원 회복에 결정적 도움이 됐다며 그를 '기적의 손'을 가진 의사라고 치켜세웠다.

피터 리는 "야전에서 많은 부상병을 치료한 경험이 이번에 갑자기 들이닥친 총격 피해자들을 치료하는 데 도움이 됐다"며 부상자들의 빠른 쾌유를 기원했다. (2011년 1월 15일, 〈매일경제〉)

비극적인 사건 현장에서 미국이 다시 하나 되는 순간을 만든 것은

'외상외과, 응급전문의' 의 전문적 기술이었다(자료 31 참조).

(2) 인간관계적 기술

인간관계 기술이란 사람과 더불어 일하고 또 사람을 통해서 일을 이루어 나가는 능력이나 판단력으로서 리더에게 있어서 그 조직의 사람을 다루는 것은 가장 중심적인 역할이다. 그래서 각 개인이 어떤 동기를 가지고 있으며, 이들의 개인적인 목표가 조직의 목표와 조화되도록 하는 행동이 필요하다.

카츠(R. L. Katz)는 인간관계 기술을 다른 사람과 함께 작업하는 능력이며 모든 계층의 리더에게 적용되는 기술로서 효과적인 관리의 기초라고 하고, 특히 낮은 관리계층(일선 감독자)에게 있어서 인관관계기술은 다른 어느 계층보다도 중요하다고 한다.

동기화된 사람들에게 이 기술은 관리상 가장 중요하게 사용될 수 있는데, 먼델(M. C. Mundell)은 동기를 생산성의 조건으로 생각해서는 안 되며, 사람들의 능력을 개발하기 위한 작업환경을 조성하는 것으로 보아야 한다고 한다.

성공적인 리더는 그의 부하를 구조(structure)에 끌어들여 생산성과 사기(morale)를 증가시킬 수 있다. 여기서 구조는 목표, 계획, 참여할 과정 그리고 우발적인 것에 대한 계획 등이 포함되며, 부하를 효과적으로 직무에 참여시키도록 하는 것이다. 또 성공적인 리더는 부하들에게 충분한 배려(consideration)를 하는 것인데, 이는 인간 지향적 인간관계 기술을 사용하고 부하에게 효과적 직무를 수행하게 하는 동기를 부여함으로써 동기화된 작업집단을 구축하고 지원하는 것이다.

(박내회, 《현대리더십론》)

(자료 32)

"종업원이 행복하면 고객도 행복하다"
– 월마트 창업자 샘 월튼 –

  1962년 설립된 월마트는 1991년 시어즈 로벅을 추월하여 미 소매업계 1위 자리를 차지했으며, 1992년 샘 월튼 사망 당시에는 2000여 점포에 38만 명의 종업원을 고용하는 거대 기업으로 성장했다. 월마트는 월튼 회장 사후에도 성장을 계속하여 2,820억 달러의 매출(2005년)과 170여 만 명의 직원을 고용한 세계 최대 기업의 자리를 차지하고 있다. 월마트는 백화점 중심의 소매유통산업을 근본적으로 바꾼 것은 물론 유통이 제조보다 우위에 서게 함으로써 전세계 소비자들이 최저가에 제품을 소비할 수 있는 소비자 중심 사회를 견인한 공로를 인정받고 있다.

  샘 월튼 회장은 1998년 〈타임〉에 의해 20세기 가장 영향력 있는 인물 100명에 선정되었으며, 월마트는 〈포춘〉지(誌)가 선정하는 '미국에서 가장 존경받는 기업'에 2003·2004년 연속으로 뽑혔다.

  월튼 회장은 늘 "우리 일은 전적으로 인간 사업이다"며 "우리는 우리 모두가 잠재력을 최대한 실현할 때까지 서로 나누고, 보살피고, 동기를 부여하고, 감사하고, 봉사함으로써 서로를 북돋아야 한다"고 말했다. 그는 또 "성공의 열쇠는 매장에 들어가서 직원들의 얘기를 들어보는 것이다"고 강조하며 현장의 목소리에 귀를 기울였다. "최고의 아이디어는 창고에서 일하는 직원들과 점원에게서 나온다"는 것이다.

> 샘 월튼은 "종업원이 행복하면 고객도 행복하다. 직원이 고객을 잘 대
> 하면 고객은 다시 찾아올 것이고, 바로 이것이 사업 수익의 진정한 원천
> 이다"며 행복한 직원 만들기에 역점을 두었다. 그는 직원들이 고객을 대
> 하는 방식은 경영자가 직원을 대하는 방식과 똑같다는 것을 잘 알았다.
> 월마트에서 '직원(employee)' 이라는 용어 대신 '동료(associate)' 라는 단
> 어를 사용한다. 직원과 CEO가 하나가 된 기업이 잘 안될 리가 없다. 창업
> 이후 승승장구를 계속해 마침내 67세가 되던 1985년, 월튼은 미국에서 가
> 장 재산이 많은 사람의 위치에 오르게 된다. (2007년 1월 13일, 〈조선일보〉)

월마트 창업자 샘 월튼의 인간관계 기술이 월마트를 '미국에서 가
장 존경받는 기업' 으로 뽑히게 하는 원동력이 되었다고 본다(자료
32 참조).

(3) 개념적 기술

개념적 기술(conceptual skill)이란 조직을 하나의 총체(organiza-
tion as a whole)로 보는 능력을 말하며, 이것은 한 조직의 여러 가
지 기능들이 어떻게 서로 연결되고 있는가를 인식하는 것이며, 이러
한 조직 내부의 각 단위들 간의 상호연관관계를 이해함으로써 리더는
조직 전체의 전반적 이익을 증대시키기 위한 방법에 따라 행동할 수
있게 되는 것이다.

리더가 전체적인 관련성과 조직의 중요성을 인식하게 되면 조직문
제에 더 효과적으로 대처할 수 있을 뿐만 아니라 조직의 장래 방향과
조직문화를 형성하는 데에도 중요한 역할을 할 수 있다. 이 개념적

기술은 조직의 하위 층에서보다는 상위층에서 더 중요한 것으로 의사결정의 수준이 높아질수록 개념적 기술의 중요성도 증가하게 된다.

　대체로 개념적 기술은 아이디어나 개념과 관련된 능력이다. 전문적 기술이 사물이나 문제를 다루는 기술이고, 인간관계 기술이 사람을 다루는 기술이라면 개념적 기술은 아이디어와 관련된 능력이다. 개념적 기술을 가진 리더는 조직의 계획과 거기에 따른 복잡한 사항들을 해결하기 위한 아이디어를 스스럼없이 제시하는 사람이고, 조직의 목표를 설득적인 말로 표현하는 데 능숙하며, 조직 경영에 영향을 미치게 될 경제 원칙들을 이해하고 그것을 구체적인 말로 표현하는 사람이다. 그리고 개념적 기술을 가진 리더는 추상적 개념과 가정적 추론이 요구되는 일을 쉽게 처리하는 사람이다. 따라서 개념적 기술은 조직의 비전을 창안하고 계획을 수립하는 데 중심적인 역할을 한다. 예를 들어 고군분투하고 있는 제조회사의 CEO가 새로운 제품라인을 개발하여 성공적으로 회사의 수익성을 높인다는 비전을 명확하게 표명하는 것은 개념적 기술을 발휘하고 있는 것이다. (김남현 역, 《리더십》)

(4) 의사소통 기술

　의사소통(communication)이란 일반적으로 의미 있는 정보를 전달하는 과정이라 볼 수 있는데, 이는 단순히 결정된 정책이나 과정의 변화를 알려 주는 것이 아니라, 의사가 전달되도록 하는 노력과 바람이 다른 사람의 동기와 의지를 불러일으키는 것이다. 즉, 의사소통은 하나의 도구를 넘어서서 의사전달자의 올바른 태도와 같은 과정까지도 포함하게 된다.

의사소통은 리더와 부하를 연결하는 하나의 단위로서 마음과 마음의 접촉을 통해서 이루어진다. 의사소통은 대화나 면담, 시각적 방법(visual techniques) 등에 의해 증진될 수 있으며, 상상적인 수단을 동원해서 사람들 간의 감정이나 생각의 상호작용을 창조해 내게 된다. 다른 사람에게 의사를 전달하는 데 있어서 가장 어려운 문제는 그 사람의 경험에 비추어 메시지를 만드는 것이다.

의사소통에서 청취기술(listening skill)은 일반 경영기술의 자기개발을 위한 매개체로서 면담·자문·회의진행이나 다른 리더십 행동에 있어서 결정적인 기술이다. 청취능력을 향상시켜야 하는 이유에 대해서 니콜스(R. C. Nichols)는 다음과 같이 설명하고 있다.

① 청취는 필요한 정보를 얻는 가장 쉬운 방법이다.

② 청취는 문화적 성장을 가져오는 가장 빠른 방법이다. 대부분의 리더는 그들의 문화적 가치의 영역과 깊이를 확대하고자 한다. 그러나 그가 원하는 모든 곳을 찾아다닐 수는 없다.

③ 청취는 사회적 성숙을 이룩하는 확실한 경로이다. 리더가 목표를 따라 여행할 수 있는 가장 확실한 길은 그의 귀를 여는 것이다.

의사소통기술의 향상을 위한 가장 효과적인 방법은 이해하면서 듣는 능력을 개발하는 것이다. 위에서 아래로, 아래에서 위로 그리고 조직적으로 이루어지는 정보의 자연스런 흐름은 리더의 청취 의사에 따라서 막히거나 열리게 된다. 리더가 해야 할 일은 그의 관점을 보여주는 것뿐만 아니라, 다른 이들의 것도 듣고 배우는 것이다. (박내회, 《현대리더십론》)

웨이리치(Weihrich)와 쿤츠(Koontz)는 그들의 저서 《Manage-ment》(김세영 역)에서 경청은 이해의 핵심이라는 내용을 다음과 같이 설명하고 있다(자료 33 참조).

(자료 33)

성급하고, 언제나 들을 자세가 되어 있지 않은 관리자는 조직기능의 객관적 관점을 얻기 어려울 것이다. 시간 할애, 감정이입 및 의사전달자의 메시지에 대한 집중은 이해를 위한 선행조건이 되는 것들이다. 사람들은 자기 말을 들어주고, 진지하게 받아들이며, 이해해 주기를 원한다. 그러므로 관리자는 하위자의 말을 중단시키지 말아야 하며, 방어성향을 가지지 않도록 해주어야 한다. 또한 피드백을 주고 여기에 대해 물어보는 것이 좋은데, 이러한 과정을 거치지 않고는 메시지가 이해되었는지 확인할 방법이 없기 때문이다. 정직한 피드백을 유도하기 위해선 신뢰와 믿음을 가진 분위기와 지원적인 리더십 스타일이 바람직하며, 지위를 강조하지 않는 것이 좋다.

경청은 개발될 수 있는 능력(skill)이다. 데이비스(Keith Davis)와 뉴스트롬(Jhon W. Newstrom)은 듣기능력의 향상을 위한 10개의 지침을 제안했다. ① 말을 하지 말 것, ② 이야기하는 사람을 편안히 해줄 것, ③ 진정으로 듣기 원한다는 것을 말하는 사람에게 보여줄 것, ④ 산만해질 수 있는 요소를 제외시킬 것, ⑤ 말하는 사람에게 동화될 것, ⑥ 인내심을 가질 것, ⑦ 부드러움을 유지할 것, ⑧ 논쟁과 비평을 하지 말 것, ⑨ 질문을 할 것 그리고 ⑩ 결코 말하려고 하지 말고 들을 것 등인데, 이 중에서 ①번과 ⑩번이 가장 중요하다. 즉, 듣기 전에는 결코 말을 해서는 안 된다.

(5) 의사결정 기술

의사결정 기술(decision-making skill)은 사실을 수집 · 분석하고 대안들 사이에서 최적 안을 선택하는 능력이다. 의사결정 자체는 많은 사람들이 그들의 관심 있는 자료를 수집 · 해석해서 얻은 작업의 결과이다.

닷지(J. M. Dodge)는 '선택성(selectivity)' 이라는 보다 실제적이고 간단한 표현을 사용하는데, 의사결정능력이란 일정한 조건 하에서 최선의 선택을 하기 위한 통찰력과 능력이라 할 수 있다. 따라서 성공적 조직 관리는 경영자의 선택능력에 있는 것이며, 이에 관하여 닷지는 다음과 같이 언급하고 있다.

조직이 얼마나 성공하는가는 관리능력으로서의 선택성에 달려 있다. 그것은 구별의 감각을 배양시키는 것으로 정의될 수 있는데 최선의 목표와 그에 따른 수단을 찾아내는 능력을 말한다. 즉, 어떤 것이 효과적이며 필요한 것은 무엇인가, 어느 것이 더 중요하고 먼저 수행할 것은 어느 것인가 등의 구별이다.

무어(D. G. Moore)는 성숙된 경영자와 미성숙된 경영자 사이의 차이가 판단력(judgement)에 있다고 하고, 판단력은 현재 어디에 있고, 어디로 가며, 일정기간 내에 무엇을 이룩할 것인가를 아는 것이며, 또한 결정의 효과에 대한 자각이라고 한다. 또 무어는 오늘날과 같이 급변하는 사회에서 즉각적인 의사결정을 하지 못하는 경영자는 의사결정에 오류를 범한 자보다 더 나쁘다고 말한다. (박내회, 《현대리더십론》)

레이건은 왜 위대한가

2001년 2월 CNN과 갤럽은 가장 위대한 미국 대통령 한 명을 뽑는 여론 조사를 했는데 레이건이 1위를 차지했고, 케네디와 링컨이 그 뒤를 이었다. 레이건이 위대한 지도자였다는 사실이 폭넓은 공감대를 얻고 있는 것이다.

대통령으로서 레이건은 정부 개혁, 세금 인하, 군사력 증강 등 과거 대통령과는 다른 길을 걸었다. 81년 3월 레이건은 철없는 젊은이의 총격을 받고 생사의 고비를 넘는데, 이때 그는 자신의 남은 삶은 맡은 바 임무에 충실하는 것이라고 생각하게 된다. 레이건은 매사에 원칙을 존중했다. 리비아가 일방적으로 시드라만(灣)을 자기네 영해라고 주장하자 그는 해군 함정을 보내 그곳이 공해임을 확인시켰다.

1981년 8월 공항관제사들이 임금인상 등을 내걸고 파업에 나서는 상황이 발생했다. 레이건은 공공안전을 위협하는 연방공무원의 파업을 결코 인정할 수 없다면서 1만 4,100명의 관제사를 파면했다. 이 결정을 내리면서 레이건은 눈물을 글썽했다고 한다. 하지만 이 사건은 새 대통령이 원칙을 지키고 결단을 내리는 지도자임을 확인시켜 주었다. (2004년 6월 7일, 〈동아일보〉)

1981년 8월 공항관제사들의 파업에 대처한 레이건 대통령의 의사결정 기술이 그를 위대한 대통령으로 만든 원동력이라고 본다(자료 34 참조).

3. 리더에게 요구되는 개인적 특성

여러 가지의 리더십 기술을 충분히 활용할 수 있기 위해서는 무어의 말처럼 무엇보다 경영자의 성숙된 판단력이 요구된다. 조직목표의 성취를 위해 성공적인 리더에게 요구되고 있는 개인 특성에는 첫째, 성숙한 판단력, 둘째, 성실성, 셋째, 변화에 대한 민감성, 넷째, 창조성 등이 있다.

(1) 성숙한 판단력

리더는 먼저 자신의 위치에 맞는 정도의 경험과 교육의 기본적인 자질을 갖추어야 한다. 경험은 그가 지각하고 있는 범위 내에서 문제의 해석과 영역을 설정하고 해소해 나가게 하며, 교육은 훌륭한 판단력과 의사결정을 가져오는 데 필요한 기본적인 훈련과 지식의 배경을 이루는 것이다. 이러한 경험과 교육의 조화가 성숙한 판단력(maturity of judgement)을 제공해 준다.

(자료 35)

박태준 포철명예회장의 판단력

– 일본 기술협력 끌어내 광양제철소 세워 –

포철 신화를 일군 박태준 명예회장의 리더십은 한국 철강의 세계적 도약을 이룬 광양제철소 건립 때 발휘됐다. 1980년대 당시는 국내 산업 중흥기였다. 철은 절대적으로 부족했고 국가 경제를 위해서도 새로운 제철소가 필요했다. 하지만 기술을 얻어야 할 일본 업체들은 냉담했다. 당시 일본 철강업계와 일본 언론은 대대적으로 '부메랑 효과'를 얘기하며 사실상 우리 측 제안을 거절했다.

박 회장의 결단은 그때 빛났다. 일본 측 협력 없이도 제철소를 건설하겠다고 선언하고 그 해 5월 3일 유럽행 비행기를 탔다. 한 달 동안 프랑스, 독일 등 유럽 제철소를 돌아다녔다.

일본을 자극해 그들 스스로 태도를 바꾸게 하려는 것이었다. 결국 일본 업체들 사이에는 세계적인 철강 불황 속에서 포철의 설비 수주 물량을 유럽에 모두 뺏길 수 없다는 불안감이 퍼졌고 일본의 자발적인 기술협력을 이끌어냈다. 그렇게 해서 설립된 것이 '박태준의 광양제철소'다.

박태준 명예회장은 최근 언론 인터뷰에서 리더십에 대해 이렇게 말했다. "자신이 처한 위치에서 자기가 할 일을 효과적으로 완전무결하게 추진하는 게 리더십이다. 경영자는 모든 지식과 역량을 다 쏟아 부어야 한다." (2007년 1월 1일, 〈매일경제〉)

워렌 베니스와 노엘티시는 그들의 저서 《저지먼트(Judgement)》에서 위기에 빛을 발하는 리더의 첫 번째 조건은 판단력이라고 했다(자료 35 참조).

(2) 성실성

리더의 가장 중요한 자질은 성실성(personal integrity)이다. 이것은 다른 사람과 함께 하는 목표에 대한 정직성이고, 자신에게 맡겨진 의존성이며, 책임감이다. 즉, 성실성은 긍정적이고 도덕적인 결과를 가져오기 위해서 어떤 사람이나 대상이 자신의 생각이나 행동을 실천할 수 있는 능력이다.

(자료 36)

식당 하나 위해 매일 비행기 탔다
– LA서 북창동 순두부로 성공한 이희숙 사장 –

북창동 순두부는 10년 전 LA에서 처음 시작해 지금은 한국과 일본까지 진출한 브랜드가 됐다.

비법이라면 10여 년 전 LA에서 처음 조그만 식당을 내고 그때부터 앞만 보고 열심히 달려왔던 것뿐이다. 그리고 손님들에게 좀 더 맛있는 음식을 대접해야겠다는 마음 하나로 남들보다 좀 더 부지런히 일하고, 남들보다 좀 더 생각하고, 남들보다 좀 더 열심히 행동으로 옮겼던 것이 비법이었다면 비법이었다고 할 수 있다.

다만 순두부를 파는 작은 식당으로 시작했지만 북창동 순두부라는 이름으로 미국인들의 입맛까지 사로잡아 보겠다는 나름대로의 꿈은 늘 가지고 있었다. 그렇지만 발은 늘 땅을 딛고 있어야 한다는 것도 잊지 않았다.

무슨 일이든 성공하려면 우선 그것에 미쳐야 한다. 선택을 했으면 남들이 뭐라 하든 돌아보지 말고 열심히 매진해야 하는 것은 당연하다.

1996년 4월 LA 한인 타운에 처음 북창동 순두부라는 이름을 걸고 가게를 열었지만 그 무렵 사정상 어쩔 수 없이 가족이 모두 라스베이거스에서 살아야 했다. LA에서 가깝기는 해도 한국으로 치면 서울에서 부산 정도

된다. 그래서 매일 비행기를 타고 가게로 출퇴근할 수밖에 없었다.

집안일을 하면서 애들 학교 보내고 난 뒤 부지런히 공항으로 가서 비행기를 탔다. LA 공항에서 한인 타운의 가게까지 오면 두세 시간은 족히 걸렸다. 그러니 아침에 나와도 거의 점심때쯤 가게에 오게 되고 저녁 장사까지 마친 뒤 또다시 그렇게 집으로 돌아가는 생활을 꼬박 1년을 했다.

(2006년 11월 4일, 〈매일경제〉)

LA 북창동 순두부의 성공에는 식당 경영을 위하여 LA에서 라스베이거스를 꼬박 1년 동안 비행기로 왕복한 이희숙 사장의 성설성이 결정적인 요인이었다고 본다(자료 36 참조).

(3) 변화의 민감성

변화를 재빨리 감지할 수 있는 능력의 개발이 필요하다. 때때로 변화의 추이가 분명하게 드러나기도 하지만 많은 경우에 모호하게 나타나 변화의 중간에 이를 알아차리는 수도 있고, 이에 대처할 수 없을 만큼 지난 후에야 그 중요성을 인식하게 될 때도 있다.

변화의 추이를 초기에 찾아낼 수 있다면 알맞은 시기에 대응할 수 있어서 성공적인 경영성과를 얻을 수 있을 것이다.

(자료 37)

GE. 잭 웰치 회장의 민감성, 통찰력

1981년 웰치가 GE의 회장의 자리를 승계했을 때, GE는 우량기업 중에서도 최우량기업이었다. 백열전구를 발명한 토마스 에디슨이 1878년에 설립한 GE는 세계적인 명성과 경쟁력을 가진 미국 기업 중의 하나였다. 기업 안팎의 어느 누구도 GE를 개혁할 필요성을 감히 생각하지 못했다. 그러나 웰치는 다른 사람들이 강점이라고 보는 데서 약점을 파악하고 있었다. 잘 훈련되고 순종적인 중역들은 회사의 엄격한 규칙을 지키는 데에만 신경을 쓰고 있었다. 따라서 외부세계가 변화하자, 많은 업무절차와 시스템들이 변화에 대응하지 못하게 되었다. GE의 경영 관리자들은 차차 자신감을 잃기 시작하였다. 향후 10년 동안 과거의 방식을 계속 추구한다면, 튼튼해 보이는 이 기업도 크라이슬러사(社)의 전철을 밟을 가능성을 다분히 지니고 있었다. 여기서 웰치는 사태가 악화될 때까지 기다리지 않고, 대부분의 사람들이 필요성을 인식하기 오래 전부터 급격한 개혁을 추진하였다. (TICHY · SHERMAN, 《당신의 운명을 지배하라 / CONTROL YOUR DESTINY OR SOMEONE ELSE WILL》)

이 같은 잭 웰치의 변화의 민감성, 통찰력이 GE를 지구상에서 가장 수익성이 높고 경쟁력이 있는 기업의 모델케이스로 만들어 놓았다(자료 37 참조).

(4) 상상력(창조성)

조직의 끊임없는 성장은 새로운 지식과 도전을 찾아내고 해결해 나가고자 하는 창조성(creativities)에 달려 있다. 경영자는 새로운 경영철학, 정책, 아이디어를 개발하고 발전시키는 혁신(innovation)의 능력을 갖추어야 한다.

현 상태를 유지하려는 태도는 행동을 멈추게 하고 활동적인 결과를 가져오지 못한다. 혁신은 사람들의 창조적인 에너지를 얼마나 발휘하게 하느냐에 달려 있다. 따라서 리더는 부하가 그들이 받아들인 일에 몰두하고 건설적인 생각들을 창출하도록 자극하고 북돋아 주기 위해 필요한 환경을 만들어 주어야 한다.

조직의 성공은 리더가 문제를 창조적으로 해결하는 데 그의 상상력(imagination)을 얼마나 동원할 수 있는가에 달려 있으며, 이는 사실에서부터 계획과 정책을 수립하는 데 필요한 능력인 것이다. (박내회, 《현대리더십론》)

(자료 38)

"창조하려면 늘 움직이고 변화하라"
– 세계적인 안무가 트와일라 타프의 창조 경영 이야기 –

예술가적 소질, 혹은 창조성은 타고나는 것이라는 생각은 요즘도 뿌리 깊다. 이런 생각은 혁신하고 변화하지 않는 데 대한 핑계거리가 되기도 한다. 그러나 아이러니컬하게도 창조성이 선천적인 것이라는 관념을 가장 거부하는 사람이야말로 창조적인 천재들 본인이다. 세계적인 안무가이자 현대무용가인 트와일라 타프(Twyla Tharp, 67) 역시 '노력 없는 창조성'에 동의하지 않는 사람 중 하나이다. 그는 《창조적 습관》(2003)이란 저서에서 '창조성의 핵심 포인트는 바로 노력을 습관화하는 것'이라고 말한다.

하버드비즈니스리뷰는 맨해튼에 있는 그의 집에서 창조성을 기르고, 변화를 이끌기 위해 무엇을 해야 하는지에 대해 얘기를 나눴다.

Q :《창조적 습관》이라는 저서에서 창조성은 실용적이고, 기계적인 노력이라고 하셨는데요.

A : " '습관' 이라고 하면 지루하게도 들리는 것 같아요. 책에서 제가 하고 싶었던 말은 창조성을 즐기자는 것이었죠. 모든 사람이 다 그렇게 할 수 있어요. 저는 모든 사람이 창조적이 될 수 있다고 생각해요. 다만 평소에 일상적으로 준비를 해야죠. 그것 말고는 방법이 없어요."

"사람들은 '나는 천부적 재능이 없어서 할 수 없다' 고 합니다. 하지만 자기 자신을 넘어 보세요! 가장 훌륭한 창조성은 습관과 성실함의 결과로 나오는 거예요."

Q : 당신은 변화를 즐기는 것 같습니다. 이를테면 한 작품을 내놓으면 다음에는 전혀 성격이 다른 작품에 도전하였죠.

A : "제 독특한 전략의 하나인데, 늘 움직이고 틀에 박히지 않으려는 것이죠. 저는 성공한 것이든 아니든 예전에 했던 경험을 반복하는 데 관심이 없습니다. 지금의 저는 3개의 다른 작품을 동시에 하고 있습니다만, 이것도 저 자신을 위해 마련한 새로운 시도입니다. 변화는 제 작품을 움직입니다. 이는 습관만큼이나 창조적인 과정에서 중요합니다."

"당신이 그저 아는 것만 하고, 또 그것을 아주 잘 한다면 당신은 실패하지 않을 것입니다. 그러나 당신은 정체되고 당신의 일은 점점 재미를 잃어가고, 결국 실패로 이어집니다. 진정한 실패는 훈장과도 같은 것입니다. 뭔가 새롭고 다른 일을 시도했다는 점에서요."

"가장 바람직한 실패는 공개되지 않는 사적(in private)인 실패입니다. 이를테면 제가 사무실에서 만들어보는 안무의 실패와 성공의 비율은 6대 1

정도가 될 겁니다. 즉, 저는 최종적으로 쓸 작품보다 6배나 많은 작품을 만들어 봅니다. 제 자신의 성공을 위해서는 그 사용되지 않는 습작들이 필요한 것이죠." (2008년 3월 29일, 〈조선일보〉)

조직의 끊임없는 성장은 새로운 지식과 도전을 찾아내고 해결해 나가고자 하는 창조성에 달려있다. 그 '창조성의 핵심 포인트는 바로 노력을 습관화 하는 것' 이라는 트와일러 타프의 메시지는 도전할 만한 주제라고 판단된다(자료 38 참조).

4. 리더십 개발방법

미시간대학(Michigan Univ.)의 티치(N. Tichy) 교수에 의하면, 리더십 성장의 80%가 그 직무에 대한 경험에서 나오고, 20%는 교육과 연구에 의해 획득될 수 있다고 한다. 물론 이것을 입증하기가 어렵고 개인에 따라 다르게 나타날 수 있는 것이긴 하다.

성공적인 리더십을 개발하기 위하여 전통적 리더십 개발방법과 창조적 리더십 개발방법으로 구분하여 살펴보기로 한다.

(1) 전통적 리더십 개발방법
1) 개인 차원의 리더십 개발방법

개인 차원의 리더십 개발방법으로는 전통적인 교육훈련방법이 주로 해당된다. 강의, 사례연구, 롤플레잉, 프로그램에 의한 교육, 회의, 토의, 모의교육, 시청각교육 등 개인 차원에서 행할 수 있는 방법들을 모두 의미한다. 이와 같은 여러 가지 개발방법들에 대한 이해도 중요하지만 더욱 중요한 것은 개인의 바람직한 리더십의 형성은 개인의 기본적인 사고방식과 가치관의 개선의 결과이며, 이를 위해선 새로운 행동 형성에 필요한 실제적인 지식과 기술 및 접근방법이 우선적으로 습득되어야 한다.

강의의 경우 강사의 지식과 경험이 응축되어 학습될 수 있다는 점에서 장점이 있다. 그러나 강사의 전달능력과 듣는 자의 이해능력에 따라 그 성과가 달라진다는 문제점도 안고 있다. 또한 사례연구를 통해서도 리더십의 개발이 가능하며 롤플레잉, 즉 역할 연기는 상황별 무대를 이용해 모든 참가자에게 역할을 맡겨 실제 연기를 하도록 함으로써 서로에 대한 관찰과 평가를 통해 조직 내에서의 인간관계적 기술을 향상시키는 데 효과적인 방법이다. 참가자들 사이에 실질적인 상호작용과 참가자 행동에 대한 상호간의 개방적 토의 그리고 피드백을 이용하는 감수성 훈련은 자신의 행동이 타인에게 어떠한 영향을 미치는가를 이해함으로써 리더십을 개발할 수 있다.

이 외에도 개인적 차원에서의 효과적인 리더십 개발방법은 여러 가지가 있을 수 있다. 그러나 일반적으로 지식 교육에는 프로그램 교육, 강의방법, 사례연구 및 토의식 교육이 효과적이라고 한다. 또한 문제해결능력 측면에서는 사례연구와 모의교육이 가장 효과적인 것으로 나타났다. 행동 개선과 대인관계 측면의 리더십 개발은 감수성 훈련과 역할 연기가 가장 효과적이라고 알려져 있다. (박내회, 《현대리더십론》)

2) 집단행동 차원의 리더십 개발방법

집단행동 차원의 리더십 개발방법으로는 팀 구축, 집단 대면기법,

제3자 조정법, 과정자문, 설문조사 피드백 등이 있다. 집단행동 차원의 리더십 개발방법에 대한 이해도 역시 성공적인 리더십의 형성에 많은 도움이 될 것이다.

먼저 팀 구축은 조직 내에 존재하는 다양한 팀들을 개선하고 그 유효성을 증대시킬 것을 목적으로 하는 리더십 개발방법이다. 이는 집단행동개발에 있어서 가장 중요한 방법으로 구분된다. 팀 구축의 첫째 형태는 집단의 문제를 진단하는 것이고, 두 번째 형태는 가족팀을 구축하는 방식이다. 이는 동일한 작업부서의 구성원으로 하여금 자기 집단의 문제점을 파악하고 해결하는 데에 익숙해지기 위해 시도되는 방법이다. 세 번째 형태는 역할분석팀 구축으로, 이는 팀 구성원들에게 기대되는 역할과 책임을 명백히 하기 위해 시도되는 방법이다. 집단 구성원들은 구성원 각자의 역할을 명백히 하고 역할에 대한 공통된 이해를 조성하는 것이 역할분석팀 구축의 근본 목적이었다.

집단 면접법은 많은 조직이나 기업에서 채택하고 있는 부서 또는 팀제에서 어느 정도 집단 간의 갈등이 불가피한 경우 상호 관련부서와 구분된 집단 간의 역기능적인 갈등에 대비하고자 고안되었다. 집단 사이의 협조적이고 지원적인 관계를 조성하기 위하여 변화담당자 자신이 중심이 되어 잠재적인 문제를 인식하고 해결책을 모색하는 것이다. 이러한 방법은 여러 단계를 거쳐서 수행되는데, 먼저 예비회의에 참석한 후, 대면과정을 거치고 이들의 기본문제를 해결하기 위해 문제 진단결과와 해결방안을 제시하고 토의한다. 그러고 나서 이에 대한 집단의 공동토의를 통하여 문제 집단은 상호 갈등의 원인을 정리하고 문제해결을 위한 구체적인 방안이 수립되는 것이다. 문제해결에 착수하고 나서는 그 경과와 효과분석이 이루어지고, 이를 토대로 새로운 문제점과 문제해결의 수정방안을 찾게 되는 것이다.

다음으로 과정자문법에 대해 알아보면, 과정자문법은 외부 컨설턴트의 도움을 받아 한 집단 내에서 또는 집단 간에 발생하는 문제들을 개선하려는 기법이다.

우리가 알고 있는 일반적인 자문은 조직 구성원들에게 컨설턴트의 지식이 이전되는 수준이다. 그런데 과정자문법은 컨설턴트의 가치관과 기술이 함께 이전된다는 특징을 보이고 있다. 이 기법은 결국 외부의 도움을 받기는 하지만 조직 스스로가 당면한 문제를 해결하고자 한다는 점에서 장점을 찾을 수 있다.

마지막으로 설문조사 피드백에 대해 알아보면, 설문조사 피드백은 미시간대학에서 처음 개발한 것인데, 설문지를 사용하여 집단이나 조직문제에 대한 구성원들의 설문 결과를 토대로 조직 구성원들에게 피드백을 제공함으로써 구성원들이 자기의 집단과 조직이 당면한 문제들을 직접 해결하도록 하는 기법이다. 즉, 설문자료를 직접 수집한 후 워크숍이나 집단회의에서 구성원들에게 설문조사 결과를 알려주고 이들의 적극적인 참여를 통해 조직의 문제를 진단하고 문제해결을 모색해 나가는 것이다.

3) 조직체 행동 차원의 리더십 기술 개발방법

조직체 행동 차원의 리더십 기술 개발기법으로는 그리드 기법, 관리자 대면기법, 목표관리기법들이 있다. 각각에 대해 살펴보면 다음과 같다.

먼저 그리드 기법에 대해서 알아보자. 이 기법은 리더십 이론에서 살펴보았던 블레이크와 모우든이 개발한 매니지리얼 그리드를 토대로 개인 차원의 행동개발부터 전체 조직체 차원의 행동개발에 이르기까지 이상적인 리더의 실현을 목적으로 하고 있다. 이는 다양한 능력측정 도구와 개인과 집단의 자기평가, 지식, 기술, 행동의 여러 가지 개발기법들을 활용한다. 그리하여 생산에 대해서와 인간에 대한 관심이 다 같이 높은 리더를 개발하기 위해 다음과 같은 단계를 거쳐 진행된다. 먼저 그리드 세미나를 통해 문제를 인식하고, 팀의 개발단계에서는 문제해결능력을 키우며, 집단적 행동개발 단계에서는 집단 간의 갈등원인을 분석하고 집단 간에 상호협조적인 태도가 형성되도록한다. 이런 과정을 통해 이상적 모형을 개발한다. 그리드 기법이란 관리자의 리더십 행동에서 시작하여 여러 단계를 거치면서 전체 조직체의 적응 기법을 순서적으로 개발해 나가는 방법이다.

다음으로 관리자 대면기법에 대해 알아보자. 이는 경영층의 자체적인 진단과 문제해결을 위한 최고경영자의 노력에서 시작된다. 7~8명으로 구성된 소집단을 이용해 동기의 장애요인과 효율적인 조직운영을 위한 방안을 모색하게 된다. 이 결과를 관리자 전체회의에서 보고함으로써 충분한 토의를 거친 후 문제해결에 대한 실마리를 풀어나가는 것이다. 이는 비교적 짧은 시간에 좋은 성과를 거둘 수 있다는 장점이 있다. 물론 성공을 위해선 최고경영자들의 관심과 조직에 대한 전념이 전제되어야 함은 두 말할 나위가 없다.

마지막으로 목표관리에 관해 알아볼 필요가 있다. 드러커에 의해 주장된 MBO(목표관리)는 특히 행동개발 측면에서 조직개발 전문가들에의하여 많은 발전이 이루어져 왔다. 목표관리가 성공적으로 이루어지

기 위해서는 무엇보다도 목표관리에 대한 구성원들의 인식과 조직 구
성원 간의 신뢰 분위기, 이들의 개방적 태도가 중요하며, 이를 위해서
는 최고경영자의 적극적인 지원도 필요하다. 여기에서는 이러한 목표
관리가 조직체 행동 차원의 리더십 기술 개발방법의 하나로 주목받는
기법이며, 특히 최고경영자와 조직 구성원의 공감대를 토대로 한 목
표관리는 매우 뛰어난 기법이 될 수 있다. (박내회, 《현대리더십론》)

(2) 창조적 리더십 개발방법

"미래의 리더를 양성하기 위해 우리가 해야 할 일은 무엇인가?"

2001년 다른 기업 출신으로 처음으로 3M의 최고경영자(CEO) 자리
에 오른 제임스 맥너니(현 보잉 회장)가 취임 후 던진 첫 질문이다.
자신을 슈퍼 인재로 성장시킨 GE식의 인재경영을 도입하겠다는 뜻
이었다. 실제로 맥너니 회장은 3M에 있는 동안 리더십 개발기관과
리더십개발 가속화 프로그램을 만들었다. 또 3M의 핵심 인재들이 반
드시 갖춰야 할 자질 10가지와 리더십 특성 6가지를 제시했다. 회사
가 처한 어려움을 근본적으로 해결하고 미래 청사진을 새로 그리는
데는 핵심 인재 양성만한 해법이 없다는 게 맥너니 회장의 처방이었
다. 진정한 의미의 인재경영은 좋은 인물을 뽑는 것에 머물지 않는
다. 일단 뽑은 인물을 얼마나 훌륭한 인재로 키우느냐에 기업의 미래
가 달려 있다고 전문가들은 지적한다.

글로벌 기업과 국내 주요 기업들은 전 사원의 1~5%를 '핵심 인재
군'으로 선정해 입사 5년차 정도가 될 때부터 집중적으로 관리한다.
각종 학위 및 연수 과정, 리더십 아카데미, 지역 전문가 등 직급과 분

야에 따라 교육형태도 제각각이다. 국내외 경영전문대학원(MBA) 과정을 지원해 주는 건 수많은 인재육성 방법 중 하나에 불과하다.

(2006년 11월 20일, 〈동아일보〉)

1) 국내 주요 기업의 창조적 리더십 개발

'조국을 등져라.'

글로벌 인재가 되려면 국외로 나가야 한다는 것을 표현한 모 대학 경영대의 광고 문구다.

많은 국내 기업이 핵심인재들을 외국으로 보내 이 말을 실천하고 있다. 기업의 미래를 책임질 인재들이 해외 시장을 제대로 이해하고 선진 경영기법에 정통해야 한다는 점을 절감한 것이다.

LG화학은 미래 매출의 대부분이 브릭스(BRICs : 브라질, 러시아, 인도, 중국) 국가에서 발생할 것이라고 예측한다. 이에 따라 핵심인재들을 해당 지역의 전문가 과정과 법인장 후보자 과정에 대거 파견했다. 지역전문가 과정은 대리부터 차장까지, 법인장 후보 과정은 부장급이 대상이다.

매출 비중이 가장 큰 중국엔 '중국 사업 전문가 육성대학'이라는 별도의 교육과정을 만들었다. 여기선 먼저 중국어와 차이나 MBA(중국의 경제, 정치, 문화 관련 강좌)를 수강한다. 그 후 중국으로 가 지역전문가나 법인장 후보자 과정을 밟는다. 최종적으로 칭화대의 MBA 과정을 이수한다. LG화학 인재개발팀 박창헌 부장은 "앞으로 브라질, 러시아, 인도에 대해서도 중국과 같은 집중 프로그램을 구성할 계획"이라고 말했다.

SK(주)의 핵심인재 육성은 '글로벌 매니지먼트 프로그램(GMP)'을 통해 이뤄진다. 업무능력이 우수하고 부문장이 추천한 과장급과 부장급 사원 40, 50명을 매년 선발한다. 외국어 실력과 글로벌 감각을 키우는 게 목적인데 중국보다 미국에 무게 중심이 맞춰져 있다. 미래의 리더로 성장할 '떡잎(과장급)' 대상 GMP는 미국 보스턴대에서 진행된다.

SK(주) 관계자는 "핵심인재들이 젊었을 때부터 미국의 경영학 지식과 문화를 생생하게 체험토록 하는 게 목적"이라고 말했다. 과장급 GMP는 전략, 재무, 마케팅, 리더십 등 세부적인 분야에 포커스를 맞춘 경영학 강좌 위주로 진행된다. 또 현지 홈스테이가 필수다. 반면 부장급 GMP는 칭화대와 워싱턴대에서 언어와 경영학 전반에 걸쳐 이뤄진다.

내부의 인력과 노하우를 활용해 핵심인재 교육을 실시하는 기업도 많다. 확실히 강점을 보이는 전문분야에 초점을 맞춘 프로그램들이다.

대표적인 사례로 삼성전자가 꼽힌다. 이 회사의 핵심인재 양성 기관은 리더십개발센터다. 과장급부터 임원급까지 직급별로 다양한 '비즈니스 리더 코스'를 운영 중이다. 그 중에서도 핵심은 '삼성 매니저 아카데미(SMA).' 매년 업무성과가 우수한 50여 명의 수석연구원과 차장급을 선발한다. 교육 내용은 '삼성맨'이 갖춰야 할 리더십과 경영 경제 전반, 정보기술(IT) 산업의 중심 이슈다. 교육은 한 달간 강도 높게 진행된다. 임직원 사이에서는 회사의 리더로 성장하기 위한 엘리트 교육과정으로 인식된다.

리더십개발센터의 김창형 차장은 "IT 산업과 리더십에 대한 교육은 다른 글로벌 기업에 비해 손색이 없는 수준"이라며 "경영진과 직원

모두 교육에 대한 만족도가 높다"고 말했다. (2006년 11월 20일 〈동아일보〉)

2) GE의 창조적 리더십 개발

크로톤빌(Crotonville) 연수원. 세계 최대기업 GE(제너럴일렉트릭)의 '두뇌' 이자 '이노베이션(혁신) 엔진' 으로 불리는 곳이다. 그 유명한 '6시그마' 며, 워크아웃(조직문화 혁신)처럼 글로벌 기업 트렌드를 주도한 GE의 혁신이 모두 이곳에서 시작돼 전파됐다.

크로톤빌은 GE만의 인재양성소가 아니다. 〈포춘〉지(誌)는 이곳을 '주식회사 미국의 하버드대학' 이라 불렀다. GE뿐 아니라 보잉의 제임스 맥너니 회장, 홈데포의 로버트 나르델리 회장, 피아트의 파울로 프레스코 전 회장, 재리 보시니 하니웰 전 사장 등 쟁쟁한 대기업 CEO들이 이곳 출신이다. 그래서 미국의 '기업 사관학교' 란 별명도 붙었다.

인재사관학교로 통하는 GE의 교육프로그램은 전세계 기업들의 벤치마킹 대상이다. 그중에서도 백미는 크로톤빌에서 진행되는 임원교육 프로그램. 오도넬 총책임자는 "크로톤빌은 선택받은 리더만을 모아놓고 가르치는 GE 리더십 교육의 요체라 외부인의 참여를 엄격하게 제한 한다"고 말했다. 1956년 설립된 크로톤빌은 1982년 잭 웰치전 회장이 4,000만 달러가 넘는 자금을 투자, 리더 양성 교육기관으로 만들었다.

GE 내부에서 크로톤빌행 티켓을 쥐게 되는 임원은 전세계 1,500명 임원 중 연간 150명 정도. 회사는 전체 임원 중 인사평가, 회사 기여도 등을 바탕으로 10% 내외의 '될성부른 싹' 만을 골라낸다. 그래서 "크로톤빌에서 교육받으면 승진이 보장된다"는 얘기가 나온다.

오도넬 책임자는 이달 초 45명의 GE 임원을 이끌고 한국을 찾았다. 임원교육 프로그램 중 하나인 BMC(Business Management Course) 과정이 한국에서 진행되기 때문이다. 이 교육은 연간 세 번, 현장학습 중심으로 열린다. 그는 "주목적은 글로벌 경쟁력을 갖춘 리더를 만드는 것"이라며 "40~50명의 인원을 선발, 다시 부서, 국적, 전공 등을 고려해 5~6개 조로 나눠 교육시킨다"고 말했다.

3주 동안 진행되는 BMC 과정의 첫째 주 과정은 '맛보기' 과정. 임원들은 해당 지역에 대한 전반적인 이해를 위해 관련 강연을 듣는다. 이번 한국 프로그램에 참가한 임원들은 최경환 지경부 장관, 진대제 전 정통부 장관, 서남표 KAIST 총장, 김관규 스피드스케이팅 국가대표팀 감독 등으로부터 한국의 끈질긴 승부 근성, 빨리빨리 정신, IT 강국을 만든 배경에 대해 배웠다.

둘째 주는 현장학습으로 삼성, LG, 현대차, ETRI, 현대중공업, SK건설 등 1주일간 총 40여 개의 기업, 기관을 찾는다.

마지막 주는 임원들을 가장 긴장시키는 코스이다. 크로톤빌에 집결해 교육 보고서를 작성하고 이멜트 회장 등 GE 최고 경영진에게 해당 지역에서 배운 것을 중심으로 프레젠테이션을 한다.

오도넬 책임자는 "이멜트 회장이 직접 참가자들과 2시간 동안 만나 임원들이 무엇을 배웠고, 이를 어떻게 현장에 적용할지 묻는다"며 "이번에는 한국 대기업들의 저력과 성장 비결을 집중적으로 물을 것"이라고 말했다. (2005년 8월 22일, 〈조선일보〉)

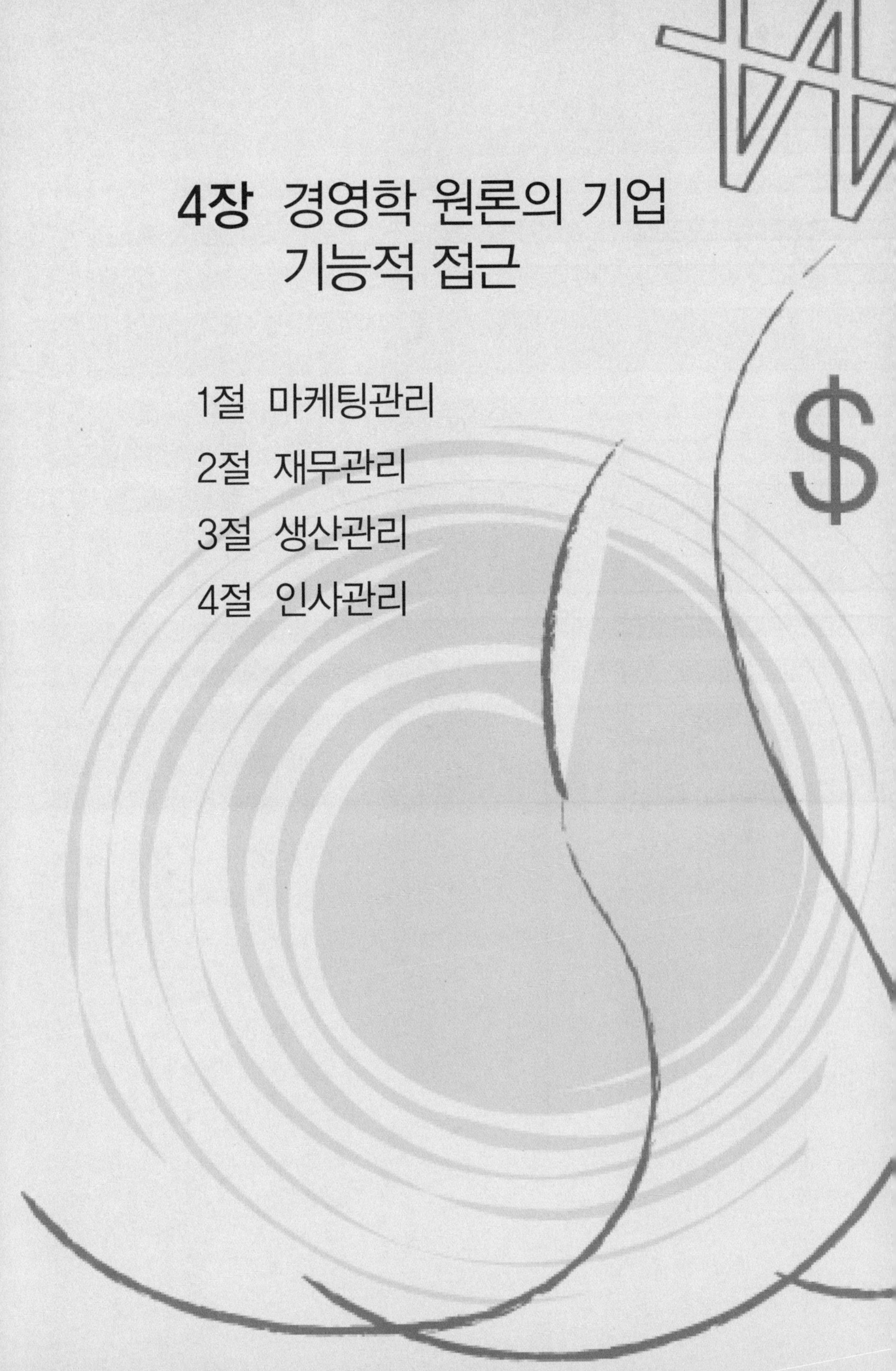

4장 경영학 원론의 기업 기능적 접근

4장 경영학 원론의 기업 기능적 접근

1절 마케팅관리

마케팅 관리자가 되려면 마케팅이 무엇이며, 마케팅은 어떻게 수행되고, 무엇을 마케팅하고, 누가 마케팅을 수행할 것인가를 이해해야한다.

1. 마케팅

(1) 마케팅이란 무엇인가?

마케팅(Marketing)은 인간의 욕구와 사회의 욕구를 확인·규명하고 충족시켜야 한다. 마케팅에 대한 가장 간단한 정의는 '이윤을 창출하면서 욕구를 충족시키는 것' 이다. 이베이(ebay)는 사람들이 가장 바라지만 어떤 품목은 쉽게 찾을 수 없다는 사실을 인식하고 온라인 경매 집배센터를 조성했고, 이케아(IKEA)는 사람들이 실질적으로 저가격의 좋은 가구를 원하고 있다는 사실을 간파해 조립 가구를 창안했다. 이 두 기업은 마케팅의 상식을 발휘했으며 또한 개인의 욕구나 사회적 욕구를 이익을 창출하는 사업 기회로 전환시켰다.

미국 마케팅협회(American Marketing Association)는 마케팅을 다음과 같이 정의한다. 마케팅이란 조직체의 기능으로 고객가치를 창조하고, 고객과 커뮤니케이션하고 전달하며 또한 조직체와 이해관계자들에게 이익이 되는 방법으로 고객관계를 관리하는 일련의 과정이다. 교환 과정과 일치하기 위해서는 상당한 양의 과업과 기술이 요구된다. 마케팅관리(Marketing Management)는 표적시장을 선정하고, 우수한 고객가치를 창조하고, 전달하고, 의사소통함으로써 고객을 확보·유지하며 증대시키는 기술과 과학이다. (Kotler · Keller, 《MARKETING MANAGEMENT》 / 윤훈현 역, 《마케팅 관리론》)

(2) 마케팅 활동의 발전단계

1970년대 이후 기업의 마케팅 활동이 소비자 중심적인 사고를 가지고 있어야 하는 것으로 알려져 왔으며, 실제 국내 굴지의 모 그룹에서는 '고객가치창조'라는 슬로건을 강조할 정도로 고객을 중시하는 풍토가 점차 일반화되고 있다. 그러나 마케팅이 이처럼 소비자 중심적인 관점을 가지게 된 것은 대량생산 등을 통한 공급의 수요 초과라는 생산과 소비의 불균형 관계에서 출발한 것이다.

기본적으로 마케팅활동은 생산과 소비, 즉 공급과 수요의 관계에 따라 소비자를 지향하는 성격을 달리하며 발전하여 왔는데, 그 단계를 살펴보면 생산 위주 경영(Production Concept), 제품 위주 경영

(Product Concept), 마케팅 위주 경영(Marketing Concept)으로 분류된다. 특히 최근 국내 기업들의 마케팅활동을 보면 판매 위주의 경영에서 마케팅 위주의 경영으로 옮겨가고 있는 모습을 많이 발견할 수 있는데, 두 단계의 기본적인 차이를 설명하면 다음과 같다.

우선 판매 위주 경영을 보면 경영의 초점이 제품에 있으며, 판매 활동의 강화로 판매량의 증가를 통한 이윤획득을 기본 목표로 삼는다. 반면 마케팅 위주 경영에서는 경영의 초점이 소비자의 욕구에 있으며, 마케팅활동의 강화로 소비자 만족을 극대화하여 기업의 목적을 달성하고자 한다. 즉, 판매 위주 경영을 하는 기업은 제품을 적극적으로 판매함으로써 기업의 이윤을 극대화하려고 하는 반면, 마케팅 위주의 경영을 하는 기업은 기본적으로 표적고객의 욕구와 필요가 무엇인지를 사전에 알아내고 소비자의 만족을 극대화할 수 있도록 기업의 활동을 통합·조정함으로써 기업의 이윤을 극대화하고자 노력하는 것이다.

이처럼 생산이 판매를 초과하는 시장에서는 소비자들이 시장주도권을 가지게 된다. 이러한 시장을 구매자시장(Buyer's Market)이라고 하는데, 여기에서는 특히 기업의 마케팅활동이 강조된다. 기업이 생존하기 위해서는 필연적으로 마케팅 사고에 입각한 소비자 지향적 기업(Consumer Oriented Business)이 되어야 할 것이다.

2. 마케팅관리

(1) 마케팅관리의 의의와 목표

마케팅에 관한 정의를 토대로 마케팅 관리자가 행하게 되는 마케팅 관리의 정의를 내리면 다음과 같다.

"마케팅관리란 조직의 목표를 달성하기 위하여 표적시장의 고객을 만족시키는 마케팅 전략 및 마케팅 계획을 시장분석에 근거하여 수립하고 그것을 실행·통제하는 일련의 활동을 말한다."

따라서 기업의 전체 마케팅과정은 현 상황에 대한 분석, 세분시장 마케팅 전략의 수립, 마케팅믹스의 구성, 마케팅활동의 조정 및 통제과정으로 구성된다.

(2) 마케팅관리의 내용

1) 상황분석 / 미래시장의 예측

기업의 마케팅관리는 언제나 시장에 대한 분석에서 출발한다. 시장에서의 성공적인 마케팅활동을 계획·수행하기 위해서 가장 먼저 해야 할 일이 바로 현재 기업이 처해 있는 환경과 상황에 대한 분석이다. 특정 기업의 마케팅활동에 영향을 미치는 환경요인은 주로 거시환경적 요인(정치, 경제, 기술, 인구통계 등)과 시장, 경쟁자, 유통기관, 기업 자신의 능력 및 구매자들의 특성 등이다.

기업의 마케팅 관리자는 여러 분석기법을 동원하여 기업이 처해 있는 환경적 요인들을 자세히 분석하고 이를 토대로 마케팅활동의 성과를 향상시킬 수 있는 장기적인 목표 하에 어떤 시장을 공략할 것인지, 또한 마케팅믹스를 어떻게 구성할 것인가를 결정하여야 한다. 환경 분석의 대표적인 분석방법으로는 SWOT분석(Strength, Weakness, Opportunity, Threat)이 있다. 이 방법은 기업이 처해있는 경영환경의 기회와 위협요인 그리고 자사의 사업 강점과 약점을 분석함으로써 이를 토대로 마케팅 전략을 수립하는 것이다.

2) 세분시장 마케팅 전략 수립

시장분석 단계에서 기업이 처해 있는 시장상황에 대한 자세한 분석이 이루어지면, 이러한 정보를 토대로 목표시장, 마케팅활동의 전개 방향 등 중요한 마케팅 의사결정을 하게 된다. 이 단계에서 마케팅 의사결정자는 주로 세분시장 마케팅 전략을 수립하게 되는데, 이를 기업의 STP전략(Segmentation, Targeting & Positioning Strategy)이라고 한다.

마케팅 전략에서 일반적으로 활용되는 STP전략의 내용을 살펴보면 다음과 같다. 기업이 직면한 시장은 각기 독특한 특성을 지닌 다양한 세분시장으로 구분할 수 있다는 가정 하에, 기업이 효과적인 마케팅 활동을 수행하기 위해서는 먼저 주어진 시장을 세분하여 비교적 동질적인 특성을 가진 세분시장으로 나누어야 한다. 이러한 과정을 통해 기업은 세분화된 시장의 특성을 분석하고 어떤 시장에 어떤 제품이 적합한가를 평가함으로써 많은 세분시장들 중 그 기업이 가장 효율적인 마케팅활동을 수행할 수 있는 표적시장을 선정하여야 한다. 이처럼 하나 또는 몇 개의 표적시장이 선정되면 그 시장 내에 있는 다른 경쟁자들과의 경쟁우위를 비교하여 표적시장에서의 포지셔닝을 결정하게 된다.

3) 마케팅믹스의 수립

시장세분화 및 표적시장의 선정과 포지셔닝이 이루어지고 나면 기업은 그 시장에서의 효율적인 경쟁을 위하여 구체적으로 마케팅믹스를 결정하여야 한다. 앞에서 언급한 바와 같이 마케팅믹스는 일반적으로 4P라고 불리는데, 이는 제품(Product), 가격(Price), 유통(Place), 촉진(Promotion)을 가리키는 말이다.

기업이 자신의 표적시장에서 마케팅목표를 효율적으로 달성하기 위해서는 시장에 어떤 제품을 내놓을 것이며, 구매의 대가는 얼마로 할 것이며, 고객들에게 제품이 쉽게 도달하도록 하기 위해서는 어떤 방법을 선택할 것인지, 나아가 제품을 소비자에게 알리고 제품을 구입하도록 설득하는 여러 가지 활동들이 효과적으로 조화를 이루어야 하는 것이다.

4) 마케팅활동의 조정과 통제

마케팅 관리자가 수행해야 할 마케팅관리의 마지막 단계는 기업의 여러 가지 마케팅활동을 조정하고 통제하는 것이다. 앞에서 본 바와 같이 마케팅목표가 결정되고, 시장분석을 통해 세분시장의 마케팅 전략을 수립하고, 구체적인 마케팅믹스를 수립하는 일련의 마케팅활동을 원활히 수행하기 위해서는 마케팅활동의 조정과 통제가 필수적이라 하겠다. 마케팅활동의 조정과 통제의 관계에서는 우선 다양한 마케팅활동을 수행할 조직의 구성 및 활동의 조정 그리고 마케팅활동의 실행 결과에 대한 평가 작업이 이루어져야 한다.

결국 아무리 좋은 마케팅관리 과정이 수립되었다고 하더라도 실제로 마케팅활동은 그 조직의 구성원들에 의해 이루어진다. 따라서 조직의 모든 부서가 원활한 협조 하에 관리활동을 수행하는 것이 가장 중요한 문제라고 할 수 있다. 또한 활동의 성과에 대한 적절한 평가는 마케팅관리의 피드백을 가능하게 함으로써 보다 적절한 마케팅관리의 재편성이 가능하도록 해주는 중요한 과정이라 하겠다.

3. 마케팅관리 과정

(1) 마케팅 계획

조직이 효율적으로 마케팅활동을 수행하고자 한다면 전제조건으로서 마케팅 계획 및 통제시스템을 개발하고, 이를 기준으로 조직의 모든 마케팅활동을 관리하여야 할 것이다.

마케팅 계획과 통제의 관계를 크게 3가지로 구분할 수 있다.

첫째, 조직의 마케팅활동에 대한 계획을 세우는 단계로서 이 단계에서는 목표시장을 확인하고 효율적인 마케팅 전략의 형성 및 상세한 실행계획을 수립하게 된다. 조직의 마케팅활동이 원하는 결과를 가져오기 위해서 가장 기본이 되는 단계라 할 것이다.

둘째, 마케팅 계획 단계에서 수립된 실행계획을 실시하는 단계로서 조직의 능률적인 업무수행능력이 요구되는 단계이다.

마지막으로 셋째, 마케팅활동이 조직의 목적을 제대로 성취하였는지를 파악하기 위한 단계로서 마케팅활동의 결과를 측정·분석하고 불만족스러운 결과에 있어서는 계획을 수정 또는 계획의 실행을 수정하게 된다.

1) 마케팅 계획의 의의

조직의 활동을 효율적으로 관리·통제하기 위해서는 그 활동에 관한 계획을 세우고 이를 기준으로 조직의 활동을 관리하여야 할 것이며, 따라서 계획은 모든 활동의 기본 출발점이라는 점에서 그 중요성을 말할 수 있을 것이다. 이는 마케팅활동에서도 마찬가지인데 조직이 마케팅활동을 통해 원하는 성과를 효율적으로 성취하기 위해서는 마케팅활동의 실행 이전에 반드시 계획의 수립이 선행되어야 한다.

마케팅활동을 포함하여 조직의 모든 활동에 있어 이처럼 계획 시스템을 도입하고 계획을 기준으로 활동에 대한 체계적 관리가 이루어진다면, 이러한 계획 시스템은 조직의 경영자로 하여금 체계적인 관리 사고를 하도록 유도하게 될 것이며, 또한 여러 가지 조직 활동의 상호 원활한 조정이 가능해지며, 통제를 위한 기준설정이 명확해지고, 기업 활동의 목적이나 정책이 보다 분명해지므로 모든 조직의 활동이 효율적으로 이루어질 수 있을 것이다.

이처럼 마케팅 계획은 사업계획 또는 경영계획 시스템과 유사한 측면을 많이 가지고 있는데 사업계획과 마찬가지로 마케팅 계획과정에서 마케팅 경영자가 매우 중요한 역할을 수행한다는 사실에 주의하여야 할 것이다.

2) 마케팅 계획의 내용

앞에서 살펴본 마케팅 계획에 대한 내용을 간략히 설명하면 먼저 모든 계획의 수립에서와 같이 마케팅활동에 영향을 미칠 주요 요인, 즉 활동의 배경과 SWOT분석이라고도 불리는 사업의 기회와 위협, 장점과 약점 등의 특성을 파악하여야 한다. 또한 현재 사업의 목적과 목표에 대한 명확한 이해가 이루어져야 하며, 이러한 목적달성을 위

한 기본적인 마케팅 전략으로서 목표시장, 마케팅믹스 등을 결정하게
된다. 이를 토대로 구제적인 마케팅 실행계획을 수립하여 마케팅활동
을 실행하게 되는 것이다. 또한 마케팅활동을 실시하기에 앞서 조직
의 예산이 결정되어야 하며, 이러한 계획과 예산 하에 실시되는 마케
팅활동에 대해 각 부문 경영자는 일정 기간별로 결과를 검토하고 활
동을 수정하는 등 통제기능을 수행하게 되는 것이다.

(2) 마케팅 전략의 수립

기업이 직면한 시장(Market)은 수많은 소비자들로 구성되어 있으
며, 그들의 욕구는 매우 다양하게 표현되고, 그들은 그러한 다양한
욕구를 만족시켜 주는 제품들을 기업에 요구하게 된다. 그러므로 기
업의 입장에서는 전체 소비자를 대상으로 그들의 욕구를 충족시키기
위한 마케팅활동을 수행하는 것은 너무나 많은 노력을 요구하는 것으
로 기업의 현실적인 측면에서 바람직하지 않은 것이다. 따라서 보다
효율적인 마케팅활동을 위해서는 전체 시장을 몇 가지 중요한 사항을
기준으로 세분하여 그 세분시장들 중 특정시장을 대상으로 그 시장구
성원들의 욕구에 부응하는 마케팅 전략을 실행하여야 할 것이다. 이
는 여러 가지 마케팅 전략 가운데에서 가장 대표적인 전략의 하나로
서 흔히 STP전략 – Segmentation(시장세분화), Targeting(표적시
장설정), Positioning(제품포지셔닝) – 이라고 불린다.

1) 시장세분화

① 시장세분화의 개념

마케팅 전략의 첫 단계인 시장세분화는 전체 제품시장을 특정 기준

으로 세분화하는 것을 말하는데, 이때 각 세분시장은 기업의 마케팅 활동에 대하여 동질적인 반응을 보이는 시장으로 세분화되어야 한다. 즉, 세분시장이라 함은 기업의 마케팅믹스에 유사하게 반응하는 비교적 동질적인 고객들의 집단을 말하는 것이다. 이러한 시장세분화는 세분화된 시장들 중 적절한 표적시장을 결정하는 전 단계로서의 중요한 의미를 가진다.

② 시장세분화 여부의 결정

기업이 대상으로 하는 전체 시장을 세분화할 필요가 있는가에 대한 의사결정은 시장세분화 전력과 관련하여 가장 먼저 결정해야 할 사항이다. 시장세분화 여부를 결정할 때는 기업의 활용 가능한 자원과 제품 수명주기상의 단계, 시장의 규모, 소비자의 욕구, 경쟁상표의 수 등과 같은 요인들을 고려하여야 한다. 특히 시장세분화를 하지 않는 경우에 기업은 시장을 구성하는 구매자들의 가장 공통적인 욕구를 파악하여 이를 충족시켜야 한다. 이러한 마케팅을 비차별적 마케팅이라고 부르는데, 이 경우 기업은 시장에서 규모의 경제성을 실행할 수 있다는 장점이 있다.

③ 시장세분화의 절차와 기준 변수

시장세분화 전략을 수립하기로 결정된 경우 대체로 다음과 같은 절차를 따른다. 먼저 세분화의 대상이 되는 제품시장을 명확히 하고 시장세분화를 하기 위한 기준 변수를 결정한다. 하나의 제품시장을 세분화하는 데 사용될 수 있는 기준 변수는 개인특성 변수나 제품특성 변수 등 여러 가지가 있다. 기준 변수가 결정되면 한 가지 혹은 그 이상의 기준 변수에 따라 시장을 세분화한다. 시장세분화가 이루어지면 마케터는 세분시장들의 특성을 분석하여 자사에게 가장 적합한 세분시장을 표적시장으로 결정하게 된다.

시장세분화의 과정에서 세분화 기준 변수의 결정은 시장세분화의 성공을 좌우하는 중요한 역할을 한다. 시장세분화 기준 변수는 매우 다양하지만 대체로 개인적 특성 변수와 제품 관련 특성 변수로 구분이 가능하다.

개인적 특성 변수란 특정제품과는 상관없는 개인 소비자들의 특성 변수로서 지리적(거주지, 도시 규모, 기후 등), 인구 통계적 변수(나이, 성별, 소득 등), 사이코그래픽 변수(사회계층, 라이프스타일, 개성 등)가 있다.

이처럼 개인 특성 변수가 개인 소비자의 일반적 특성을 나타내는 변수인데 비해, 제품 관련 특성 변수는 어떤 제품과 관련된 개인 소비자의 특성을 나타내는 변수이다. 제품 관련 변수로는 소비자가 특정제품으로부터 추구하는 편익, 특정 제품의 사용량, 특정제품을 사용하는 사람과 사용 환경 등과 같은 변수가 있다.

위와 같이 기준 변수들은 독립적으로 사용되는 경우도 있지만 대부분의 경우 상호보완적으로 복합되어 사용된다.

④ 효과적인 시장세분화의 조건

위와 같은 시장세분화의 기준을 사용하여 여러 가지 방법으로 전체 시장을 세분화할 수 있다면, 과연 어떤 시장세분화가 최적의 세분화 방법인가 하는 문제제기가 가능하다.

일반적으로 다음과 같은 시장세분화 요건이 갖추어진 경우 효과적인 시장세분화가 이루어졌다고 할 수 있다.

첫째는 세분시장 내의 동질성과 세분시장 간의 이질성 기준이다. 같은 세분시장 내의 고객들은 마케팅믹스에 비교적 유사하게 반응하고, 서로 다른 세분시장에 속한 고객들은 상이하게 반응하도록 세분화가 이루어진다면, 표적시장으로 선정된 세분시장에 투입되는 마케팅믹스의 효과적인 결과를 기대할 수 있는 것이다.

둘째는 각 세분시장의 크기와 구매력을 측정할 수 있도록 세분화가 이루어져야 마케터가 세분시장들을 비교한 후 적절한 표적시장을 결정할 수 있는 것이다.

셋째는 각 세분시장이 상당한 이익을 실현할 수 있는 규모를 갖출 수 있도록 세분화가 이루어져야 한다는 점이다.

2) 표적시장 선정

적절한 시장세분화의 기준에 따라 제품시장을 다수의 세분시장으로 구분하고 난 후, 기업의 효과적인 마케팅목표의 달성을 위하여 마케터는 다수의 세분시장 중 한 개 혹은 몇 개의 세분시장을 표적으로 선정하게 된다. 이때 기업의 표적시장을 제대로 결정하기 위해서는 각 세분시장의 크기와 시장성장성, 경쟁기업과 비교한 상대적 경쟁력 분석, 기업의 사업목적과 자원, 각 세분시장에서의 접근 가능성 등을 고려하여 객관적으로 매력이 있는 시장에서 성공할 수 있는 강점을 가진 경우에 그 세분시장을 표적시장으로 선정하여야 한다.

이처럼 최적의 목표시장을 선정하는 문제에서 기업이 선택할 수 있는 전략적 대안은 다음과 같이 몇 가지가 있다. 먼저 비차별화 마케팅 전략으로 각 세분시장의 차이를 무시하고 시장의 전체 소비자를 대상으로 하나의 마케팅 전략을 사용하는 전략이다. 기본적인 관점은 소비자들 사이의 차이점보다는 공통점에 기준을 두고 마케팅 전략을 사용함으로써 일반 대중을 대상으로 규모의 경제를 추구한다는 점이다. 다음으로 차별화 마케팅 전략은 기업이 둘 혹은 그 이상의 세분시장들을 표적으로 정하는 전략으로서 각각의 표적시장에 적합한 별도의 마케팅믹스가 개발되고 투입된다. 이 경우 비차별화 마케팅 전략보다는 전체적인 소비자 만족도가 향상되므로 매출액의 증대를 기대할 수 있지만 인적 · 물적 · 기술적 자원이 상대적으로 많이 든다는 문제점이 있다. 마지막으로 집중적 마케팅 전략은 여러 세분시장 중 기업에게 가장 적합한 하나의 세분시장을 표적으로 정하는 전략이다. 차별화 전략이나 비차별화 전략이 모두 전체 시장을 대상으로 마케팅 활동을 전개하는 반면, 이 전략은 활용 가능한 인적 · 물적 · 기술적 자원이 비교적 제한되어 있는 기업이 일반적으로 취하는 전략으로, 특히 대상 시장의 범위는 상대적으로 작지만 시장에 깊이 침투할 수 있다는 특징이 있다.

3) 시장에서의 포지셔닝 전략

기업이 시장을 세분화하여 표적시장을 결정하고 나면 표적시장의 소비자를 대상으로 마케팅믹스 전략을 수립하고 이에 따라 마케팅활동을 전개하게 된다. 그러나 표적시장에서 성공하기 위해선 경쟁 제품들에 비하여 소비자들의 욕구를 보다 더 충족시켜 주어야 한다. 따라서 표적시장의 고객들에게 경쟁 제품에 비하여 자사의 제품을 어떻게 인식시키는가 하는 문제가 제기된다. 소비자들은 기업의 제품을 경쟁 제품과 비교하게 될 것이며, 이때 제품의 주요 속성들을 기준으로 비교하여 인지하게 된다.

포지션(Position)이라 함은 특정제품이 소비자들에 의하여 어떤 특징을 지녔다고 인식되는 방식으로서 경쟁 제품과 비교하여 소비자의 지각 속에서 차지하는 상대적 위치를 말하는 것이다. 따라서 포지셔닝 전략이란 어떤 제품을 경쟁 제품에 비하여 차별적 특징을 갖도록 제품 개념을 정하고, 이에 따라 개발된 제품이 소비자들의 지각 속에 적절한 위치를 차지하도록 하는 전략으로서 일반적으로 제품개발, 제품믹스 결정 및 촉진활동과 밀접한 관계가 있다.

기업의 포지셔닝 전략은 여러 가지 요인을 기준으로 이루어질 수 있다. 먼저 비교적 많이 사용되는 방법으로 속성에 의한 포지셔닝이 있는데, 이는 특정 제품의 속성, 특징, 혹은 고객의 편익(Benefits)을 기준으로 한다. 또한 제품의 추상적인 편익으로 소구하는 이미지 포지셔닝은 대개 보석이나 고급 패션의류, 구두 등과 같은 고급 제품을 포지셔닝하는 경우에 많이 이용된다. 이 외에도 제품이 적절히 사용될 수 있는 상황을 묘사하거나 사용목적에 의한 포지셔닝과 제품의 사용자 집단이나 소비계층에 의한 포지셔닝, 이미 소비자의 지각 속에 인지되어 있는 경쟁 제품과 비교함으로써 자기 제품의 편익을 부각시키는 방법 등이 사용된다.

제품 포지셔닝의 절차는 기업이 처해 있는 상황에 따라 다양하게 이루어질 수 있지만 일반적으로 다음의 절차를 따라 수행된다. 먼저 표적시장이 결정되면 경쟁 제품과 고객 분석을 통해 경쟁 제품의 포지셔닝을 조사하고 자사 제품의 포지셔닝 개념을 개발한다. 이를 근거로 제품믹스를 결정하고 여러 가지 커뮤니케이션전략을 사용하여 포지션한다. 그러나 소비자를 포함한 시장의 여러 환경요인들이 계속

변화하게 되므로 기업은 포지션이 제대로 이루어지고 있는가를 계속
적으로 조사하고 적절히 수정해 나가는 평가 작업을 수행하여야 한
다. 이처럼 일단 포지셔닝 전략이 결정되면 이에 맞는 상세한 마케팅
믹스 전략이 개발되어야 하며 경쟁사들의 상대적인 강·약점을 정확
히 분석하여 경쟁사를 이길 수 있는 경쟁전략을 개발하는 것이 필수
적이라 하겠다.

4. 마케팅믹스 전략

기업이 시장세분화를 통해 표적시장을 결정하고 포지셔닝 전략을
수립하면 이를 위해 마케팅믹스 전략이 필요하게 된다. 마케팅믹스란
4P를 의미하는 것으로 제품(Product), 가격(Price), 유통(Place), 커뮤
니케이션(Promotion)으로 이루어진다. 따라서 이 장에서는 마케팅
전략의 핵심을 이루는 마케팅믹스 전략에 관해 살펴보도록 한다.

(1) 제품 전략
1) 제품관리

소비자들이 원하는 제품은 과연 무엇인가? 물론 소비자는 좋은 제
품을 원한다고 답하겠지만 성공적인 마케터가 되려면 이러한 질문에
보다 명확한 대답을 할 수 있어야 할 것이다. 우리는 소비자의 욕구
나 필요를 충족시킬 수 있는 것은 무엇이든 제품이라고 한다. 즉, 물
체뿐만 아니라 서비스, 장소, 아이디어, 사람, 조직체 등도 모두 제품
이 될 수 있다.

그러므로 마케터는 제품을 단순히 외형적인 차원에서보다는 편익을 기준으로 정의할 필요가 있다. 코틀러(Kotler)는 편익을 기준으로 제품을 분류하였는데 핵심제품(Core Product), 유형제품(Tangible Product), 확장제품(Augmented Product)으로 다차원적인 분류를 제시하였다. 핵심제품이란 소비자가 그 제품으로부터 원하는 가장 기본적인 편익을 의미하며, 유형제품이란 소비자가 제품으로부터 추구하는 편익을 구체적인 물리적 속성들의 집합으로 유형화시킨 개념이다. 마지막으로 보다 광의의 개념으로 소비자는 확장제품을 구매한다고 볼 수 있다. 확장제품이란 유형제품에 여러 가지 서비스와 편익(배달, 설치, 품질보증, A/S 등)을 추가한 제품 개념이다. 마케터가 소비자의 욕구를 가장 잘 만족시킬 수 있는 제품을 개발하기 위해서는 위와 같이 핵심편익, 유형제품, 포괄제품의 다차원적인 수준에서 제품을 바라보는 시각이 필요한 것이다.

2) 제품의 분류

마케터가 적절한 마케팅믹스 전략을 도출하기 위해서는 먼저 제품의 특성에 따라 제품을 분류할 필요가 있다. 제품을 유형별로 분류하는 기준에는 여러 가지가 있으나 이 장에서는 일반적으로 많이 사용되는 제품의 용도, 소비자의 쇼핑습관, 제품의 내구성 등과 같은 기준을 사용하여 설명하기도 한다.

먼저 제품의 용도를 기준으로 할 때 크게 소비재와 산업재로 구분한다. 소비재란 최종 소비자가 소비를 목적으로 구매하는 제품을 의미하는 반면, 산업재는 기업이 제품이나 서비스를 생산하는 데 투입하기 위해 구매하는 제품을 말한다. 산업재의 경우 일반 소비재 마케팅과는 다른 특성을 가지고 있는 것으로 알려져 여기에서는 소비재 마케팅을 중심으로 설명하기로 한다.

소비재를 분류하는 많은 기준들 중 소비자의 쇼핑(구매)습관을 기준으로 분류하는 방법이 널리 받아들여지고 있는데, 이 기준에 의하면 제품을 편의품(Convenience Goods), 선매품(Shopping Goods), 전문품(Specialty Goods)으로 분류한다. 편의품이란 비교적 소량으로 자주 구매되며 소비자가 최소한의 시간과 노력을 투입하여 구매결정을 내리는 제품을 말한다. 편의품에는 비누, 담배, 껌과 같은 일상생활용품이 포함되며, 제품의 가격이 저렴하고, 소비자가 구매 이전에 이미 충분한 제품 지식을 가지고 있어 구매에 많은 노력을 기울이지 않는다는 특징이 있다.

선매품은 소비자가 구매하기 이전에 가격, 품질, 스타일 등의 여러 속성을 기준으로 비교하는 과정을 거쳐 구매를 결정하는 제품을 말한다. 예를 들면 자동차, 가구, 전자제품 등과 같은 주요 내구재가 선매품에 속한다. 선매품은 편의품보다는 상대적으로 구매빈도가 낮고 가격이 높은 특징을 가지고 있으므로 마케터는 편의품과는 다른 마케팅 전략을 수립할 필요가 있다. 즉, 선매품의 경우 소비자가 제품구매의 초기단계에서 광범위한 정보탐색을 하게 되므로 마케터는 소비자에게 제품의 정보를 제공하는 광고 전략을 수립할 수 있을 것이다.

전문품은 상표마다 나름대로의 특성을 가지고 있어 소비자가 상표 식별을 쉽게 할 수 있으며 대체재가 거의 없는 제품을 말한다. 예를 들면 카메라, 디자이너 패션의류, 의료기구 등과 같은 제품이 있다. 소비자는 전문품을 구매하기 위해 정보수집 등에 많은 노력을 기울이며, 상표충성도가 매우 높게 나타나므로 편의품 및 선매품과 비교할 때 유통의 중요성이 상대적으로 낮다는 특징을 가지고 있다.

제품은 또한 내구성을 기준으로 내구재와 비내구재로 구분이 된다. 내구재는 소비자의 구매빈도가 작고 소비라는 기간이 비교적 길게 나타나는 제품으로 인적 판매와 서비스의 역할이 상대적으로 중요시 되는 특징이 있는 반면, 비내구재는 소비자가 자주 구입하고 빨리 소비하는 제품으로 적은 마진으로 되도록 많은 수의 점포를 통해 판매하는 전략이 적합하다는 특징이 있다.

3) 제품믹스와 제품계열의 관리

제품믹스(Product Mix)란 한 기업이 생산하여 제공하는 모든 제품계열과 품목의 집합이다. 제품계열(Product Line)은 서로 유사한 기능을 수행하거나 동일한 고객집단에게 판매되거나 같은 유통경로를 이용하기 때문에 서로 밀접하게 관련된 제품들의 집합으로 정의된다. 제품믹스 구조는 일정한 넓이(Width)와 길이(Length), 깊이(Depth)를 가지고 있는데 제품믹스의 넓이란 기업이 몇 개의 제품계열을 가지고 있는가를 말하는 것이며, 길이는 제품믹스를 구성하는 제품품목의 수를 의미한다. 제품믹스의 깊이는 특정 제품계열 내의 각 제품이 몇 가지의 품목으로 얼마나 다양한가를 나타낸다.

기업은 자사의 제품믹스를 넓이, 길이, 깊이의 세 가지 차원에서 관리하여야 하는데 새로운 제품계열을 추가하거나, 제품계열을 기존보다 연장하거나, 더 많은 제품종류를 생산함으로써 더욱 깊은 제품품목을 가질 것인가에 대한 의사결정을 하여야 할 것이다. 이는 제품 포트폴리오 분석과 같은 방법을 사용하여 제품믹스와 계열에 대한 매력도 분석을 통해 의사결정을 할 수 있다.

4) 신제품 개발전략

① 신제품 개발

마케터가 개발될 신제품을 완전히 새로운 제품으로 보느냐 또는 단순히 기존 제품의 확장으로 보느냐에 따라 개발과정 및 신제품의 마케팅 전략이 달라질 수 있으므로 신제품에 대한 정의를 명확히 할 필요가 있다. 소비자와 기업의 측면에서 모두 새로운 제품을 혁신제품이라고 하며, 소비자에게는 이미 알려져 있지만 기업의 입장에서 새로운 제품을 모방 신제품이라고 한다. 또한 기업이 제품시장에 이미 진입해 있는 상황이어서 개발된 신제품이 소비자 입장에서만 새롭게 인식되는 경우를 제품 확장이라고 한다. 제품 확장의 형태에는 제품 수정, 제품 추가, 제품 재포지셔닝 등이 있다. 따라서 신제품 개발전략 또는 완전 신제품 전략, 상표 확장전략, 계열 확장전략 등으로 구분된다.

기업이 시장에 신제품을 출시하는 경우 일반적으로 소비자 욕구를 잘못 파악하거나, 잘못된 제품 포지셔닝, 부정확한 시장조사, 제품 성능의 비교열위, 불충분한 경쟁자 분석 등의 실수를 하게 됨으로써 시장에서 실패하게 되는 경우가 많다는 사실에 유의하여 신제품을 개발하여야 한다.

신제품 개발과정을 단계별로 살펴보면 신제품에 관한 아이디어를 탐색하는 단계로부터 시작된다.

기업은 기업 내부의 사원, 고객, 유통업자, 경쟁사들과 같은 다양한 아이디어 원천으로부터 신제품 아이디어를 수집할 수 있다. 그리하여 여러 아이디어 원천으로부터 수집된 신제품 아이디어들 중 소수의 최적 아이디어만을 선별한다. 개별과정이 진행될수록 많은 비용이 소요되므로 초기단계에서 가능성이 있는 아이디어만을 선별하는 것은 매우 중요한 일이다. 특히 이 단계에서 좋은 아이디어를 기각하거나 좋지 않은 아이디어를 다음 단계로 보내는 실수를 범하지 않도록 주의하여야 한다.

가능성이 있는 제품 아이디어를 선정하였으면 이를 제품 개념으로 발전시켜야 한다. 제품 개념이란 제품 아이디어를 좀 더 구체적이고 소비자들에게 의미 있는 언어로 제품을 표현하는 것을 말한다. 제품 개념이 정해지면 표적 소비자집단의 반응을 조사하여 소비자들이 제품 개념에 대해 어떻게 반응하는가를 알아봐야 한다. 소비자 인지조사에는 지각도(Perceptual Map)를 만드는 방법이 많이 사용되는데, 특히 다차원척도법(Multidimensional Scaling : MDS)이 가장 널리 이용되는 기법이다.

다음 단계에는 이전의 단계에서 긍정적인 평가를 받은 제품 개념의 사업성을 평가하여야 한다. 즉, 마케터가 적절한 마케팅믹스를 결정하여 마케팅 노력의 투입으로 발생될 신제품의 예상매출액과 자본 비용 및 마케팅 비용, 예상이익 등을 추정한 뒤 기업이 설정한 신제품 개발의 목표를 달성할 수 있는지를 판단한다. 사업성 분석을 통하여 제품 개념이 유망한 것으로 판단되면 실제 제품을 개발하게 된다.

제품 개발은 소비자가 선호하는 제품 편익을 물리적인 제품 특성으로 구체화하고 제품의 디자인을 개발하는 과정 등으로 구성된다. 일반적으로 이 과정에서는 전 단계보다 상대적으로 많은 비용과 시간이 소요된다. 특히 R&D 부서와의 원활한 의견조정이 이루어지도록 해야 한다.

개발된 신제품을 시장에 본격적으로 출시하기 이전에 반드시 시험마케팅을 실시하여야 한다. 시험마케팅이란 소규모의 실제시장에 신제품을 도입하고 소비자의 반응과 매출 가능성을 조사하는 것을 말하는데 표적시장에의 출시 여부와 효과적인 마케팅 전략 수립을 위해 반드시 거쳐야 하는 과정이라고 할 수 있다. 소비재를 생산하는 기업은 일반적으로 전체 표적시장을 대표할 수 있는 몇 개의 소규모 시장을 대상으로 하거나, 일정 지역 내의 소매 점포들을 패널로 유지하면서 시험마케팅을 하거나, 소비자를 대상으로 한 실험을 통해 제품을 구매하도록 하는 방법을 사용할 수 있다.

이상의 단계들을 거친 후 기업은 실제 시장에 신제품을 본격적으로 출시하게 되는데, 마케터는 비록 시험마케팅까지 무사히 통과한 제품이라고 하더라도 시장에서 반드시 성공하는 것은 아니라는 사실을 명심하여야 한다. 특히 신제품을 시판하는 데는 매우 중요한 단계이다. 따라서 마케터는 시판의 시점, 시판지역, 표적시장, 마케팅 전략, 시장조사 등 필요한 모든 과정을 거쳐 상업화 단계를 진행하여야 한다.

② 신제품의 개인적인 수용과 시장에서의 확산과정

이제 시장에 선보인 신제품이 과연 어떻게 소비자에게 확산되어 가는가를 알아보기로 하자. 전통적인 수용과정모델에 의하면 소비자가 신제품에 최초로 노출되는 순간부터 최종 구매에 이르는 순간까지 인식(Awareness) → 관심(Interest) → 평가(Evaluation) → 시험구매

(Trial) → 수용(Adoption)의 여러 단계를 거친다고 한다. 이는 개인의 내적인 의사결정과정을 의미하는 것으로, 신제품을 출시할 때 마케터는 이 모델을 고려하여 전략을 수립하여야 한다. 다수의 소비자가 수용과정에서 어느 단계에 위치해 있는가를 알 수 있다면 더욱 효과적인 마케팅활동이 가능할 것이다.

수용모델을 이용하여 신제품 마케팅 전략을 수립할 때는 다음과 같은 문제점에 유의하여야 한다. 먼저 신제품 수용과정은 제품의 성격이나 시장의 환경에 따라 나름대로의 특색을 가진다는 점이다. 또한 소비자에 따라서도 인식에서 수용과정까지 소요되는 시간이 다르다는 점이다. 그러나 전체 소비자를 고려하면 각 단계별로 수용자의 수가 일정한 분포를 보이게 되는데, 이를 확산(Diffusion)모델이라고 한다.

앞에서 설명한 신제품의 수용과정은 개인적인 의사결정과정을 표현한 것에 반해, 신제품이 전체 시장에서 퍼져나가는 과정을 설명하는 것이 바로 확산모델이다.

확산모델에 의하면 신제품의 수용이 이루어지는 시점에 따라 소비자들을 5가지의 형태로 구분하고 각 그룹별로 정규분포의 비율에 따라 소비자의 수를 결정한 것이다, 신제품의 도입 초기에는 소수의 소비자만이 구매를 하게 되는데 이들을 혁신소비자라고 한다. 이들은 모험적인 성향을 가지고 있기 때문에 신제품 수용에 수반되는 위험을 기꺼이 감수하려는 경향을 보인다. 다음의 구매그룹이 조기 수용자로서 이 집단은 일반적으로 사회에서 의견 선도자의 역할을 하는 경향을 가지고 있다. 대부분의 일반 소비자집단은 조기 다수자와 후기 다수자라고 할 수 있는데, 이들은 신중하게 구매를 결정하거나 많은 사람들이 제품을 구매한 후에야 구입하는 경향을 보인다. 반면 최후 수용자는 변화에 익숙하지 않으며 신제품이 대다수의 소비자에 의해 수용된 후에야 그 제품을 구매하게 된다는 특징을 가지고 있다.

이처럼 수용자 집단별로 구매특성이 다르므로 신제품의 도입 단계별로 차별화된 마케팅 전략을 사용할 필요성이 제기된다. 예를 들면 신제품의 도입 초기에는 혁신성을 자극하는 광고 주제가 효과적이라고 할 수 있으며, 시간이 지날수록 혁신성보다는 소비자들의 모방 성향에 소구하는 광고 주제가 효과적일 것이다.

5) 제품수명주기 전략

하나의 제품이 시장에 도입되기 위해서는 어떤 노력들이 필요하며, 또한 신제품이 시장에서 어떠한 형태로 소비자에게 수용되고 확산되어 가는가를 살펴보았다. 마케터는 출시된 신제품이 소비자에게 빠른 시간 내에 구매되고 오랫동안 선택되기를 바라지만 소비자 요인, 시장 요인, 기술적 요인 등 여러 가지 요인에 의하여 언젠가는 시장에서의 선도적인 지위를 상실하게 된다. 이처럼 한 제품이 시장에 처음 도입되어 사라질 때까지의 과정을 분석하는 것이 제품수명주기(Product Life Cycle, PLC) 분석이다. 제품수명주기이론에 의하면 제품도 생물의 성장과 마찬가지로 시장에 진입하여 판매량이 성장하고 성숙기를 거쳐 시장에서 사라지게 된다고 한다.

마케터가 PLC를 통해 제품과 시장 환경을 분석하여 효과적인 마케팅 전략을 수립하는 데 유용하게 사용하기 위해서는 각 단계별 특성과 마케팅 전략에 대해 알아야 할 것이다.

6) 제품수명주기의 문제점

마케팅 전략을 수립하는 대다수의 마케터에게 제품수명주기는 여러 가지 유용한 점을 제공하는 것이 사실이지만, 제품수명주기를 이용한 마케팅 전략 수립에 있어서 다음과 같은 문제점들은 반드시 알고 있어야 할 것이다.

일반적으로 PLC(시간)를 독립변수로 보아 PLC 단계별로 사용 가능한 마케팅 전략이 제시되고 있으나 실제로는 기업의 마케팅 전략에 따라 단계와 기간이 달라진다는 점이다. 또한 PLC 단계상의 전략이 최적은 아니며, 제품과 시장, 소비자 특성 등을 고려한 마케팅 전략을 수립하여야 하며, 제품수명주기가 반드시 'S' 자 모양을 가지는 것이 아니라 다양한 형태의 제품수명주기가 가능하다는 점에 유의하여야 한다.

이처럼 PLC 개념이 유용한 것은 사실이지만, 마케터는 PLC 개념의 한계점을 분명히 인식하고, 실제 시장의 환경을 정확히 분석한 후 이를 이용하여야 할 것이다.

(2) 가격 전략
1) 가격의 의미와 가격결정의 고려 요인

경제학적 의미에서 가격은 제품이나 서비스의 가치를 화폐단위로 나타낸 것으로 정의되며, 세상의 모든 제품이나 서비스를 소유 또는 사용하는 대가로 지불해야 하는 금전적 가치를 포괄하는 개념이다.

가격은 마케팅믹스 변수 중에서 유일하게 기업의 수익을 결정하는 변수라는 점에서 그 중요성을 찾을 수 있다. 제품, 유통, 촉진과 같은 마케팅믹스 변수들은 모두 비용을 유발하는 변수인데 반해, 가격은 판매량에 직접적인 영향을 미치고 수익을 결정해 주므로 가격결정은 마케터의 의사결정에서 매우 중요한 부분이라 하겠다.

그렇다면 기업의 입장에서 어떻게 가격을 결정하여야 할 것인가? 일반적으로 가격을 결정하는 데 있어 제품원가는 가격의 하한선이 될 것이며, 소비자들의 제품에 대한 지각된 가치는 가격의 상한선으로서의 의미를 가진다고 할 수 있다.

마케터는 이러한 가격의 범위 안에서 최적 가격을 결정하기 위해서 제품원가, 경쟁사의 가격, 소비자의 가격에 대한 반응을 고려하고, 이를 토대로 기업의 마케팅 전략과 가격 전략의 목표에 적합한 가격을 결정하여야 한다.

2) 가격설정 전략

마케터는 시장에서 기업이 처해 있는 상황을 고려하여 가격을 설정하게 되는데, 이 과정에서 가격 전략의 목표는 매우 중요한 기준으로서의 역할을 수행한다. 가격 전략의 목표는 기업의 마케팅목표에 근거하여 수립하게 되는데 기업의 단기이익의 극대화, 매출 또는 시장점유율의 극대화, 제품개발 및 도입비용의 조기 회수 등의 목표를 수립할 수 있다.

기업의 상황에 따라 가격 전략의 목표가 수립되면 이를 근거로 각 제품의 가격을 결정하게 되는데 구체적인 가격결정방법으로는 원가 중심적인 가격결정, 소비자 중심의 가격결정, 경쟁 제품을 고려한 가격결정 등의 방법이 있다.

① 원가 중심적인 가격결정

가격결정방법에 있어서 가장 기본적인 개념이라 할 수 있는데, 제품의 제조원가를 고려하여 가격을 결정하는 것으로 원가가산 가격결정(Cost Plus Pricing), 목표이익 가격결정(Target Profit Pricing) 등의 방법이 있다. 원가가산 가격결정은 단위당 원가에 일정율의 이익을 더해 판매단가를 결정하는 방법이며, 목표이익 가격결정은 목표이익을 실현할 수 있는 매출 수준에서 제품 가격을 결정하는 방법이다.

② 소비자 중심의 가격결정

고객이 지각하는 제품의 가치를 기준으로 한 가격결정방법을 말하는 것으로, 경쟁 제품에 비교한 자사제품의 가치를 금액으로 환산하여 가격을 결정한다. 이는 소비자의 지각된 가치를 기준으로 한다는 점에서 다른 방법에 비해 합리적이라고 할 수 있지만 소비자의 지각된 가치를 어떻게 객관적으로 파악할 것인가 하는 문제를 해결해야 한다.

③ 경쟁 제품을 고려한 가격결정

마케터는 위와 같이 자사제품의 원가를 고려하거나 소비자 측면을 기준으로 가격을 결정하는 방법 외에도 시장경쟁 상황이나 제품의 특성을 고려하여 가격을 결정하기도 한다. 기업이 시장에서 후발주자인 경우 시장선도자의 시장을 잠식하기 위해서 많이 사용하는 방법이 저가격 정책인데, 이는 경쟁자보다 낮게 가격을 결정하여 시장점유율을 높이는 방법이다. 반면, 경쟁 제품과 품질이 비슷하지만 자사의 명성이 경쟁기업에 비해 높거나, 브랜드 자산력이 큰 경우 오히려 경쟁 제품보다 높은 가격을 책정하는 경우가 흔히 있다. 이는 소비자들의 가격-품질 연상 정도가 높은 경우에 효과가 있는데, 가격이 높은 경우 소비자들이 그 제품의 품질을 높게 인식하기 때문이다.

마지막으로 한 회사의 가격 변화에 대해 소비자들의 반응이 민감한 시장경쟁구조 하에서는 경쟁자들과 비슷한 가격을 결정하는 것이 일반적이라고 하겠다.

지금까지 일반적인 가격결정에 대해 살펴보았다. 그러나 이러한 방법들은 단지 일반적인 기준이 될 뿐 모든 경우에 사용되는 해결책은 아니라는 점에 유의하여야 한다. 즉, 가격결정방법은 상황에 따라 매우 다양한데 소비자의 심리에 근거하여 단수가격, 관습가격, 준거가격을 기준으로 가격을 결정할 수도 있으며, 수송거리에 따라서 균일 수송가격, 지대별 가격, FOB(Free On Board) 가격결정방법을 사용할 수 있다. 또는 점포의 이미지 전략으로 소비자들을 유인하기 위하여 많이 알려진 제품을 저렴한 가격으로 제공함으로써 고객을 끌어들이는 유인(Loss-Leader)가격을 사용하기도 한다. 특히 신제품의 가격결정은 일반적인 가격결정방법과는 상황이 다른 경우가 많으므로 신제품 정책에서도 중요하면서 어려운 문제이다.

신제품의 가격 전략에는 처음에 고가격을 책정하였다가 차츰 가격을 내리는 초기 고가격 전략과 신속히 시장에 침투하기 위해서 초기에는 저가격을 책정하는 시장침투가격 전략이 있다. 두 가지 전략은 모두 장·단점을 가지고 있으므로 마케터가 신제품의 가격을 결정할 때는 시장의 상황과 소비자, 경쟁자를 충분히 고려하여 적절한 전략을 선택하여야 할 것이다.

(3) 유통 전략

1) 유통경로의 의의와 필요성

유통경로는 마케팅경로(Marketing Channel)라고도 하는데 '제품이나 서비스를 생산자로부터 최종 소비자에게 이동시키는 과정에 참여하는 기업과 개인들의 집합'을 말한다. 기업은 생산된 제품이나 서비스를 생산자로부터 최종 소비자에게 전달하는 최적의 유통경로를 구성하기 위해 매우 다양한 중간상들을 이용하게 된다.

일반적으로 중간상의 존재는 소비자들에게 가격을 올리는 불필요한 존재로 인식되는 경우가 많은데, 이러한 역기능적인 측면은 소수의 중간상들에 의해 발생하는 문제이며, 다음과 같은 이유로 인해 중간상의 존재는 유통구조에서 필수적이라 하겠다. 먼저 총 거래소 최소의 원칙으로 중간상이 시장에 존재하지 않는 경우, 모든 소비자는 각각 생산자를 찾아야 하므로 시장에는 많은 거래수가 존재하게 된다. 그러나 생산자와 소비자 사이에 중간상이 존재하면 모든 생산자와 소비자는 중간상을 거쳐 거래하면 되므로 많은 수의 거래가 줄어들게 된다. 또한 유통과정에 있어서도 분업의 원칙을 적용하다 보면 경제적이고 능률적인 유통기능의 수행이 가능하게 되는 것이다.

이러한 유통경로는 시장에서 여러 가지의 기능을 수행하게 되는데, 가장 중요한 기능이 바로 교환과정의 촉진이다. 또한 거래를 표준화시키고, 제품 구색의 불일치를 완화하고, 소비자와 판매자를 연결시키며, 고객서비스를 제공하는 등의 기능을 수행하게 된다.

2) 유통경로관리

유통경로는 크게 도매상과 소매상으로 구성되는데, 도매상은 상품을 구입하여 소매상이나 다른 상인, 또는 산업구매자 등에 다시 판매하는 사업체를 말하는 것이며, 소매상은 제품이나 서비스를 최종 소비자에게 직접 판매하는 것을 주 업무로 하는 회사나 상인을 의미한다. 즉, 제품을 최종 소비자에게 판매하는가를 기준으로 도매상과 소매상을 구분하는 것이다. 기업이 선택할 수 있는 유통경로는 매우 다양한데, 유통경로를 설계하는 데 있어 각 유통경로의 경제성, 통제기준, 적응성 등의 기준을 고려하여 평가하게 된다. 이렇게 결정된 유통경로는 각 구성원들이 서로 다른 목표를 가진 개체들의 집단이라는 특성을 가지고 있다. 즉, 서로 다른 사업주체인 경우가 많으므로 그들은 각자의 목표를 달성하기 위하여 갈등을 가져올 가능성이 존재하게 된다.

이처럼 경로 구성원들의 갈등은 크게 수평적 갈등과 수직적 갈등으로 구분된다. 수평적 갈등은 유통경로상에서 동일한 단계에 있는 구성원들 사이의 갈등을 의미하며, 수직적 갈등은 유통경로상의 서로 다른 단계에 있는 구성원들 사이의 갈등을 의미한다. 특히 수직적 갈등이 유통경로에서 빈번히 발생하게 되는 갈등으로, 대부분의 경우 서로의 의사소통이 원활하지 못한 이유로 인해 발생하게 된다.

유통경로에서 지나친 갈등은 경로성과에 부정적인 영향을 미치는 경우가 많은데, 이러한 갈등을 해소하는 방법에는 여러 가지가 있으나, 모든 상황에 적합한 해결방안은 존재하지 않는다. 최근에는 이러한 유통경로상의 갈등을 해결하기 위하여 여러 가지 유통경로 전략들이 나타났는데, 특히 수직적 마케팅 시스템은 경로 구성원들의 갈등 원인을 근본적으로 해결하기 위하여 제안된 전략이라고 할 수 있다.

수직적 마케팅 시스템(Vertical Marketing System, VMS)은 유통경로 구성원인 제조업자, 도매상, 소매상, 소비자를 각각 별개로 파악하여 운영하는 전통적인 유통관리가 아니라 구성원 전체를 소비자의 필요와 욕구를 만족시키기 위한 하나의 유기적인 전체 시스템으로 파악하여 운영하는 유통경로의 개념을 말한다. 이 시스템에서는 구성원들이 전체 시스템의 이익을 극대화하는 방향으로 의사결정을 하게 되는데 대표적인 것이 국내에도 많이 도입되어 있는 프랜차이즈 시스템이다. 이는 모회사가 다른 개인이나 조직에게 일정 기간 동안 미리 정해진 방법에 따라 특정 사업을 할 수 있는 권리를 제공함으로써 성립되는데, 가맹점은 모회사에게 자본과 경영진을 제공하고, 모회사는 가맹점에게 자사의 영업 시스템과 노하우(Knowhow)를 제공함으로써 양쪽에 모두 매력적인 사업형태가 되는 것이다.

3) 물적 유통

① 물적 유통의 의의와 본질

물적 유통이란 원재료나 부품의 공급자에게로부터 생산과정을 거쳐 최종 소비자에게까지 물리적인 재화가 전달되는 과정을 말하는 것으로, 고객서비스, 주문처리, 창고, 보관, 수송, 공장 및 위치의 선정, 재고관리, 유통정보, 조달, 원료 취급, 부품 및 서비스 지원, 폐품처리, 포장, 반품처리, 수요예측 등의 다양한 활동이 포함된다. 기업 활동에서 물적 유통은 소비자들이 원하는 제품을 적절한 시간에 적절한 양을 적절한 장소까지 전달함으로써 제품 사용의 고객가치를 증가시키는 기능을 수행한다는 점에서 그 중요성을 찾을 수 있다. 이러한 물적 유통의 관리활동을 통해 기업은 물류비용을 감소시키고 소비자

만족을 증가시킬 수 있으므로 물적 유통은 기업의 마케팅 전략에서 중요한 변수가 된다. 따라서 물적 유통관리란 조달, 생산, 판매 활동에 수반되는 재화의 물적 흐름을 효율적으로 관리함으로써 제품가치를 증대하는 과정을 말한다.

② 물적 유통관리의 목표와 관리 시스템

앞에서 살펴본 바와 같이 물적 유통의 목적은 일반적으로 좋은 제품을 적절한 장소에, 적절한 시기에 최소의 비용으로 전달하는 것이지만 현실적으로 이 목적은 달성되기가 어렵다. 어떤 물적 유통 시스템도 소비자에 대한 서비스의 극대화와 비용의 최소화라는 두 가지 목적을 동시에 달성할 수는 없기 때문이다. 따라서 물적 유통을 관리한다는 것은 고객서비스 수준을 최소의 물류비로 달성할 수 있도록 먼저 물적 유통관리의 목표를 설정하고 이를 토대로 개별적인 물류활동을 관리하는 과정으로 이루어져야 한다.

제조업자가 물류에 대한 결정을 할 때는 먼저 고객이 요구하는 물류서비스 수준을 파악하여 경쟁기업보다 나은 물류서비스를 제공해야 한다. 고객서비스의 수준을 결정할 때는 재고 이용 가능성, 서비스 제공 능력, 서비스의 질과 같은 요소들을 고려하여야 한다. 또한 비용 최소화의 목표를 달성하기 위해서는 수송 관련 비용과 재고 관련 비용을 고려하는데, 문제는 이 두 가지 비용 또한 서로 상충되는 관계에 있다는 점이다. 즉, 소수의 대형 창고에 재고량을 집중하여 재고 관련 비용을 절감하면 분산되어 있는 고객들에게 배달하는 데 드는 수송비가 증가하는 문제가 발생하는 것이다. 따라서 수송 관련 비용과 재고 관련 비용을 합한 총 물류비용이 최소화될 수 있도록 두 비용 간의 상충관계를 조정하는 것이 최선의 해결책이라고 할 수 있다.

기업의 물적 유통 시스템과 관련된 주요한 의사결정 문제를 구체적으로 살펴보면 다음과 같다.

기업은 물적 유통과 관련하여 먼저 주문을 어떻게 처리할 것인가, 제품을 어디에 보관할 것인가, 어느 정도의 물량을 보유할 것인가, 제품 수송은 어떻게 할 것인가 등과 같은 문제들에 관한 의사결정을 통해 효과적인 물류 시스템을 구현하게 되는 것이다. 이 과정에서 경영자는 앞에서도 말한 바와 같이 수송 관련 비용과 재고 관련 비용을 합한 총 물류비용이 최소화되도록 두 비용 간의 상충관계를 조정함으로써 효율적인 물류 시스템을 구축하여야 할 것이다.

(4) 마케팅 커뮤니케이션 전략

마케팅 관리자는 기업의 표적시장에 효과적으로 소구하기 위하여 제품, 가격, 유통, 촉진(커뮤니케이션)으로 구성된 마케팅믹스를 효율적으로 도출하여야 한다. 우리는 앞에서 제품과 가격, 유통에 관련된 내용들을 살펴보았다. 이제 4가지 마케팅믹스 중 마지막으로 촉진믹스에 대해 살펴보기로 한다. 촉진믹스는 마케팅 커뮤니케이션이라고도 하는데 기업의 제품이나 서비스를 소비자들이 구매하도록 유도할 목적으로 해당 제품이나 서비스의 성능에 대해서 실제 및 잠재고객을 대상으로 정보를 제공하거나 설득하는 마케팅 노력의 모든 것을 말한다. 마케팅 커뮤니케이션은 크게 광고, 판매촉진, 인적 판매, PR(Public Relation)로 구성된다. 아래에서는 각각에 대하여 구체적으로 살펴보기로 한다.

1) 광고관리

광고란 기업이 대가를 지불하고 제품, 서비스, 아이디어를 비인적 매체를 통해 널리 알리고 구매를 촉진하는 모든 형태의 촉진활동을 말한다. AMA(미국 마케팅학회)의 정의에 의하면, 광고란 확인된 광고주가 표적집단에게 정보를 제공하거나 설득하기 위하여 제품이나 서비스에 관해 유료로 대중매체를 이용하는 과정이라고 한다. 일반적으로 광고는 다수의 대중에게 짧은 시간에 접근할 수 있고 고객 1인당 비용도 비교적 저렴하다는 장점을 가지고 있다. 그러나 전달할 수 있는 정보의 양이 제한적으로 고객에 따라 차별적인 정보를 제공할 수 없다는 문제를 가지고 있다.

광고에 대한 의사결정은 마케팅목표를 근거로 이루어지는데, 마케터의 입장에서 기업의 상황과 마케팅 전략을 고려하여 먼저 광고목적을 결정하고 이를 기준으로 예산 설정, 메시지 설계, 매체 믹스 결정을 하고 실제 광고를 집행한 후에 광고 효과를 평가하는 과정으로 이루어지게 된다.

광고의 목적은 제품의 포지션에 맞게 구체적으로 제시하여야 하는데 일반적으로 브랜드나 제품에 대한 소비자의 인지도를 증대시키거나, 소비자들의 제품에 대한 태도를 기업이 원하는 방향으로 변화시키고, 소비자의 우호적인 태도를 강화하고, 기업과 제품라인에 대한 전반적인 이미지를 구축하거나 변화시키고자 하는 등의 목적을 가질 수 있다.

광고예산의 결정은 마케터가 직면하게 되는 가장 어려운 일 가운데 하나인데 일반적으로 지급 능력을 기준으로, 판매액을 기준으로, 경쟁업자의 광고비를 기준으로, 목표과업을 달성하기 위한 정도로 광고 예산을 수립하게 된다.

예산이 설정되어 메시지와 매체를 결정하고 광고를 집행하면 계속적으로 그 효과를 측정해야 하는데, 이 경우 광고 집행시점을 기준으로 사전·사후 테스트를 통해 커뮤니케이션 효과를 측정할 수도 있고, 과거 자료나 실험 자료를 분석하여 광고가 판매에 미친 효과를 측정할 수도 있다.

2) 판매촉진관리

판매촉진이란 AMA(미국 마케팅학회)의 정의에 의하면 소비자와 유통업자의 수요를 자극하는 인적 판매, 광고, 홍보 외의 모든 촉진활동을 말한다.

일반적으로 판매촉진은 비인적 수단을 의미하며, 소비자 판촉, 중간상 판촉, 판매원 판촉으로 크게 구분이 되는데, 구체적으로는 샘플의 제공, 할인쿠폰, 현금 환불, 소액할인, 프리미엄, 무료사용, 경품, 점포진열, 상품전시회 등을 이용하게 된다. 판매촉진의 특징은 구매시점에서 바로 구매를 유도하기 위해 사용이 가능하며 단기적이고 직접적인 촉진수단이라는 점이다. 판매촉진은 제조업자로 하여금 단기간에 공급과 수요를 조절 가능하게 해주거나, 신제품의 사용을 유도할 수 있다는 점, 광고보다 즉각적인 반응을 유발할 수 있다는 장점이 있는 반면, 제품특성이 잘 알려져 있는 성숙기 시장에서는 영향력이 감소하는 경향이 있고, 상표충성도가 높은 소비자에게는 효과가 없으며, 지나친 판촉의 경쟁은 수익구조를 악화시킬 수 있다는 문제점을 가지고 있다.

3) 인적 판매관리

판매자가 예상구매자와 직접 만나서 정보를 전달하는 것으로, 특히 산업재 마케팅에서 가장 널리 이용되는 촉진형태이다. 즉, 판매원을 촉진의 매개체로 사용하므로 다른 촉진 수단과는 달리 판매원이 고객의 욕구, 반응 등에 따라서 즉석에서 커뮤니케이션을 할 수 있다는 점에서 비교적 융통성이 큰 촉진수단이라는 특징을 가지고 있다. 인적 판매를 촉진수단으로 사용하는 경우에는 광고를 사용하는 경우와는 전혀 다른 효과를 기대할 수 있다. 인적 판매는 촉진의 속도가 매우 느리고 고객 1인당 촉진비용이 고가이기 때문에 많은 대중을 상대로 하는 경우에는 적합하지 않다. 그러나 인적 판매가 인적 대면, 유대관계 형성, 즉각적 반응 등의 특징을 가지고 있으므로 구매과정상 일정 단계 이후에 이용하기에 좋고, 특히 구매자의 선호, 확신 및 행동을 유발시키는 데 가장 효과적인 수단이 될 수 있다.

인적 판매과정은 판매원이 고객에게 접근하기 전에 정보를 수집하는 준비단계에서 고객의 욕구를 만족시킬 수 있는 방법을 제시하는 단계, 판매를 종결하고 판매 후 서비스를 제공하는 단계로 이루어진다.

4) PR(Public Relation ; 홍보)관리

기업이 소비자가 속해 있는 지역사회나 단체 등과 긍정적인 관계를 개발하여 자사제품을 촉진하는 활동을 PR이라고 하는데, 비인적 매체로 하여금 제품, 서비스, 기업 등을 뉴스나 논설의 형태로 다루게 함으로써 수요를 자극하게 되는 것이다. PR활동 중 가장 일반적인 형태가 홍보(Publicity)인데, 언론을 이용하여 자사의 활동을 알리는 것이다. PR은 다른 촉진수단과는 달리 기업이 비용을 부담하지 않고 기업이 아닌 독립적인 제3자의 입장에서 신문, 방송, 잡지 등에 의해 촉진이 이루어지므로 높은 신뢰도를 가지게 된다. 따라서 촉진 효과가 매우 크게 나타날 수 있다는 장점이 있으나, 기업이 직접적으로 통제할 수 없다는 문제점을 가지고 있다.

PR관리 과정은 먼저 기업 및 제품에 대한 인식제고, 신뢰성 확보 등과 같은 PR의 목표를 수립하는 단계에서부터 PR메시지와 수단을 선정하는 단계, PR계획을 실시하고 그 결과를 평가하는 단계로 구성된다. PR의 결과에 대한 평가는 노출의 측정, 인지나 이해도, 태도측정, 매출에의 기여도를 측정하는 등의 방식으로 이루어진다.

PR의 주요 수단으로는 간행물의 발행이나 기자회견, 전시회, 세미나 등과 같은 특별행사를 기획하거나, 뉴스거리를 개발하여 제공하고, 공공서비스를 통해 기업 이미지를 향상시키는 방법 등이 있다.

5. 마케팅의 확장

기업에서의 마케팅적 사고는 원래 기업이 제품을 생산하여 시장에서 판매하는 과정에서의 활동을 대상으로 형성되었다. 그러나 시장의 환경이 다변화 · 국제화되면서 소비자들의 욕구 또한 유형제품뿐만 아니라 무형 제품으로까지 확장되고, 제품의 판매가 단지 최종 소비자만을 대상으로 하는 것은 아니라는 점에서 마케팅 개념의 확장이 필요해지게 되었다. 즉, 기존의 일반적인 마케팅 사고가 이제는 국제 시장을 대상으로 국제 마케팅으로 발전하게 되고, 무형의 3차 서비스 제품이 주요 상품이 되면서 마케팅의 대상이 된다는 점에서 서비스마 케팅의 개념이 등장하게 되고, 일반 소비재뿐만 아니라 산업재 구매 자들도 마케팅의 대상이 된다는 점에서 산업재 마케팅의 중요성이 부 각되었다. 이 장에서는 앞에서 배운 마케팅의 개념들을 토대로 국제 마케팅, 산업재 마케팅, 서비스 마케팅의 기본적인 내용들에 대해 살 펴보기로 한다.

(1) 국제 마케팅

국제 마케팅은 개인 및 조직의 필요와 욕구를 충족시키는 교환을 위하여 기업이 제품, 가격, 촉진 및 유통을 국제 시장에서 실행하는 과정이라고 할 수 있다. 국제 마케팅의 관리과정은 국내 마케팅과 마 찬가지로 상황분석을 통하여 진출할 시장과 진출방법을 선택하고 선 택한 시장에 적합한 마케팅믹스를 구성하여 마케팅활동을 한 후 마케 팅활동에 대한 평가와 통제를 하는 것으로 이루어진다. 특히 국제 마 케팅의 경우 국내 시장과는 전혀 다른 문화의 외국시장에서 마케팅활 동을 수행하므로 진출시장의 문화에 대한 이해가 반드시 선행되어야 한다.

기업이 진출하려는 시장의 선택은 자사의 국제 마케팅의 목표와 국 제 마케팅에 대한 정책을 고려하여 진출 대상국의 유형을 결정하고 난 후에 최종적으로 이루어진다. 국제 마케팅 관리자는 수출, 해외 직접투자, 국제계약방식 등의 방법을 통하여 해외시장에 진출할 수

있다. 국제 마케팅믹스를 수립할 때는 국제 마케팅 관리자가 마케팅
믹스를 진출국의 시장 환경에 어느 정도 적응시킬 것인가에 대하여
결정하여야 한다. 이 과정에서 국제 마케팅 관리자가 선택할 수 있는
전략으로는 모든 진출국에 하나의 표준화된 마케팅믹스를 적용하는
것과 진출국 시장의 표적시장 선호도에 따라 적합한 마케팅믹스를
구성하는 것이 있다. 국제 마케팅 관리자는 제품, 가격, 유통, 촉진
믹스에 대하여 국가별 시장의 성격이 다양하다는 점을 고려하여 결
정해야 한다.

또한 국제 마케팅 관리자는 마케팅활동을 효율적으로 수행하기 위
하여 자사에 적합한 조직을 구성하여야 하며, 이때 경영진의 능력이
나 자사의 취급제품 라인의 다양성, 해외시장 진출 정도를 고려하여
야 한다. 국제 마케팅에서의 통제활동은 통제 목표의 설정, 통제방
법의 선택, 통제 기준의 설정, 책임소재의 규명, 의사소통체제의 확
립, 결과의 평가 및 수정의 과정으로 이루어지며, 매출액 통제, 마케
팅 프로그램의 통제, 이익 통제, 마케팅인력 통제의 과정으로 구성
된다.

(2) 산업재 마케팅

산업재시장은 기업의 구매센터에 의해 구매가 이루어지며 중간상이
없이 직접구매가 이루어진다는 특징을 가지고 있다. 산업재의 수요는
그 산업제품을 다시 활용하여 생산하는 최종 소비재에 대한 수요에
의하여 결정된다. 또한 산업재는 구매자와 판매자가 서로 생산한 제
품을 팔고 사주는 상호 구매가 많이 이루어진다. 산업재 구매자는 개

인소비자와 마찬가지로 여러 가지 요인에 의하여 영향을 받으며, 그 요인은 환경적 요인과 조직체 요인, 구성원 간 요인과 개인적 요인 등이 있다. 환경적 요인에는 수요의 수준, 경기전망, 금융비용, 기술 변화율, 정치적 환경, 경쟁강도 등이 있으며, 조직체의 요인에는 권한, 지위, 감정이입, 설득이 있으며, 개인적 요인에는 연령, 소득, 직위, 개성, 태도 등이 있다.

산업재의 구매유형은 일상적인 기준에 따라 별다른 변경이 없이 재주문하는 단순반복구매와 일상적인 재구매이지만 구매자가 제품명세서와 공급업자들을 변경하여 구매하는 수정 반복구매 그리고 처음 구매하는 신규구매가 있다. 산업재의 구매결정과정은 문제인식, 제품명세의 확정, 공급자 탐색, 입찰계획서 요구, 공급자 평가 및 선택, 주문, 공급자 성과평가로 이루어진다.

산업재 마케팅에서는 구매조직의 특징, 구매센터의 특징, 조직 구성원들의 행동 특징 등이 세분화 변수로 사용될 수 있다. 산업재시장의 세분화는 조직체의 인구 통계적 특성을 이용하여 일차적으로 거시적 세분화와 미시적 세분화가 이루어지고 세분시장 내에 구매센터, 구성원 개개인의 인구 통계적 특성과 행동적 특성에 따라 다시 동질적 세분시장으로 나누는 미시적 세분화가 행해진다.

(3) 서비스기업의 마케팅

서비스 마케팅은 서비스를 제품으로 하여 소비자에게 이를 제공하는 사업체의 마케팅을 말한다. 서비스는 일반 유형제품과 비교하여 무형적, 생산 및 소비의 동시 발생 그리고 가변성과 소멸가능성의 특징을 가지고 있다. 서비스 마케팅도 고객의 욕구를 충족시킨다는 기본적인 마케팅 개념에 입각한 제품마케팅 원리가 그대로 적용된다. 따라서 서비스 마케팅의 관리자는 상황분석을 통하여 소비자의 욕구를 파악하고 표적시장을 선정하여 자사의 능력에 맞는 마케팅 전략을 수립·실행하여야 한다.

서비스 마케팅믹스는 제품의 무형성과 생산과 소비의 동시성, 가변성, 소멸 가능성 등의 특징으로 인해 일반적인 유형제품의 마케팅과 달리 서비스를 제공하는 제공자, 서비스가 제공되는 물리적 환경 그리고 서비스의 생산과정이 중요하다고 할 수 있다. 서비스는 유형의 제품과 비교하여 소비자에 의해 제품의 품질을 판단하는 것이 현실적으로 어렵기 때문에 서비스기업은 고객들에게 자사의 서비스를 이용함으로써 얻을 수 있는 효익을 강조하는 마케팅 전략을 수립할 필요가 있다. 또한 서비스에서 가격은 서비스의 종류에 따라 이자율, 사용료, 입장료, 요금 등으로 표현되며, 서비스의 유통은 생산된 서비스가 소비자에게 직접 전달되는 특징이 있어 생산과 소비가 동시에 일어나게 된다.

그리고 서비스기업의 촉진 전략에는 자사가 제공하는 서비스의 결과를 가시화시키는 작업이 필요하다. 특히 서비스의 촉진은 일반적인 제품과는 달리 서비스를 제공하는 판매원의 역할이 중요하다고 할 수 있다. 왜냐하면 서비스의 속성상 생산과 소비가 동시에 이루어지므로 특정 시점에서 서비스를 제공하는 판매원은 서비스를 생산하는 것과 동시에 인적 판매 활동을 수행하고 있다고 볼 수 있기 때문이다.

2절 재무관리

1. 재무관리의 기초

(1) 재무관리의 의의와 기능

재무관리는 기업경영의 하부체계로서 인사관리, 생산관리, 마케팅 관리 및 회계와 더불어 기업을 효율적으로 경영하는 관리기능의 한 분야이다. 재무관리는 경영활동에 필요한 자금의 운용과 조달에 관련된 의사결정을 수행하는 관리기능으로 정의해 볼 수 있다. 사실 기업의 모든 경영활동은 직접 또는 간접적으로 자금과 관련되어 있기 때문에 재무관리는 화폐를 매체로 하여 기업의 경영활동을 전반적인 관점에서 계획·조정·통제하는 통합적인 관리기능이라 할 수 있다.

재무 관리자의 기능은 종래에는 정확한 재무기록을 유지하고, 재무보고를 행하고, 기업의 현금 수준을 관장하는 자금 중심의 재무관리로 제한되어 왔다. 따라서 유동성이 부족한 상태에 놓여 있을 때 이에 필요한 추가적인 자금을 단기적 혹은 중·장기적 자금조달의 형태로 조달하는 것이 그 주된 기능이었다. 그러나 최근의 재무 관리자는 그 기능이 확대되었다. 즉, 이와 같이 자금관리나 자금조달의 한정된 기능에서 벗어나 조달된 자본이 구체적인 자산의 형태로 전환되는 투자와 기업의 전반적인 평가와 관련되어 있는 자산의 문제와 관련되어 있는 자본의 최적 배합까지 담당하는 것이다. (James C. & Van Home, 《Financial Management & Policy》) 투자의 문제와 관련하여 재무 관리자는 기업의 규모를 결정하며 경영으로부터 얻은 이익과 기업의 위험 또는 유동성을 다룬다. 자본의 배합과 관련하여 기업의 자본 비용과 재무 위험을 다루는 것은 물론이다.

따라서 현대적인 재무관리에 있어서는 자본 비용과 자본 구조를 중심으로 하는 자본조달결정과 조달된 자본의 운용을 중심으로 하는 투자결정이 그 내용의 핵심을 이루고 있다. 자본조달결정에 있어서는 투자가치의 극대화가 조화를 이루어 기업이익의 극대화를 실현시키는 것을 그 목적으로 하고 있다. 이와 같이 재무 관리자의 기능이 점차로 커짐에 따라서 기업 내의 타부문 관리자와의 관계도 크게 변화되었으며, 재무 관리자의 역할이 크게 강조되고 있다. (《Fortune》, 'The New Power of Financial Executive')

(2) 재무관리의 목표

1) 이익의 극대화

일반적으로 널리 알려져 있는 기업의 목표는 이익의 극대화(Maximization of Profit)와 부의 극대화(Maximization of Wealth)이다. 전통적으로 많은 경제학자들과 기업인들은 기업의 유일한 목표는 이익의 극대화라고 주장해 오고 있다.

이익의 극대화는 그 개념이 단순하여 이해하기 쉽고, 합리적인 사고를 할 수 있는 사람은 누구나 수긍하는 목표라는 점에서 폭넓게 받아들여지고 있다. 그러나 이익의 극대화는 기업의 목표를 지나치게 단순화하였다는 이유로 많은 비판을 받고 있다. 특히 솔로몬(E. Solomon)은 다음과 같은 세 가지 이유에서 이익의 극대화는 기업의 목표로서 적합하지 못하다고 지적한 바 있다. (E. Solomon, 《The Theory of Financial Management》)

첫째, 이익이라는 개념 자체가 모호하다.

둘째, 이익의 시간성을 무시하였다.

셋째, 미래이익의 불확실성(위험)을 무시하고 있다.

이와 같은 비판 이외에도 이익의 극대화만을 추구하게 되면 기업이 사회적 책임을 소홀히 하게 되고, 경우에 따라서는 비윤리적이고 불법적인 방법으로 이익을 획득하는 행위가 정당화될 수 있으므로, 실제로 기업이 이익을 극대화하려고 노력하여도 이를 실현할 수 없기 때문에 이익의 극대화는 유명무실한 목표라는 비판을 받기도 한다.

2) 부의 극대화

현대 재무관리에서는 기업의 목표를 부의 극대화에 두고 있다. 여기에서 부는 기업의 부를 의미하며, 기업의 부는 기업의 가치를 뜻한다. 기업가치(Value of The Firm)는 이론적으로는 기업의 미래이익 또는 현금흐름을 그 시간성과 위험을 고려하여 현재 시점의 가치로 평가한 것이다. 따라서 부는 이익과는 달리 그 개념이 명확하고 시간성과 위험을 함께 고려하므로 이익보다는 훨씬 명확하고 포괄적인 개념이라 할 수 있다. 그렇기에 기업가치의 극대화란 곧 주가의 극대화를 의미하는데, 결국 주가의 극대화란 주주의 부의 극대화를 뜻하는 것이다.

일반적으로 주가는 여러 요인들을 종합적으로 반영한다. 그것은 기업의 현재 수익력뿐만 아니라 미래의 수익력, 미래수익의 불확실성과 시간성, 사회적 책임의 이행 정도 등이다. 따라서 부의 극대화, 즉 기업가치의 극대화는 기업이 경영활동을 수행하는 데 있어 추구해야 할 궁극의 목표가 되는 것이다.

2. 재무분석

(1) 재무분석의 의의와 목표

기업에 있어서 재무관리의 주요 목표는 기업가치의 극대화 또는 주주의 부의 극대화라고 했다. 이는 주주의 부를 최대한으로 확대하는 것이며, 아울러 경영성과를 최고 수준으로 높이는 것이기도 하다. 이와 같이 효율적인 경영성과를 달성하기 위해서는 투자계획과 경영활동이 합리적으로 진행되어야 한다. 다시 말해서 투자계획의 수립에 있어서 위험과 수익의 상반관계(Trade-Off)를 직시하여, 이에 따른 적정 수준의 계획이 요구되는 것이다. 재무분석(Financial Analysis)은 이와 같은 재무의사결정에 필요한 자료 및 정보를 작성하기 위하여 수행되는 과거와 현재의 재무상황에 대한 분석을 뜻한다.

재무분석은 일반적으로 비율분석을 의미하는 경우가 많으나, 엄밀한 의미에서는 광의의 재무분석과 협의의 재무분석으로 구분할 수 있다. 광의의 재무분석은 전반적인 재무활동 내지 재무관리기능에 대한 분석을 의미한다.

반면에 협의의 재무분석은 과거와 현재의 재무제표를 기초로 기업의 재무상황과 영업성과를 분석하는 것이며, 재무제표의 분석이 이에 해당된다.

일반적으로 재무분석이라 할 때는 협의의 재무분석을 뜻하고 있다.

(2) 재무분석의 주체와 목적

재무분석은 이용자의 분석목적에 따라 비율의 선택 및 강조점이 각기 달라진다.

첫째, 거래선을 포함한 단기채권자는 단기채무의 지불능력인 기업의 유동성에 주로 관심을 기울인다. 따라서 단기채권자에게는 유동성비율이 가장 먼저 산출되며 다른 비율은 유동성 분석의 보완자료로 이용된다.

둘째, 사채권자 및 금융기관 등 장기 채권자의 관심사는 유동성도 물론 중요하지만 기업의 장기적인 자금흐름, 즉 장기적인 수익성에 더욱 관심을 갖는다. 따라서 기업의 자본 구조를 분석하여, 현금흐름표상의 주요 변동요인을 분석한다.

셋째, 주주의 관심사도 미래의 수익력에 쏠린다. 그러나 주주의 기회비용을 고려하여 항상 새로운 투자의사 결정을 내려야 하므로 기업의 현재와 미래의 수익성, 수익의 안정성 추세, 투자한 기업의 수익성과 다른 기업의 수익성과의 관계, 배당금의 지급능력과 파산위험들을 종합적으로 고려하게 된다.

넷째, 채권자와 주주 등 자본공급자인 외부분석자와는 달리 내부분석자인 경영자 스스로가 자기 기업의 재무분석을 하는 경우이다. 내부 재무분석의 목적은 경영계획, 경영통제, 최고경영자의 의사결정에 필요한 정보의 작성을 위한 것이다. 이는 주주의 최대 관심사인 기업가치의 극대화와 직결된다. 그리고 경영자의 재무분석은 외부의 자금공급자가 기업가치에 이용하는 모든 정보를 분석하여 이를 내부통제에 이용하고, 또 효율적인 자산관리를 통하여 기업의 투자수익성을 높이는 데에도 중점을 두고 있다.

다섯째, 금융기관이나 연구기관이 경제적인 측면에서 재무분석을 하는 경우이다. 이는 특정기업을 분석대상으로 삼는 것이 아니라 일정한 분석 범주에 속하는 모든 기업을 대상으로 하여 재무 상태와 경영성과를 분석하는 것이다. 따라서 규모별·산업별 재무분석의 결과가 평균치로 산출되고, 이 평균치를 기준으로 하여 경제현상의 변동원인을 분석하게 된다. (구맹회, 《현대재무관리》)

(3) 기본적 재무제표

재무제표(Financial Statements)란 기업의 일정 회계기간 동안의 경영성과와 일정 시점의 재무 상태를 표시하는 일련의 재무 관련 보고서를 총칭하는 것이다. 이는 기업의 경영활동에서 일어나는 거래를 화폐단위로 측정, 기록하여 그 기업의 재무 상태나 영업성과를 정보이용자에게 전달하는 수단을 말한다. 우리나라의 기업회계 기준에서는 외부정보 이용자에게 보고되어야 할 기본적인 재무제표로써 대차대조표, 손익계산서, 이익잉여금처분계산서, 현금흐름표를 들고 있다. 여기에서는 재무분석의 기초가 되는 대차대조표와 손익계산서에 대하여 살펴보고자 한다.

1) 대차대조표(Balance Sheet, B/S)

대차대조표는 기업의 재무 상태를 명확히 보고하기 위하여 대차대조표 작성일 현재의 모든 자산 부채 및 자본을 적정하게 표시한 보고서이다. 내용면에서 보면 기업에 필요한 자본이 어떻게 조달되고 그 조달된 자본이 어떻게 운용되고 있는가를 대조하여 표시해줌으로써 회사의 재무 상태를 명확히 한다는 기능을 가지고 있다. 대차대조표에서는 오른쪽 대변에 기업이 필요한 자본조달의 원천 측면을 표시하고 왼쪽 차변에 조달된 자본의 운용 측면을 명확하게 대조 표시하게 된다. 따라서 자산과 자본 사이에는 항상 다음과 같은 대차대조표 등식이 성립하게 된다.

자산 = 부채 + 자본

그래서 차변은 기업운영에 사용되는 경제적 자원의 목록이 표시되고 대변에는 이 보유자원에 대해 청구권을 갖고 있는 자본 제공자들의 지분을 구분 표시하는 정보를 제공한다.

2) 손익계산서(Income Statement. I/S)

손익계산서는 일정 영업기간의 경영성과를 명백하게 표시하기 위하여 그 기간에 발생한 모든 수익과 이에 대응하는 모든 비용을 한 표에 기재함으로써 순손익의 크기와 그 발생경과를 표시하는 보고서이다. 대차대조표가 일정 시점에 있어서의 기업 재무 상태를 총괄적으로 표시하는 것이라면, 손익계산서는 일정 기간에 있어 기업의 경영성과를 명백히 표시하는 재무보고서라 할 수 있다. 이것은 기업의 현재 경영성과와 수익력을 판단할 수 있는 정보를 제공해준다는 점에서 의의가 있다.

3. 재무 계획 · 재무 예측

(1) 손익분기점 분석(CVP 분석)
1) 손익분기점 분석의 의의

손익분기점(Break-Even-Point, BEP)은 일정기간의 매출액과 총 영업비용이 일치하여 이익 또는 손실이 발생하지 않은 상태의 매출량, 매출액 또는 조업도를 뜻한다. 매출액이 손익분기점을 초과할 경우에는 이익이 발생하고 손익분기점에 미달할 경우에는 손실이 발생한다. 손익분기점 분석은 매출액과 총비용 및 영업이익간의 관계를 분석하는 기법으로, 비용-조업도-이익분석(Cost-Volume-Profit Analysis, CVP Analysis)이라고 한다.

2) 손익분기점의 계산

손익분기점을 결정하는 요소로는 매출액, 고정비, 변동비, 매출량 또는 생산량, 공헌이익 등이 있다. 손익분기점을 위해서는 우선 비용구조의 파악이 선행되어야 하며, 이를 위해 모든 생산비용을 고정비와 변동비로 나누어야 한다. 고정비(Fixed Cost, FC)는 매출량 또는 생산량과 관계없이 고정적으로 발생하는 비용이다. 고정비에는 감가상각비, 경영진의 임금, 보험료, 재산세, 임차료 등이 포함된다.

변동비(Variable Cost, VC)는 매출량 또는 생산량의 수준에 따라 변동하는 직접비용이다. 변동비에는 재료비, 노무비, 연료비 등이 포함된다. 총 변동비는 매출량 또는 생산량의 증감에 따라 변하지만, 단위당 변동비는 매출량 또는 생산량에 관계없이 일정하다고 가정한다.

공헌이익(Contribution Margin, CM)은 단위당 판매가격에서 단위당 변동비를 차감한 것이며, 총 공헌이익 중에서 고정비를 공제한 나머지가 기업의 이익이 된다.

공헌이익 = 단위당 판매가격 – 단위당 변동비

공헌이익률은 공헌이익을 단위당 판매가격으로 나누어 준 것이다, 손익분기점을 계산하는 방법에는 그래프를 이용하는 방법과 수식을 이용하는 방법의 두 가지가 있다. 그래프를 이용하는 방법은 다시 3단계의 과정을 통해 이루어지는데, 그 방법은 다음과 같다.

첫째, 총수익함수를 표시하기 위하여 원점을 지나고 기울기가 P(가격)인 직선을 그린다. 둘째, 총비용함수를 표시하기 위하여 X축에 평행한 일정 수준의 총고정비용선상 위에서 기울기가 V(단위당 변동비)인 직선을 그린다. 셋째, 총수익과 총비용함수가 만나는 점에서 수직선을 그려 수평축과 만나는 점의 생산 수준(BEP)을 결정한다.

수식관계를 이용하는 방법은 다음의 수식을 이용하여 BEP를 결정한다.

$$BEP = \frac{FC}{1 - \dfrac{V}{P}} = \frac{FC}{M}$$

단, V : 단위당 변동비, P : 단위당 가격, M : 공헌이익

3) 손익분기점의 한계

손익분기점 분석은 비용, 매출액 및 이익간의 관계를 분석하는 데 유용할 뿐만 아니라 경영관리의 여러 분야에 매우 다양하게 이용된다. 그러나 손익분기점은 다음과 같은 한계점을 가지고 있음을 잘 알고 있어야 한다.

첫째, 손익분기점 분석에서는 비용을 고정비와 변동비로만 구분하였으나, 고정비 가운데서 변동비적인 성격을 지닌 비용항목들이 있으며, 반면에 변동비 중에서도 고정비적인 성격을 지닌 항목들이 있기 때문에 모든 비용을 고정비와 변동비로 구분하기 어렵다.

둘째, 시간이 경과함에 따라 생산원가나 판매가격 등은 달라지게 된다. 따라서 비용, 생산량, 판매가격의 관계가 항상 일정하다고 가정한 손익분기점 분석은 동태적이고 장기적인 경영계획 수립에서는 적합한 분석도구가 될 수 없다.

셋째, 손익분기점 분석은 기업이 한 제품을 생산할 때는 유용한 분석수단이 될 수도 있으나 여러 가지 제품을 생산 판매하는 경우에는 적합하지 않을 수도 있다.

넷째, 손익분기점 분석은 제품의 판매가격, 단위당 변동비, 고정비가 일정하다고 가정하여 비용, 수익 및 판매량간의 관계를 비선형으로 파악하였다는 점에서 한계를 갖는다. 일반적으로 제품의 판매가격은 매출량이 늘어날수록 떨어지며, 단위당 변동비는 생산량이 증가할수록 처음에는 줄어들었다가 일정 범위를 지나서는 증가하게 된다. 이런 경우에는 비용, 수익 및 판매량간의 관계가 비선형으로 나타난다.

4) 현금손익분기점 분석

현금손익분기점(Cash Break - Even - Point, CBEP)은 현금지출액을 회수할 수 있는 최소한의 매출액 수준을 의미한다. 현금손익분기점은 고정비 가운데 현금으로 지출되지 않는 감가상각비만큼은 공헌이익으로 회수하지 않아도 현금수치상의 적자가 없다는 데 이론적 근거를 두고 있다. 따라서 현금손익분기점에서의 매출량(CBEP)은 다음과 같이 계산된다.

$$CBEP = \frac{FC - 감가상각비}{P - V}$$

(2) 현금예산
1) 예산의 본질

넓은 의미에서 볼 때 예산은 재무계획과 통제과정의 일부분이다. 즉, 예산은 수입과 지출에 대한 재무계획으로서뿐만 아니라 실적과 비교하여 경영활동을 원활히 수행하기 위한 재무 통제의 기준으로도 사용되고 있다. 이러한 예산은 기업의 생산성 및 이익을 증대시키기 위한 관리수단으로 보아야 한다. 그렇기에 단순히 제한된 자금의 지출을 배분하는 도구로 생각해서는 안 된다. 또한 예산은 미리 설정된 목표와 실제로 달성된 실적을 비교 평가하는 조정수단이어야만 한다. 비교수준을 설정하기 위해서는 기업이 수행하는 활동에 대해 현실적인 이해가 필요하고 합리적인 근거 없이 임의로 설정된 기준은 무익한 것이다. 즉, 과대하게 설정된 기준은 좌절과 불만을 야기하고 너무 낮게 설정된 기준은 비용의 낭비와 이익의 감소를 초래할 것이다.

따라서 영업활동을 명확하게 이해하고 주의 깊게 분석하여 얻은 예산 만이 기업에 유리한 결과를 가져다주게 된다.

2) 현금예산

현금예산(Cash Budgeting)이란 기업의 현금흐름을 예측하는 것으로 재무계획의 가장 중요한 요소이다. 따라서 모든 기업의 현금의 수입과 지출을 미리 계획하고 통제하여야 한다. 그렇지 못하면 투자 자본에 대한 수익이 줄거나 극단적인 경우에는 도산을 면치 못하기 때문이다. 따라서 효율적인 영업활동을 수행하자면 경영자들은 현금예산을 통하여 기업 활동을 수행하면서 현금이 언제 얼마나 필요할 것인가를 미리 파악하여야 한다. 만약 현금 부족이 예상되면 경영자들은 단기부채 또는 장기자본을 조달할 계획을 마련하여야 하며, 현금의 잉여가 기대되면 현금의 투자기간과 투자대상에 관한 계획을 수립해야 한다.

현금예산은 일정기간의 현금유입과 현금유출을 구체적인 항목별로 나타낸 것인데, 이는 1년, 6개월, 3개월 또는 특정기간에 걸쳐 작성된다. 일반적으로 현금흐름이 불규칙할 경우에는 짧은 기간을 단위로 하여 추정손익계산서와 추정대차대조표가 작성된다. 현금예산은 기업의 향후 현금상태에 대한 정보만을 제공해주는 데 반하여 추정재무제표는 손익계산서 항목은 물론 자산과 부채항목에 대한 예측을 포함하고 있다.

현금예산 작성 시와 마찬가지로 추정재무제표 작성 시에도 가장 중요한 것은 정확한 판매예측임은 물론이다.

4. 미래 현금흐름의 가치

(1) 가격결정의 요소

투자결정은 현 지점에서 이루어지지만 투자수익은 미래의 어느 시점에서 실현된다. 동일한 현금이라도 이렇게 발생시점이 다르면 그 가치가 다르다.

소비자들은 동일한 금액이라 하더라도 미래의 현금보다 현재의 현금을 더 선호하는 경향이 있다. 이를 유동성 선호(Liquidity Preference)라고 한다. 결과적으로 오늘의 현금 100만 원의 가치가 내일의 현금 100만 원의 가치보다 크게 되는데, 이를 화폐의 시간적 가치(Time Value of Money)라고 한다.

유동성 선호의 근거로는 다음과 같은 것들을 들 수 있다.

첫째, 소비자들은 일반적으로 미래의 소비보다는 현재의 소비를 선호하는 시차선호(Time Preference)의 경향을 지니고 있다.

둘째, 일정한 현금을 미리 받으면 유리한 투자 기회가 있을 경우 이에 투자함으로써 높은 수익을 얻을 수 있다.

셋째, 미래에는 물가상승에 따른 구매력 감소의 가능성이 존재한다.

넷째, 미래에는 불확실성으로 인한 위험이 존재한다.

따라서 투자의사결정에 있어서 현금흐름의 시간과 위험은 가장 기본적인 요소라 할 수 있으며, 이를 고려하지 않는다면 주요한 재무의사결정을 올바르게 수행하지 못할 것이다.

(2) 화폐의 시간적 가치

1) 미래가치

미래가치(Compound or Future Value, FV)란 현재의 일정 금액을 미래의 일정 시점에서 계산한 가치를 말하며, 미래가치를 구하는 것을 복리계산이라고 한다. 복리계산은 각 기간에 받는 이자도 재투자됨을 전제한 것으로 이자에 이자를 고려한 것이다. 반대로 단리계산은 이자가 재투자되지 않음을 전제로 한 계산이다. 미래가치는 다음의 식을 이용하여 구할 수 있다.

$$P_n = P_o(1+i)^n$$

단, P_n : n기의 가치, i : 이자율, n : 기간

위 식에서 $(1+i)^n$을 복리이자 요소라고 부른다.

2) 현재가치

현재가치(Present Value, PV)란 미래에 발생할 일정 금액을 현재의 시점에서 평가한 가치이다. 현재가치를 줄여서 '현가' 라고도 하며, 현재가치는 항상 미래가치보다 작아지기 때문에 현재가치를 구하는 것을 할인한다고 하며, 할인될 때 사용하는 이자율은 할인율(Discount Rate)이라고 한다.

현재가치는 다음의 식을 이용하여 구할 수 있다.

$$P_o = P_n \frac{1}{(1+i)^n}$$

단, P_n : n기의 가치, i : 이자율, n : 기간

위 식에서 $\dfrac{1}{(1+i)^n}$ 을 현가 이자요소라고 부른다.

3) 연금의 미래가치

연금(Annuity)이란 일정 기간 동안 일정 금액을 계속적으로 지불하는 것을 의미한다. 연금의 미래가치란 매 기말에 일정 금액을 지불할 때 연금 종료 기말에서의 미래가치 총액을 일컫는다. 이는 다음의 식을 이용하여 계산할 수 있다.

$$S_n = A\left[\frac{(1+i)^n - 1}{i}\right]$$

단, S_n : 연금의 미래가치, A : 연금액, i : 이자율, n : 기간

위 식에서 $\left[\dfrac{(1+i)^n - 1}{i}\right]$ 을 연금의 복리이자 요소라고 한다.

4) 연금의 현재가치

연금의 현재가치는 매기당 수령액을 현재가치로 환산한 금액의 합계이다. 구체적으로 이를 계산하는 식은 다음과 같다.

$$S_0 = \frac{A}{i}\left[1 - \frac{1}{(1+i)^n}\right]$$

단, S_0 : 연금의 현재가치, A : 연금액, i : 이자율, n : 기간

위 식에서 $\left[1 - \dfrac{1}{(1+i)^n}\right]$ 을 연금의 현가 요소라 부른다.

5) 영구기금의 현재가치

영구기금이란 영원히 일정 금액의 이자를 지급하는 것으로 영구연금의 현가는 매월 받는 연금액을 이자율로 할인함으로써 간단히 구할

수 있다.

6) 불규칙한 현금의 미래 및 현재가치

이상에서 설명한 현금흐름들은 현금흐름의 크기가 기간에 관계없이 일정한 것들이었다. 그러나 실제의 현실세계에서는 현금흐름의 크기가 각 시점마다 상이한 경우가 대부분이다. 이러한 현금흐름의 현재가치(미래가치)를 구하는 데는 특별히 간단한 공식을 적용할 수 없으며, 매기의 현금흐름에 대해 일일이 적절한 할인율로 할인(복리계산)해 주어야만 한다.

5. 자본예산과 편성의 기본과제

(1) 자본예산의 의의와 중요성

기업에 있어서 투자결정은 매우 중요한 의미를 갖는다. 기업의 투자를 미래에 실현될 수익을 얻기 위하여 현재의 자금을 지출하는 것으로 정의할 때(H. Bierman Jr. & S. Smidt,《The Capital Budgeting Decision》) 투자에는 미래의 수익에 대한 위험이 따르게 된다. 따라서 투자결정의 결과는 기업의 수익성과 위험도에 영향을 미치게 된다.

앞에서 설명한 바와 같이 기업의 목표는 기업가치의 극대화이며, 기업가치는 기업의 수익성과 위험도에 의하여 결정되므로 투자결정은 미래의 기업가치와 직결된다. 이러한 의미에서 한 기업의 성패는 그 기업의 투자결정에 달려 있다고 해도 과언이 아니다. 특히 투자결정에 있어 단기에 효과가 끝나는 투자보다는 그 효과가 장기에 걸쳐 나타나는 투자가 보다 중요하다.

이와 같이 투자로 인한 수익이 앞으로 1년 이상에 걸쳐 장기적으로 실현될 투자결정에 관련된 전체적인 계획과정의 수립을 자본예산이라고 한다(J. F. Weston & E. F. Brigham, 《Managerial Finance》). 그러나 경상지출과 자본지출의 구분을 명확히 1년이라고 단정하기는 어려우며, 이는 회계기간이 1년이라는 관례에 따른 것이다.

자본예산의 중요성은 자본예산이 갖는 다음과 같은 특성에 의하여 분명해진다.

첫째, 자본예산은 대규모의 투자자금을 필요로 한다는 특징을 지니고 있다.

둘째, 자본예산은 투자의 장기성과 수정의 어려움이라는 특성을 가지고 있다.

셋째, 자본예산, 특히 설비 확장의 경우에는 장기간 동안 높은 고정비를 발생시킨다. 그러므로 이 기간 동안 만약 운전자본의 수급계획에 차질이 생기면 기업 전체의 경영활동이 마비되고 지급불능의 위험을 초래할 수 있다.

마지막으로 현대는 기술혁신의 진보가 빠르기 때문에 기업은 과거에 비하여 자본예산에 대한 의사결정을 더욱 자주 해야만 하며, 신중히 다루어져야만 한다.

(2) 자본예산의 과정

자본예산의 의사결정은 관리적 측면에서 보면 다음의 4단계로 나누어서 생각할 수 있다.

1) 투자안의 개발

첫째 단계는 투자대상을 물색하는 단계이다. 이 단계는 투자환경을 예측하여 새로운 투자 기회를 찾는 투자안의 개발을 뜻한다.

2) 현금흐름의 추정 및 투자안의 평가

둘째 단계는 개발된 투자안의 타당성을 검토하는 과정으로 경쟁적(기술적 타당성과 경제적 타당성의 평가로 구분된다. 경쟁적 타당성의 평가는 기술적인 면에서 투자안의 시장성과 경쟁성이 바람직한가를 검토하고, 이울러 기업가치의 증가라는 궁극적인 목적에 투자안이 적합한가를 검토하는 것이다.

경제적 타당성의 평가는 투자안의 수익성과 비용을 추정하여 수익성을 평가하는 분석적 방법을 의미하며, 이를 자본예산의 기법이라고도 한다.

3) 투자안의 선택

셋째 단계는 최고경영자가 자금의 사정, 장기적 목표 및 경쟁상태 등 기업이 당면하고 있는 모든 사정을 고려하여 여러 투자영역에서 각기 달리 나타나는 투자안 중에서 가장 바람직한 것을 선택하는 의사결정의 과정이다.

4) 투자안의 집행

투자안의 집행은 경영자가 선택된 투자안을 적절히 집행하는 과정을 의미하며 통제와 피드백(Feed-Back)으로 구성된다.

(3) 투자의 종류

투자는 분류기준에 따라 여러 가지로 구분할 수 있으나 여기에서는 투자 목적에 따라 네 가지로 분류하도록 한다.

1) 대체투자

대체투자란 이미 보유하고 있는 자산의 수명이 다 되었거나 그 효율이 떨어질 때 새로운 자산으로 대체하는 투자를 의미한다.

2) 확장투자

확장투자란 자기 회사 제품에 대한 수요가 크게 증가한다든지 시장 점유율이 커져 기존의 생산시설만으로는 대처하기 어려울 경우 기존 시설을 확장하는 투자를 의미한다.

3) 제품투자

확장투자는 기존 제품의 생산을 증가시키기 위한 투자이나, 제품투자는 새로운 제품을 개발하여 생산하기 위한 투자를 의미한다. 새로운 제품생산에는 필요한 정보가 충분하지 못하므로 다른 투자의 경우보다 제품투자에 따르는 위험이 매우 높다고 할 수 있다.

4) 전략투자

전략투자란 기업의 전략적인 목적을 위한 투자로서 기업의 직접적인 이익의 증대보다는 기타의 편익을 장기간에 걸쳐 발생시키기 위한 투자를 의미한다. 전략투자에는 기업합병이나 연구개발투자, 또는 종업원 복리후생을 위한 투자 등이 포함된다.

(4) 현금흐름의 추정

1) 현금흐름의 개념

투자안의 평가는 현금흐름을 기초로 하여야 한다. 현금흐름이란 투자로부터 발생하는 모든 현금의 움직임을 의미한다. 투자로 인하여 들어오는 현금을 현금유입이라 하며, 나가는 현금을 현금유출이라 한다. 현금흐름을 각 기간별로 현금유입과 현금유출로 구분하여 측정하는 것보다 각 기간마다 현금유출의 차를 계산하여 측정하는 것이 편리하다. 현금유입과 차를 순현금흐름이라 하며 간단히 현금흐름이라고도 한다.

2) 현금흐름 추정의 기본원칙

첫째, 모든 현금흐름은 법인세 차감 후 기준으로 추정하여야 한다. 법인세는 기업이 실제로 지출하는 현금유출이기 때문이다.

둘째, 모든 현금흐름은 증분 기준으로 추정하여야 한다. 이는 투자결정으로 인한 현금흐름의 증분만을 고려하여야 한다는 것으로, 증분 기준에 의하여 현금흐름을 추정할 때 고려하여야 할 사항은 다음과 같다. (R. Brealey & S. Myers, 《Principles of Corporate Finance》)

① 투자안의 채택으로 인한 추가적인 순운전자본의 소요액을 현금흐름의 추정에 반영하여야 한다.

② 매몰원가(Sunk Cost)는 새로운 투자안의 평가와는 아무런 관련이 없으므로 현금흐름에 포함되지 않아야 한다.

③ 투자결정으로 인한 모든 증분효과를 고려하여야 한다. 즉, 특정 투자안으로부터 기대되는 현금흐름을 추정할 때에는 그 투자안이 기업의 다른 투자안의 현금흐름에 미치는 증분효과까지 고려하여야 할

것이다.

④ 기업이 다른 용도로 이용할 수 있는 자원을 특정투자에 사용한다면 이 자원에 대한 기회비용을 현금흐름에 고려하여야 한다.

셋째, 이자비용과 배당금은 현금유출에 포함시켜서는 안 된다. 이는 기업 입장에서는 명백히 현금유출이지만, 투자안의 평가 시 사용하는 할인율에 반영되기 때문에 현금흐름에 포함시켜서는 안 되는 것이다.

넷째, 감가상각비는 현금유출에 포함시켜서는 안 된다. 감가상각비는 비현금 비용으로 실제적인 현금유출이 아니기 때문이다.

다섯째, 인플레이션을 일관성 있게 고려하여야 한다. 이는 투자로부터 기대되는 현금흐름은 장기간에 걸쳐 발생하므로 인플레이션이 현금흐름에 미치는 영향이 매우 크다. 따라서 현금흐름을 추정할 때에는 인플레이션의 영향을 고려하여야 한다.

(5) 현금흐름 추정 시 기타 고려사항

1) 잔존가치와 현금흐름

잔존가치란 어떤 자산의 내용연수말에 이를 처분하여 회수할 수 있는 예상금액을 말한다. 잔존가치가 예상될 경우 잔존가치의 크기에 따라 감가상각비가 달라지며, 이로 인하여 현금흐름이 다르게 나타난다.

2) 처분가치와 현금흐름

자산을 처분할 경우 자산을 장부가치대로 처분하는 경우는 드물다. 따라서 자산의 처분가치가 장부가치보다 작으면 처분손실이 발생하고, 그 반대의 경우 처분이익이 발생하게 된다. 이때 특별손실과 특별이익으로 말미암아 세금이 달라지며, 이로 인하여 현금흐름이 달라지게 된다.

3) 운전자본과 현금흐름

기계 또는 시설과 같은 고정자산에 대한 투자는 현금, 외상매출금, 재고자산 등과 같은 운전자본의 증가를 흔히 수반하게 된다. 운전자본에 대한 이와 같은 부수적인 투자는 그 발생 시점에서 현금유출로 처리하여야 한다.

6. 확실성 하의 투자결정 기법

(1) 현금흐름 할인법

투자안의 경제성을 평가하는 데 사용되는 방법들은 자본예산기법이라 하며 회계적 이익률법, 회수기간법, 내부수익률법, 순현가법, 수익성 지수법의 다섯 가지 방법이 널리 이용되고 있다. 이 중에서 내부수익률법, 순현가법 그리고 수익성지수법은 화폐의 시간적 가치를 고려하여 투자안을 분석하기 때문에 이들을 현금흐름 할인법이라 한다.

1) 내부수익률법

내부수익률법(Internal Rate Return, IRP)이란 어떤 투자안에서 예상되는 현금수입의 현재가치와 현금유출의 현재가치를 일치시켜 주는 할인율을 말한다. 이를 수식으로 나타내면 다음과 같다.

$$\frac{R_1}{(1+r)^1} + \frac{R_2}{(1+r)^2} + \cdots + \frac{R_n}{(1+r)^n} = C$$

단, R_n : n 시점의 순현금유입, C : n=0 시점에서의 순현금유출위 식을 만족시키는 이자율(r)이 바로 IRR이다. 이 경우 투자안의 채택 기준은 내부적으로 결정한 요구수익률로서 IRR이 요구수익률보다 크거나 같을 경우 투자안은 채택될 수 있다.

2) 순현가법

순현가 또는 순현재가치(Net Present Value, NPV)란 투자로부터 기대되는 미래의 순현금유입을 자본비용으로 할인한 순현금유입의 현가에서 순현금유출의 현가를 공제한 값으로 정의된다. NPV를 수식으로 정의하면 다음과 같다.

$$NPV = \frac{R_1}{(1+k)^1} + \frac{R_2}{(1+k)^2} + \cdots + \frac{R_n}{(1+k)^n} - C$$

단, R_n : n 시점의 순현금유입, C : n=0 시점에서의 순현금유출, k : 자본비용

이 경우 투자채택의 기준은 0으로 NPV가 0보다 크거나 같은 경우 투자안은 채택될 수 있다.

순현가법은 다음과 같은 중요한 특성을 지니고 있다. (R. Brealey & S. Myers, 《Principles of Corporate Finance》).

순현가법에 의하여 평가된 투자안의 가치는 모두 현재(n=0)의 화폐가치인 현가로 표현된 것이므로, 서로 다른 여러 개의 개별 투자안을 결합한 결합투자의 가치는 개별투자안의 가치를 단순 합계한 것과 일치한다. 이를 가치의 합산 원칙이라 한다.

이 원칙이 성립하지 않는다면 두 개 이상의 개별 투자안이 결합된 결합투자의 투자가치를 일일이 다시 계산하여야 하는 번거로움이 있

을 것이다. 이것이 NPV법이 다른 투자안 평가방법에 비해 우수한 점 가운데 한 가지이다.

3) 수익성 지수법

수익성 지수법(Profitability Index, PI)은 IRR법이나 NPV법이 모두 절대액을 기준으로 하고 있다는 단점을 개선하기 위하여 상대적 중요도를 평가하기 위하여 고안된 방법이다. 수익성 지수란 현금유입의 현재가치를 현금유출의 현재가치로 나눈 비율을 말한다. 이 경우 투자채택의 기준은 1이 되며, PI가 1보다 크거나 같은 경우 투자안은 채택될 수 있다.

4) IRR법과 NPV법의 비교

단일투자안의 경우 순현가법과 내부수익률법은 같은 결과를 가져온다. 그러나 둘 또는 그 이상의 상호 독립적인 투자안의 투자 우선순위를 결정하거나 상호 배타적인 투자안을 평가할 경우 순현가법과 내부수익률법은 다음의 경우 상반된 결과를 나타낼 수 있다.

첫째, 투자안들의 투자규모가 현저히 다를 경우

둘째, 투자안의 투자규모가 동일하더라도 투자안들의 수명이 현저하게 다를 경우

셋째, 투자규모와 투자수명이 서로 같더라도 투자안들의 현금흐름 양상이 현저하게 다를 경우

이렇듯 상반된 결과를 가져올 경우에 투자안의 평가기준으로 삼아야 할 것이 순현가법이다. 이를 구체적으로 설명하면 다음과 같다.

① 순현가법이 암묵적으로 가정하고 있는 재투자수익률이 보다 합리적이다. 이는 내부수익률법에서는 내부수익률로 재투자된다고 가

정하고 있는 반면에, 순현가법에서는 자본비용으로 재투자한다고 가정하고 있기 때문이다.

② IRR은 투자로부터 얻는 수익률을 의미하는 반면, NPV는 투자로부터 발생하는 기업가치의 증가분을 나타내므로 순현가법이 내부수익률법보다 우월하다.

③ 내부수익률법을 이용하여 투자가치를 평가할 경우 투자안에 따라서는 복수의 IRR이 존재하므로 투자의사결정이 어렵게 된다.

5) IRR · NPV · PI법의 적용방법

첫째, 독립적인 투자안에 대한 채택 여부만을 결정할 때에는 어떤 방법에 의하든지 똑같은 결과를 가져 온다.

둘째, 상호 배타적인 투자안에 대한 평가를 행할 경우에는 순현재가치의 크기에 의해서 우선 채택할 투자안과 기각할 투자안을 결정한다.

셋째, 여러 개의 투자안이 있고 기업에서 투자에 이용할 수 있는 자금이 한정되어 있을 경우(자본 제약의 경우)에는 PI법에 의해 투자의 우선순위를 결정하고, 그 우선순위의 1위부터 투자지출액이 투자 제약액의 범위에 이를 때까지의 투자안만을 채택하고 나머지 투자안은 기각시킨다.

(2) 전통적 방법

1) 회수기간법

회수기간 또는 자본회수기간이란 투자에 소요되는 자금을 그 투자안의 현금흐름으로부터 회수하는 데 걸리는 연수를 말하며, 회수기간법이란 회수기간을 계산하여 이를 기초로 투자안을 평가하는 기법이다.

회수기간을 계산할 때 각 연도별 현금흐름은 연중 균등하게 이루어진다고 가정한다. 따라서 현금유입이 매년 일정할 경우 회수기간은 투자액을 매년의 현금유입액으로 나누어 쉽게 구할 수 있다. 회수기간법의 투자의사 결정과정은 다음과 같다.

단일 투자안의 경우에는 기업에서 미리 설정한 회수기간보다 짧으면 그 투자안을 채택하고, 상호 배타적인 투자안의 경우에는 기준기간보다 짧은 투자안 중에서 가장 짧은 투자안을 채택하게 된다.

2) 회계적 이익률법

회계적 이익률법이란 어떤 투자 기회에 대해서 예상되는 장부상 연평균이익을 법인세 차감 후로 계산하여 이를 최초의 순투자액으로 나눈 것을 이용하여 투자안을 평가하는 기법이다.

이렇게 해서 계산된 회계적 이익률이 기업 내부에서 정한 기준보다 크거나 같을 경우 그 투자안은 채택될 수 있다.

3) 전통적 방법의 평가

이상에서 살펴본 전통적 방법들은 계산이 간편하고 쉽고 빠르게 투자의사 결정을 할 수 있다는 장점이 있으나, 화폐의 시간적 가치를 무시하고 있다는 결정적인 약점을 가지고 있기 때문에 합리적인 투자의사 결정 기법으로 바람직하지 않다.

(3) 투자분석상의 기타 문제

1) 내용연수가 상이한 투자안의 비교

투자의 내용연수가 각각 다른 투자안의 경우에는 직접적인 NPV의 비교는 큰 의미가 없다. 이 경우에는 내용연수가 지나면 즉시 동종의 새로운 기계로 대체한다고 가정하여, 각 기계의 연간 동등비용을 구할 수 있는데, 이를 이용하여 연간 동등비용이 적은 투자안을 선택해야 한다.

2) 자본통제 하의 투자결정

앞의 IRR · NPV · PI법의 적용방법의 세 번째 항목에서 살펴보았듯이, PI법에 의해 우선순위를 정하고 제약 자본의 범위에 이르기까지 투자안의 우선순위에 의해 채택하면 된다. 그러나 투자자금이 적은 경우나, 투자기간이 1년이 아니고 수년간에 걸쳐 있을 경우, 또는 투자금액이 매우 커서 투자의 불가분성이 문제가 되는 경우에는 선형계획법이나 정수계획법과 같은 수리계획법을 응용하여야 한다.

3) 인플레이션 하의 투자결정

인플레이션은 화폐의 구매력을 감소시키므로 화폐의 구매력이 일정하다고 가정한 종래의 자본예산기법을 이용하여 투자안분석을 하면 결과는 왜곡될 수밖에 없다.

미래의 인플레이션이 있으리라 예상되는 경우, 재무 관리자는 현금흐름과 할인율에 인플레이션의 영향을 일관성 있게 반영시켜 투자안을 평가하여야 한다. 인플레이션을 일관성 있게 고려하는 방법으로는 다음 두 가지가 있다.

첫째, 명목가치로 추정된 현금흐름은 명목수익률로 할인해야 한다.

둘째, 실질가치로 추정된 현금흐름은 실질수익률로 할인해야 한다.

이들 두 가지 방법 중 어느 것을 사용하여도 투자안 평가의 결과는 같게 된다.

7. 기업합병(Merger & Aquisition, M&A)

(1) 합병의 의미

기업이 성장하는 방법은 내적 성장과 외적 성장으로 구분할 수 있다. 내적 성장이란 기업이익을 유보하여 자본을 축적하는 것뿐만 아니라 외부로부터 자본을 조달하여 기업의 투자규모를 확대시키는 것이다. 반면에 외적 성장이란 기업이 타기업과 연합하거나 결합하여 성장하는 것을 뜻한다. 즉, 외적 성장은 기업 내부의 경영활동에 의한 기업 규모의 확대가 아니고, 타기업을 매수 또는 흡수하여 생산과 판매능력을 확장시켜 가는 것이다. 따라서 내적 성장이 자본의 집적에 의한 성장이라고 한다면 외적 성장은 자본의 집중에 의한 성장이라고 표현할 수 있다. 이러한 외적 성장의 대표적인 것이 기업합병이다.

기업합병이란 두 개 이상의 회사가 청산절차를 거치지 않고 한 개 이상의 회사가 소멸함과 동시에 소멸회사의 권리·의무가 포괄적으로 존속회사에 이전되는 회사 간의 계약을 의미한다.

기업들이 합병을 행하는 이유는 단적으로 말하기는 매우 어렵지만, 재무관리의 측면에서 볼 때 생산규모 또는 경영규모의 확대를 통하여 규모의 경제를 달성함으로써 궁극적으로는 기업가치를 극대화하려는 데 있다고 할 수 있다.

(2) 기업합병의 동기

1) 경영합리화

기업합병이 이루어지면 경영의 각 분야에서 시너지(Synergy)효과를 기대할 수 있다. 즉, 다음과 같은 영업통합 효과가 이루어질 수 있으므로 경영합리화가 이루어진다.

첫째, 규모의 경제에 의한 원가절감으로 중복되는 생산시설의 통합, 마케팅, 구매, 기타 영업활동에서 규모의 경제성이 작용한다.

둘째, 관리능력의 향상으로 진취적이고 유능한 관리자를 가지고 있는 다른 회사와 결합함으로써 불필요한 인적 낭비를 줄일 수 있게 된다.

2) 경영다각화

기업합병으로 인하여 영업의 종류가 많아지게 되면 영업 위험이 분산되고 주기적 또는 계열적인 수익의 불안정성을 줄일 수 있다.

이 수익안정화 효과의 정도는 합병기업의 성격이 얼마나 상이한가에 달려 있다. 따라서 합병기업들의 이익흐름이 정(+)의 상관관계에 있게 되는 수평적 합병에서 이 효과는 상대적으로 작을 것이고, 서로의 상관성이 적은 다각적인 합병의 경우에는 이 수익안정화 효과가 클 것이다.

3) 경영전략의 효과

기존의 기업과 합병함으로써 기업의 독자적인 내적 성장보다 저렴한 비용과 위험으로 기업규모의 확장을 달성할 수 있다. 또한 기업은 기업환경 변화에 대응하여 조직의 탄력성을 유지하고, 불안정성을 최소화하며, 적극적으로 미래의 성장 기업으로 남기 위해서는 경영전략적 관점에서 제품과 시장 포트폴리오의 재구성이 필요하다.

4) 시장지배력의 증대

동종 산업의 기업 간에 이루어지는 수평적 합병의 경우는 시장점유율의 확대를 통하여 시장에서 지배적인 지위를 차지할 수 있다.

5) 재무구조의 개선과 부실기업의 구제

기업합병의 재무적 효과 중에서 중요한 것은 파산 위험의 감소효과이다. 파산에 직면한 기업이 합병 후 인수기업의 여유자금 지원으로 파산을 면하는 이러한 효과는, 특히 결합되는 양사의 이익 흐름의 상관관계가 적은 다각적 합병의 경우에 더 크게 나타난다. 이를 기업합병의 위험공동부담 효과라고 부른다. 이 파산가능성의 감소는 부채차입능력을 높이고 이것이 결과적으로 자본비용의 감소와 부채의 세금감면 효과를 가져오므로 실질적인 가치창출을 가능하게 한다고 보고 있다.

8. 환율이론

(1) 환율의 의의와 표시방법

1) 환율의 의의

환율(Exchange Rate)이란 통화의 한 단위에 대한 이종통화와의 교환비율을 의미한다. 통화는 상품의 교환가치를 측정하는 척도인 동시에 상품과 상품과의 직접교환을 매개하는 간접교환수단이다. 따라서

통화의 가치라는 것은 일정 단위통화가 가지고 있는 구매력을 의미한
다. 한 나라의 통화가 그 국내에 있어서의 구매력으로 평가된다면 외
국에 있어서의 가치는 외국통화의 교환비용, 즉 환율로 나타나는 것
이다.

2) 환율의 표시방법

환율의 표시방법은 특별한 원칙이 있는 것이 아니고, 단지 어느 나
라 통화를 기준으로 하느냐에 따라 그 표시방법이 달라진다.

① 자국통화표시환율

외국통화를 기준으로 하여 외화 한 단위와 교환되는 자국통화 단위
량, 즉 외화 한 단위당 자국통화를 얼마로 표시하는가 하는 환율표시
방법이다.

② 외국통화표시환율

자국통화표시환율과 반대의 개념으로 1원=1/840$와 같이 표시하는
방법을 말한다.

③ 할증 또는 할인 표시법

기본적으로 자국통화표시 또는 외국통화표시환율이 한 방법이나 자
국과 동일한 화폐단위를 채택하고 있는 국가의 통화를 나타낼 때 이
용되는 방법이다. C$1=US$1.10과 같이 표시하는 것을 의미한다.
C$1=US$1.10의 경우는 캐나다 달러화가 미국 달러화에 대하여
10cent premium이라 하고, C$1=US$0.90의 경우이면 10cent dis-
count라고 한다. 이와 같은 표시방법은 선물환율을 나타낼 때도 이
용된다.

④ Offer Rate와 Bid Rate

외환시장에서는 일반적으로 두 개의 숫자로 환율을 제시하고 있는데, 여기서 외화를 매도하려는 가격을 오퍼레이트(Offer Rate)라 하고, 외화를 매입하려는 가격을 비드레이트(Bid Rate)라 한다.

3) 고정환율제도와 변동환율제도

고정환율제도란 외환시장에서 환율의 변동을 전혀 인정하지 않거나 그 변동 폭을 고정시켜 놓은 제도이다. 즉, 일정한 평가를 설정하고 이를 실제의 외국환 거래에 적용하는 환율로 하거나 또는 평가를 기준으로 하여 일정 범위 내에서 환율을 유지하는 제도를 의미한다.

변동환율제도는 환율이 외환시장에서의 수요와 공급에 의하여 자유로이 변동하도록 아무런 제약을 가하지 않는 제도이다. 그러나 현실적으로 완전한 자유변동환율제도를 시행하고 있는 나라는 없다. 거의 대부분의 국가가 자국화폐의 환율결정을 외환시장의 수급에만 맡기지 않고 중앙은행을 비롯한 관리당국이 개입함으로써 자국의 정책목표가 반영될 수 있도록 유도하는 관리변동환율제도를 채택하고 있다.

(2) 환율결정이론

1) 구매력평가설

구매력평가설은 환율결정이론 중 가장 널리 알려져 있으며, 환율결정이론 중 가장 타당성 있는 이론으로 받아들여지고 있다. 스웨덴의 구스타프카셀(Gustav Cassel)에 의하여 체계화된 이 이론은 만일 현재의 현물시세가 균형 상태에 있다면 두 나라간 인플레이션율의 차이

변화는 균형 상태에 있는 현재의 현물환 시세를 장기적으로 인플레이션율의 차이만큼 반대 방향으로 변화시켜 인플레이션율의 차이에 의해 발생되는 경제적 효과를 상쇄시키는 작용을 한다는 것이다. 이 이론의 핵심은 특정국의 인플레이션율이 교역상대국보다 높은 경우 그 나라의 상품 및 용역수출은 상대국보다 종전에 비해 가격 면에서 비교열위에 놓이게 되고, 반면 수출은 비교우위를 보이게 된다. 그런데 이것이 자본계정에서 상쇄되지 않으면 결국 현물환시세의 평가절하를 초래하게 된다는 것이다.

2) 피셔효과

피셔효과(Fisher Effect)는 명목이자율과 실질이자율 그리고 기대 인플레이션 사이에 다음과 같은 관계가 있음을 나타내는 것이다.

$$1 + \text{명목이자율} = (1 + \text{실질이자율})\,(1 + \text{기대 인플레이션})$$

피셔효과에 의하면 명목이자율은 실질수익률과 예상[기대] 물가상승률의 합이 되며, 실질수익률은 세계 어디에서나 같게 된다. 즉, 투자에 제한이 없다면 세계 어느 지역에서나 실질수익률은 같게 되며, 단 명목이자율만이 투자지역의 예상물가 상승률의 차이만큼 다르게 된다.

3) 국제피셔 효과

국제피셔 효과 이론은, 두 나라 통화 간 현물환시세는 두 나라 사이의 이자율의 차이만큼 이자율의 상대적 변화와 반대방향으로 변화한다고 하는 것이다. 이는 피셔 효과에 바탕을 두고 있다. 이 이론은 금융산업이 선진 수준에 있는 국가에서 1년 정도의 환율변동예측에 정확도가 있는 것으로 평가받고 있다.

4) 금리평가설

금리평가설(Interest Rate Parity Theorem)은 동일한 만기와 동일한 위험을 가진 증권에 대한 국가 간의 이자율 차이는 외국통화에 대한 선물환율의 할인율 또는 할증률과 같다는 이론이다. 만약 그렇지 않을 경우에는 국가 간 재정거래를 통하여 위험을 전혀 부담하지 않고 재정이익을 얻을 수 있게 되며, 이는 재정이익이 사라질 때까지 계속될 것이고, 결국은 균형 상태에 도달하게 된다는 설이다.

3절 생산관리

1. 생산관리의 기초

생산관리는 유형의 재화(제품)와 무형의 재화(서비스)의 생산을 관리하는 활동을 말한다.

과거 60년대까지는 생산관리의 활동영역을 제조활동(Manufacturing)에 국한시켜 생각하였으나, 그 이후에는 제조활동뿐만 아니라 서비스의 창출까지도 생산관리의 영역에 포함시키는 게 정설이 되었다.

(1) 생산관리의 정의

생산관리가 무엇인지를 알기 위해 먼저 생산이란 무엇인지 알아야 할 필요가 있다. '생산이란 무(無)에서 유(有)를 창조하는 활동이 아니라 여러 투입 요소들 - 원자재, 설비, 인력, 자금, 시간 등 - 을 변환(Transform)시켜 제품(또는 서비스)이라는 경제적 가치를 산출시키는 과정'이라고 정의할 수 있다.

그럼 생산관리란 무엇인가? 생산관리에 대한 정의는 보는 관점에 따라 여러 가지로 정의해 볼 수 있겠으나, 통상 제품이나 서비스를 생산하는 데 필요한 자원을 최적의 상태로 관리하는 일이라 정의한다. 이때 생산관리의 대상이 되는 자원은 크게 4M, 즉 원자재(Material), 설비(Machine), 인력(Man), 작업방법(Method)으로 분류된다. 생산관리의 또 다른 정의는 기능의 수행에 필요한 의사결정을 내리는 것이라 할 수 있다.

(2) 생산관리의 변천

생산관리의 기원은 인간이 문명사회를 이룩하던 때로 거슬러 올라갈 수 있다. 이때로부터 시작된 생산관리가 근대 이후에 어떻게 변천되었는지를 살펴보기로 하자.

산업혁명이 일어난 해인 1776년 이전까지는 주로 점진적인 생산방법의 발전은 있었으나, 근본적으로는 자급자족을 위한 가내수공업 형태의 생산이 계속되었다. 그러나 기계의 힘으로 더 큰 힘을 사용할 수 있게 된 산업혁명은 생산방법에도 혁신적인 변화를 가져오게 되는 계기가 되었다.

가내수공업의 형태로부터 본격적인 산업사회의 생산형태로 산업의 구조가 변화함에 따라 생산관리의 필요성도 점차 인식되기 시작하였다. 생산 규모가 작고 조직의 숫자도 얼마 되지 않는 종래의 수공업적 상황에서는 생산관리의 필요성을 느낄 여지가 없었으나, 산업사회로 변화되어갈수록 생산관리의 필요성을 자연스럽게 인식하기 시작한 것이다.

산업혁명은 제임스 와트(J. Watt)에 의한 증기기관의 발명이 산업에 동력을 제공하였고, 아담 스미스(A. Smith)는 그의 저서 《국부론(The Wealth of Nations)》에서 생산 작업 전반에 '분업(Division of Labour)의 원리'를 제시함으로써 이론적 근거를 제공하였다. 아담 스미스 이후 영국 케임브리지대학(Cambridge Univ.)의 수학 교수인 찰스 베비지(C. Babbage)는 《기계와 제조의 경제학(On The Economy of Machinery and Manufactures)》에서 아담스미스가 고찰한 분업의 작업상 경제적 이점에 관하여 동조하고, 나아가서 분업의 생산성 향상 이점에 부가하여 임금에 대한 기초로서 '숙련 유한의 원칙(The Principle of Limiting Skill)'을 주장하였다. 베비지의 많은 이론은 테일러에 의하여 주도된 과학적 관리법(Scientific Management), 시간연구(Time Study), 이윤 분배 제도에 널리 응용되었다. 이와 같은 성과로 테일러는 '과학적 관리의 아버지', '미국 경영학의 아버지'로 불리고 있다.

제2차 세계대전은 전세계를 공포에 떨게 하였으나, 생산 시스템의 연구에는 획기적인 발전을 가져온 시기였다. 특히 영국에서 시작된 군사 및 병참 문제를 해결하기 위한 다분야 전문가들(생물학자, 수학자, 경제학자, 심리학자 등)로 구성된 팀에 의하여 군사작전에 과학적 접근방법을 적용, 큰 성공을 거두게 된다. 이것이 OR(Operations Research)이다.

그 후 OR은 기업으로 그 응용 범위가 확대됨에 따라 수학적 모형과 기법을 사용하는 계량적 분석 방법의 기초가 된다.

1947년 단찌(G. Dantzig)에 의해서 개발된 선형계획법(Linear Planning, LP)과 같은 여러 계량적 기법은 1950년대에 개발된 컴퓨터의 등장과 함께 '제2의 산업혁명'을 여는 주역이 되었다.

1960년대 후반부터 1980년대까지의 생산관리는 시스템적 접근방법(Systematic Approach)과 수학적 모형 및 기법을 사용한 경영문제 해결로 특징지워진다. 그 후 일본 도요타 자동차가 생산성 및 품질 향상을 통하여 대외경쟁력의 우위를 확보함으로써 생산전략의 중요성을 인식하게 만들었으며, 로봇, 컴퓨터에 의한 설계 및 제조(CAD/CAM), 적시관리 시스템(JIT), 자제소요계획(MRP), 집단관리 기법(GT)의 등장으로 생산 시스템은 관리의 영역을 확고히 하는 계기가 되었다.

위에서 살펴본 바대로 생산관리는 보다 효과적이고 경제적인 방법으로 변화되어 왔다. 그렇다면 이제 우리에게 주어진 과제는 무엇인가. 현재 소비자 욕구의 다양화, 법적 규제 강화, 제품 수명 주기(Product Life Cycle) 단축 등은 각 생산조직에 가혹한 변화를 요구하고 있다.

이러한 변화에 대응하기 위해서는 생산조직에 유연성과 탄력성을 부여하는 유연생산체계(Flexible Manufacturing System, FMS) 및 컴퓨터 통합생산(Computer Integrated Manufacturing, CIM) 구축을 위한 생산 관리자들의 지속적인 노력이 필요한 것이다.

(3) 생산성의 의의

생산성이란 단어가 갖는 핵심은 매우 간단하고도 분명하다. 한마디로 정의하면 산출과 그 산출을 내기 위한 투입과의 비율이 생산성(Productivity)이다. 단, 투입과 산출의 단위는 동일한 것이어야 하며, 수치로 계산할 수 있는 것이어야 한다는 가정이 필요하다. 생산성이란 투입과 산출 사이의 효율성, 즉 가장 작은 투입과 가장 큰 산출(가치)을 만들어 내는 원칙을 기본적 목표로 하고 있다.

생산성은 생산시스템의 능률적인 운영을 위해서 매우 중요한 지표로 사용되고 있다.

- 생 산 성 $= \dfrac{\text{산출(OUTPUT)}}{\text{투입(INPUT)}} = \dfrac{\text{만들어진 것}}{\text{만들기 위해서 쓰여졌던 것}}$

- 기업총생산성 $= \dfrac{\text{총산출}}{\text{총투입}} = \dfrac{\text{총산출}}{\text{노동력+원재료+자본+기타 부수적 비용}}$

생산성은 크게 개별 기업의 전체적 · 총괄적인 경영성과를 나타내는 지표로서 기업 총생산성(Total Productivity at The Firm Level) 개념과 생산에 투입되는 각 투입 요소 하나하나에 관련되는 부분 생산성인 노동 생산성, 자본 생산성, 원재료 생산성의 개념으로 분류된다.

이러한 생산성을 향상시키기 위해서는 다음의 내용을 살펴볼 필요가 있다.

① 투입(↓), 산출(•) : 투입을 줄이고, 산출은 고정

② 투입(•), 산출(↑) : 투입을 고정시키면서, 산출을 증대

③ 투입(↑), 산출(↑↑) : 적은 투입 증가로, 보다 많은 산출 증대

④ 투입(↓), 산출(↑) : 투입을 줄이면서, 산출을 증대(가장 이상적인 방법)

⑤ 투입(•), 산출(•) : 투입과 산출은 고정이지만, 가치(Value)의 증대

그러나 생산성 개념도 두 가지 측면에서 한계를 가진다.

첫째, 생산성은 양적인 지표이므로 질적인 내용을 측정할 수 없다는 점이다. 전통적으로 효율 중심의 생산성 개념은 외적·양적인 성과만을 기계적으로 측정하는 척도에 불과하며, 내적·질적인 문제는 측정대상이 되기 힘들다.

둘째, 장기적이고 전략적인 차원에서 볼 때 생산성이라는 지표는 경영자가 오직 그것만을 위해서 노력하기에는 부정적인 지표가 될 수도 있다는 점이다. 경영에는 환경의 변화에 적응하는 신축성·유연성이 요구되는데, 생산성에 지나치게 집착하다 보면 경영의사결정의 무형적이고, 장기적이며, 전략적인 효과를 얻을 수 없게 만드는 경우가 많다.

(4) 생산관리의 목표

생산관리의 목표를 3가지로 요약한다면 첫째, 양질의 제품을, 둘째, 염가로, 셋째 신속하게 생산한다는 것이다. 이러한 목표를 달성하기 위해서는 공장의 제조부문은 물론 기술, 판매, 구매, 재무 등의 제반 부문이 각기 저마다의 공통목표를 향하여 적극 협력하지 않으면 안

된다. 생산관리의 목표를 좀 더 자세히 말하자면 먼저 좋은 제품을 만들어야 한다. 이는 다시 말해 품질관리인데, 품질의 향상은 제품 가치의 향상을 뜻하기에 대단히 중요하다. 또한 품질의 향상만 중요한 것이 아니라 불량률을 감소시켜 품질의 균등화를 이루어야 한다.

물론 싸게 만들어 원가관리를 해야 한다. 제조 원가를 인하하여 경쟁력을 갖추면 이익의 증대와 가격의 인하로 인한 판매증진이라는 두 마리의 토끼를 잡는 효과가 발생한다. 그러기 위해서는 원자재의 절감, 작업 시간의 단축, 가동률 향상 등의 노력이 지속적으로 이루어져야 함은 물론이다. 끝으로 이런 물건을 빨리 만들기 위해 일정관리를 잘 해야 한다. 생산의 조속화는 생산 기간(Lead Time)을 단축시켜 주고, 그로 인한 납기의 준수는 신용의 확보라는 유리한 고지를 점령하게 만든다.

생산관리는 통상 '물리적인 면, 인간적인 면 그리고 경제적인 면'의 세 가지 측면을 가지고 있다. 특히 오늘날과 같은 급속한 기술의 발전과 제품의 복잡·다양화, 생산설비의 정밀화 등은 이 세 가지 측면에서 생산관리를 더욱 복잡하게 하고 매우 밀접한 상호 관련성을 맺게 한다. 그러므로 한 측면이라도 조화를 이루지 못하게 되면 합리적인 투입-산출과정의 경영이 달성되지 못할 것이다. 각각의 측면을 좀 더 살펴보자.

물리적인 측면은 투입-산출 과정에 사용되는 생산기술과 직결되는 것으로, 예를 들면 원재료의 배합비율 문제, 온도 및 시간 등의 문제와 관련된 사항이다. 이러한 측면의 문제를 해결하기 위해서는 자연과학이나 공학적 지식이 필요하게 된다.

다음으로 인간적인 측면은 각 개인에 대한 문제와 근로자 전체가 포함되는 사회제도상의 문제로 나누어 생각해 볼 수 있다. 각 개인에 대한 문제는 개인이 특정한 생산 활동에 참가함으로써 얻는 개인적 만족감, 복리·후생문제, 또는 작업방법 등이 해당되며, 사회제도상의 문제는 노동조합이나 고용의 안전성 및 근로자들이 형성하는 여러 가지 사회적 기구들이 해당된다. 이러한 인간적인 측면은 단순히 생산관리 분야뿐만 아니라 기업 전체의 입장에 가장 중요한 경제 문제로 대두되는 것이라는 점에 유의하여야 한다.

마지막으로 경제적인 측면은 투입-산출과정에서 제기되는 희소한 자원을 가장 합리적으로 사용하였을 때 최소의 자원을 어떻게 소비하면서 목표로 하는 재화와 서비스를 생산하는가의 문제이다.

일반적으로 경영학에서 생산관리 분야를 연구할 때 주요 대상으로 경제적 측면을 강조하고 있으나, 진정한 의미에서의 합리적인 투입-산출 과정의 관리를 위해서는 세 가지 측면이 조화를 이루면서 경제성을 고려해야 비로소 최선의 생산·운영관리가 될 것이다.

2. 생산 시스템의 구성 및 관리

(1) 제품설계

신제품 설계는 대부분의 기업이 생존을 위해 노력해야 할 매우 중요한 활동이다. 기업은 자사의 제품을 계속 수정·보완하여야만 한다.

급변하는 산업사회와 변덕스러워진 소비자들로 인한 제품 라이프사이클의 단축 등은 신제품 개발을 기업이 살아남기 위한 하나의 방편으로 만들었다. 그 결과 신제품 도입을 위하여 고도의 정교한 기법들이 속속 개발되고 있다. 신제품의 설계는 더 이상 설계부서만의 업무가 아닌 것이다.

신제품 도입의 최종단계인 생산기능은 신제품에 의해 크게 영향을 받기도 하고 또한 반대로 영향을 주기도 한다. 신제품의 설계과정에서부터 생산기능과 끊임없는 상호작용을 하게 된다.

최근의 제품설계의 경향은 각 분야(설계, 생산, 자재, 영업, 구매 등)의 전문가들로 구성된 신제품 개발팀을 별도로 운영하여, 제품 설계 단계부터 최적의 제품을 만들기 위하여 노력함으로써 크나큰 성과를 거두고 있다.

신제품의 결정은 생산의 다섯 가지 중요 의사결정 영역인 공정(Process), 생산능력(Capacity), 재고(Inventory), 노동력(Workforce), 품질(Quality) 각각에 영향을 미친다.

제품의 결정은 생산기능이 제품설계와의 통합이 이루어질 수 있도록 하기 위하여서도 생산기능과 밀접한 조정이 이루어져야 한다.

그러면 신제품 도입을 위한 기본적인 전략은 무엇일까?

첫째가 시장에서 원하는 제품을 만드는 전략(Market-Pull Strategy)이고,

둘째가 기술적 가능성에 의한 전략(Technology-Push Strategy)이며,

셋째가 기능 조정적 전략(Interfunctional Strategy)이다.

제품설계는 생산수량의 예측과 더불어 생산에 있어서 선결조건이다.

최적의 제품설계란 원자재 구매가 쉽고, 생산라인에 적용하기 적합하면서, 고객의 기대에 부응하는 제품을 만들 수 있도록 이루어져야

한다. 그러기 위해서는 부품을 단순화·표준화시켜야 한다.

(2) 공장입지 및 배치의 결정

생산 시스템을 만들기 위해서는 우선 장소를 어디로 할 것인지부터 결정해야 한다. 이런 의미에서 입지문제는 생산 시스템 계획의 실질적인 출발점이라 할 수 있다.

또 하나의 중요한 과제로 입지결정 이전에 결정되어야 할 문제는 설비의 배치 및 규모에 관한 것이다. 이 문제 역시 생산원가를 비롯하여 경영 전반에 걸쳐 매우 큰 영향을 미치는 요인이다.

1) 공장입지

생산 시스템의 입지문제는 단순히 생산 활동을 위한 장소 선정 문제뿐만 아니라 판매 활동을 하는 서비스 시스템까지 포함해서 광범위하게 생각해 볼 수 있다. 또 생산 공장들은 비교적 큰 면적이 요구되므로 부동산 투자라는 측면에서도 중요한 의사결정의 문제가 된다.

생산 시스템의 설계에서 입지결정이 중요한 이유를 크게 3가지로 분류하면,

첫째, 입지결정은 생산 시스템 계획의 실질적인 출발점이라는 점,

둘째, 의사결정의 영향이 장기간에 걸쳐 지속적으로 미치게 된다는 점,

셋째, 결정의 영향이 조업 그 자체뿐 아니라 생산원가 및 경영수익에도 지속적인 영향을 미친다는 점이다.

이와 같은 입지결정에 있어서 경영자의 궁극적인 목표는 관련되는 모든 비용의 합이 최소가 되도록 하는 것이다. 그래서 입지결정에 영향을 미치는 요인을 크게 두 가지로 분류하는데, 그 하나는 환산할

수 없는 요인인 주관적 요인이며, 또 하나는 수송비용, 공공사업비용, 세금 및 보험료, 노동비용 등 계량화 가능한 객관적 요인이다.

결론적으로 입지결정을 위한 검토항목인 비용과 관련된 경제적 측면, 환경 및 행정 규제 등과 같은 사회적 측면, 노동력의 질 및 공급의 용이성과 관련된 인력적 측면 등을 충분히 검토한 후 최적안을 도출해야 한다.

관련된 기법으로는 총비용 비교법, 손익분기점을 이용한 분석, 요인평가법, 수송 비용법 등이 있다.

2) 배치의 결정

입지문제가 결정되고 나면 정해진 입지의 공간 내에서 합리적인 생산 활동이 이루어질 수 있도록 배치를 계획하여야 한다. 가장 효율적인 배치는 각 생산 활동들 간의 유기적 관계를 고려하여 생산 활동이 가장 효과적으로 이루어질 수 있도록 관계가 깊은 활동들을 가까이 배치하여 작업자나 생산품의 이동을 최소화시키는 배치이다.

설비를 배치하는 기본적인 형태는 다음과 같다. 먼저 소품종 다량 생산(Continuous Process)에 적합한 제품별 배치(Product Layout)와 다품종 소량·중량 생산에 적합한 공정별 배치(Process Layout), 작업자나 설비가 고정된 생산품으로 이동하는 고정형 배치(Fixed Layout)가 있다.

(3) 작업인력관리

경영자 및 관리자의 업무 중 가장 중요한 업무의 하나가 인력관리이다. 그럼에도 불구하고 생산의 주요 자원인 인간, 설비, 원자재, 기술의 여러 가지 자원 중에서 인간에 관한 관리가 상대적으로 가장 허술한 분야로 남아 있다.

과거에는 생산관리에서 주로 연구되는 분야가 계량적 모형이나 생산의 여러 가지 기술적 측면에만 집중되어 있었다고 할 수 있다. 그러나 심리학자들이나 조직 이론가들의 많은 연구에 의하여 오늘날에는 생산부문에도 조직 행위(Organization Behavior) 분야에서 이룩한 연구의 결과들을 적용시켜야 할 필요성이 충분히 대두되기 시작하였다. 특히 국내에서는 1987년 여름부터 시작된 전국 규모의 노사분규로 인하여 국가경제에 상당한 타격을 주고 있는 것이 현실이다.

인력관리의 목적은 응용 가능한 제약조건 속에서 가능한 성과를 극대화시키는 것, 또는 최대의 성과가 아니라 만족스러운 수준의 성과를 이루는 것이다. 이와 같은 목표를 달성하기 위한 인력관리의 다섯 가지 원칙은 '사람과 직무의 조화, 성과표준의 설정, 성과에 대한 적절한 보상, 훌륭한 감독의 확립, 작업자의 책임을 확실히 규정하는 것'이다.

만족스런 인력관리를 위하여 가장 보편적으로 사용되는 기법이 직무설계(Job Design)이다. 여기서 직무설계란 작업자 개인 또는 작업자 집단에게 할당되어진 일을 수행하도록, 개별적인 과업이나 활동들을 종합하여 하나의 직무를 만들어 나가는 것이라고 말할 수 있겠다. 직무설계를 효과적으로 하기 위해서는 기술적 요인과 함께 인간적이고 사회적인 요인들을 동시에 이행하여야 하기 때문에 상당히 복잡한 과제이다.

아담 스미스가 《국부론》에서 주장한 '분업의 원리'는 직무설계에서 수십 년간 확고한 결정원칙으로 지켜져 왔다. 그 결과 현대의 많은 기업들이 분업의 효율성을 지나치게 강조한 나머지 작업을 지나치게 단순화시켜서 작업자들이 쉽게 싫증을 느껴 업무의 능률이 오히려 감소하는 원인이 되었다. 이와 같은 문제를 해결하고자 하는 노력으로 직무 확대(Job Enlargement)의 개념이 생기게 되었다. 직무 확대 개념은 극단적인 분업보다는 몇 개의 작업을 결합시킨, 보다 폭넓고 다양한 직무의 구성이 작업자의 권태를 막고 흥미를 유발시켜 제품의 품질과 생산을 증가시키게 된다는 것으로, 현대 직무설계의 중요한 지침의 하나가 되었다.

또 직무설계에는 호오손 실험(Hawthorne Experiments)에서 알 수 있듯이 온·습도, 소음, 채광 등의 쾌적한 작업환경 조성 및 최선의 작업방법을 찾아내기 위한 연구인 방법연구(공정·작업·동작분석 등)의 개발도 중요한 요소로 포함된다.

(4) 수요예측

생산 활동의 계획은 수요예측에서부터 시작된다. 현대 생산 시스템의 생산 형태는 대부분이 주문생산이 아니라 계획생산이므로 언제, 얼마의 양을 생산해야 할 것인가 하는 생산계획을 세우는 작업은 언제, 얼마의 양이 필요할 것이라고 하는 수요예측의 결과가 있어야 시작될 수 있다. 생산 시스템을 운영하기 위해서는 생산계획의 수립이 필요한데, 그 구체적인 출발점이 되는 것이 수요예측인 것이다.

예측의 문제는 경영자의 의사결정에서도 마찬가지로 중요하다. 그러나 불행히도 인간은 미래에 일어날 일에 관해서 예측하는 일에는 매우 무능력한 존재임을 누구나 잘 알고 있다. 더구나 오늘날과 같이 복잡한 사회구조 속에 불확실성이 극도로 증대되어 있는 상황에서는 더욱 장래에 관한 예측이 힘든 일이다.

그러나 문제는 예측의 정확성에 의사결정의 성패가 달려 있다는 점이다. 이러한 어려움을 해결하기 위해 많은 종류의 예측기법들이 개발되었다. 예측기법은 크게 객관화된 숫자를 근거로 하고 있는 '정량적 기법(定量的 技法)'과 주관적 판단에 바탕을 두고 있는 '정성적 기법(定性的 技法)'으로 나눌 수 있다.

정량적 기법은 시계열 분석(Time-Series Analysis)과 인과모형 분석(Causal Model Analysis)으로 나눌 수 있고, 정성적 기법은 주관적 방법(Subjective Method)과 기술적 방법(Technical Method)으로 분류해 볼 수 있다. 여기서는 이들 중 가장 보편적으로 쓰이는 전형적인 예측기법인 시계열 분석기법만 간단히 설명하고자 한다.

시계열 분석이란 미래에 대한 의사결정을 내리고자 할 때 과거의 경험에서 얻은 지식과 정보에 기초를 두고 판단하는 기법이다. 즉, 시간의 흐름에 따르는 과거의 변화에 기초를 두고 미래의 변화를 예측해 보려고 하는 예측기법이다. 시계열 분석기법에는 평활법, 분해법, 통제법 등이 있다. 수요예측의 결과는 생산 시스템의 운영에 결정적인 영향을 미칠 수 있으므로 적절한 예측기법 선택에 각별한 주의를 기울여야 한다.

(5) 생산계획 수립

생산 활동에 관해 계획을 수립하는 일은 생산관리 기능 중에서 가장 핵심적인 업무이다.

생산계획을 수립하는 목적은 수요에 부응하기 위하여 적절한 시기에 양질의 제품을 만들기 위한 것이다. 물론 그냥 만들어 내는 것이 아니라 가장 저렴한 비용을 투입하여 소기의 목적한 산출을 얻을 수 있도록 생산계획을 수립해야 할 것이다.

생산을 계획하고 통제하는 기능이란 수요에 대하여 생산 시스템 자체의 능력을 시간적·수량적으로 할당하는 과정이다.

1) 총괄 생산계획

기업이 설정하고 있는 연간계획이나 3개월에서 1년 정도에 이르는 기간의 생산계획을 바탕으로 하여 모든 제품의 생산을 총괄적으로 수립하는 계획을 총괄 생산계획(Aggregate Production Planning)이라 한다.

총괄 생산계획은 기본적으로 사용하는 네 가지 전략적 변수인 노동 인력 수준, 내·외부 생산능력 수준 및 재고 수준을 고려하여, 순위 계획(Priority Planning), 생산능력 계획을 수립하고, 실제 생산 시 생산 형태(연속생산, 주문생산, 프로젝트생산)를 결정하는 것을 포함한다. 총괄 생산계획 수립 시 중요 고려사항인 기업의 계획정책, 수요에 대한 정확한 예측에 입각한 계획 수립, 적절한 생산능력 단위의 설정, 고용수준의 안정, 효과적인 재고관리, 변화에 대한 조직의 신축성 유지, 수요에 대한 통제된 반응, 지속적인 계획 적합성 등에 대한 평가를 실시하는 것이 중요하다.

2) 일정계획

생산 활동을 시간의 흐름에 따라 계획하는 것이 일정계획이다. 어떤 작업이 언제, 누구에 의해, 어떤 설비를 가지고 이루어져야 하는가를 계획·지시하는 것이다.

일정계획에는 높은 효율과 낮은 수준의 재고, 고객에게 좋은 서비스를 제공하는 것 등 서로 상충되는 목표들이 있다. 일정계획의 궁극적인 목표는 이와 같은 상충된 목표 사이에 최적의 균형을 찾아내는 데 있다.

일정계획의 종류로는 누적(대)일정계획, 세부일정계획, 복합계획, 무계획 등이 있고, 일정계획 작성 방법은 도표·상황판 및 컴퓨터를 이용하는 방법과 우선순위 결정 기준에 의한 방법, 주기적 모델에 의한 방법 등이 있다.

(6) 작업방법의 설계

주어진 제품이나 서비스를 가장 효율적이고 합리적으로 생산하기 위한 최적의 작업방법을 고안하기 위해 방법연구(Method Study)를 이용, 작업 방법을 설계하게 된다.

일반적인 작업방법의 설계는 대략 다음과 같은 단계로 이루어진다.

STEP 1) 생산하고자 하는, 또는 이미 생산하고 있는 제품의 구조 및 생산 공정에 관한 자료수집

STEP 2) 공정도표, 작업 공정도표 등을 이용하여 원자재의 흐름과 특정작업에 소요되는 시간을 중심으로 하여 생산 공정을 체계적으로 요약

STEP 3) 개별 공정에 대한 세부적인 분석 실시

이와 같이 작업방법의 설계(또는 방법연구)는 공정분석, 작업분석,

동장연구로 구분하여 볼 수 있다.

1) 공정분석(Process Analysis)

공정이란 원재료를 가공하여 완성품으로 만드는 각각의 과정을 말하며, 이 공정에 의하여 구성되는 전체를 공정계열이라 한다.

공정분석은 생산 공정이나 작업방법의 내용을 가공(Operation), 운반(Transport), 검사(Inspection), 지연(Delay), 저장·보관(Storage)의 다섯 가지로 분류하여 공정의 순서에 따라 표시한 후 각 공정의 조건을 분석하여 생산 공정이나 작업방법의 개선 및 설계와 공정관리제도나 레이아웃(Layout)의 개선 및 설계를 위하여 실시한다.

공정분석 도구로는 작업 공정도(Operation Chart), 조립 공정도(Assembly Chart), 유통 공정도(Flow Process Chart, FPC) 등이 있으며, 사무공정에 대한 분석도 유사한 절차 및 방법으로 행한다.

2) 작업분석(Operation Analysis)

작업분석은 공정분석을 실시한 다음 효율적인 요소와 비효율적인 요소를 모두 심도 있게 분석, 개선하는 방법이다. 작업분석의 대상으로는 작업의 목적, 부품의 설계, 공차와 규격, 재료, 제조공정, 치공구, 작업환경, 자재운반, 시설배치, 동작 경제의 원칙이 있다.

3) 동작연구(Motion Study)

동작연구는 작업에 있어서 인간의 동작을 조사·분석하여 그 중에서 불필요한 동작을 제외하고 필요한 동작을 개선하여 가장 좋은 작업방법, 즉 표준 작업방법을 고안하려는 일련의 연구이다.

동작을 개선한다는 것은 각 동작을 동작 경제의 원칙에 따라 합리적으로 개선하고, 또 기계·기구 등을 개선하여 최적의 작업으로 결합하는 것이다.

동작연구의 분석단위는 길브레스(F. B. Gilbreth) 부부가 개발한 17가지의 서어블릭(Therblig) 기호가 주로 이용된다. 서어블릭 기호는 인간의 기본적인 최소단위 동작을 최초에는 18가지로 분류하였으나 '찾아냄(Find, F)'은 '찾기(Search, SH)'가 끝나면 일어나는 동작이므로 '찾아냄'을 제외하고 17가지의 분석 단위로 분류한 것이다.

(7) 작업측정 및 표준시간의 설정

작업측정(Work Measurement)과 방법연구(Method Study)는 테일러의 과학적 관리법에서 그 근원을 찾을 수 있다. 테일러가 노력하였던 시간연구(Time Study)에 의한 과업관리(Task Management)를 오늘날의 기준으로 분류하면 작업측정에 해당된다. 이때의 과업이란 임금지불을 위한 생산의 표준이며, 표준은 통제의 기준이 될 뿐만 아니라 생산계획을 수립하는 데 있어서 기본적인 자료가 되므로 경영관리의 출발점이라 할 수 있다.

작업측정의 기준으로 쓰이는 표준시간(Standard Time)이란 부과된 작업을 올바르게 수행하는 데 필요한 숙련도를 지닌 작업자가 주어진 작업조건 하에서 보통의 작업속도(Pace)로 작업을 하고, 정상적인 피로와 지연을 수반하면서 규정된 질과 양의 작업을 규정된 작업방법에 따라 행하는 데 필요한 시간으로 정의할 수 있다.

작업측정의 방법은 크게 시간연구법, PTS법, 워크 샘플링법으로 나눌 수 있다.

1) 시간연구법

가장 일반적으로 쓰이는 작업측정 방법이다. 스톱워치(Stop Watch)나 여러 가지 기록장치를 사용해서 주어진 과업이 완수되는 데 필요한 시간을 측정한다.

$$\bullet\ \text{정규작업시간} = \frac{\text{관측된 평균시간} \times \text{평가계수(Rating)}}{100}$$

$$\bullet\ \text{표준시간} = \text{정규작업시간} + \text{허용시간(또는 여유시간)}$$

2) PTS(Predetermined Time Standard)법

모든 작업은 기본적인 동작들의 모음으로 간소화할 수 있다는 생각에 근거하여, 기본적 동작들에 대한 소요시간은 미리 결정하고 모든 요소작업에 대한 소요시간은 한데 모아 종합하여 그것을 미리 결정되어진 자료(Predetermined Data)를 이용하여 표준적 요소동작들의 표준 시간으로 사용한다.

PTS는 종류도 다양하나 가장 보편적으로 사용되고 있는 방법이 MTM(Methods–Time Measurement)으로서 1948년에 메이너드(H. B. Maynard)가 중심이 되어 개발한 기법이다.

$$\bullet\ \text{표준시간} = \frac{(\text{총작업시간}) \times (\text{작업 \%}) \times (\text{작업능률지수})}{(\text{총생산량})} \times \frac{100}{100-(\text{여유율})}$$

3) 워크 샘플링법(Work Sampling)

간단한 확률의 법칙을 이용하여, 작업에 투입된 인간이나 설비의 작업 상태를 측정하는 데 활용할 수 있는 기법이다.

워크 샘플링에 사용되는 통계학의 두 가지 개념은 신뢰도(Confi-
dence Level)와 정확도(Degree of Accuracy)이다. 일반적으로 사용
되는 것은 신뢰도는 95%, 정확도는 ±5%이다.

(8) 재고관리

생산 활동을 수행함에 있어 비능률(낭비)의 가능성이 가장 큰 분야
는 재고관리 분야이다.

그러면 재고란 무엇인가? 재고는 경제적 가치를 갖고 있는 유효자
원으로서 보통 원자재나 생산과정에 투입되어 있는 재공품이나 반제
품 또는 소비자에게 전달될 완제품 형태를 갖고 있다.

재고에는 기업의 많은 자금이 묶이게 마련인데 경제적인 생산 활동
을 위해서는 재고의 양을 최소로 하는 것이 유리하다. 일반적으로 재
고가 기업에서 차지하는 비중은 기업 전체 자산의 25%~75%까지 점
유하고 있다. 이러한 재고관리의 주목적은 재고가 있음으로써 얻게
되는 이익(또는 적정 재고를 갖고 있지 않음으로써 발생하는 손실)과
그것을 유지하는 데 드는 비용간의 적정 균형(Trade-Off)을 유지하
여 전체 비용을 가장 적게 만드는 것이다.

재고는 생산을 촉진시킬 뿐 아니라 여러 종류의 생산품에 대한 중
간 생산을 용이하게 하고 공정간 충격 흡수 및 생산 활동을 평준화시
켜 고용 안정화를 도모하고, 나아가 미래에 대한 불확실성에 대비하
는 수단, 고객에게 다양한 수요와 장소를 제공하는 역할을 한다.

과거에는 재고관리를 위하여 ABC 분석 및 전통적 재고관리 시스템
인 고정량 재고 시스템, 정기주문 시스템, 기본 재고량 시스템이 주

로 사용되었다.

그러나 최근에 판매되고 있는 많은 생산제품은 다양한 기능을 갖추고 있으며, 복잡한 구조와 엄청나게 많은 수의 부품들로 구성되어 있다. 이렇듯 복잡하고 다양해진 재고를 효율적으로 관리하기 위하여 실용적인 면에서 혁명적인 변화를 보이고 있는데, 컴퓨터의 응용을 전제로 한 자재소요계획 시스템과 일본의 대표적 관리기법인 적시관리 시스템은 재조관리에 대한 고정관념까지 완전히 바꾸려 하는 혁신적인 기법들이다.

자재소요계획 시스템과 적시관리 시스템을 간단히 소개하면, 전통적인 재고관리의 대상이 완제품(독립적 수요) 위주였다면 자재소요계획(Material Requirements Planning, MRP) 시스템은 완제품뿐만 아니라 반제품 · 원자재 · 부품(종속적 수요)의 관리도 가능하게 해주는 관리기법이며, 적시관리(Just-In-Time, JIT) 시스템은 필요한 부품을 필요한 시기에 필요한 양만큼 공급함으로써 생산 활동의 모든 낭비의 근원이 되는 재고를 없애려고 하는 기법이다. 그래서 적시관리 시스템은 무재고 시스템(Zero Inventory System)이라고도 한다.

(9) 품질관리

품질(Quality)이란 제품의 유용성을 정하는 성질 또는 제품이 그 사용목적을 수행하기 위하여 갖추고 있어야 할 성질이라고 정의할 수 있다.

품질을 세부적으로 분류하면 첫째, 소비자가 요구하는 품질로서 설계나 판매 정책에 반영되는 품질을 뜻하는 시장품질(Quality of Market)이 있고, 둘째, 설계부서에서 시장품질과 회사의 공정능력을

경제적으로 균형시킬 수 있는 시방으로 설정하는 품질인 설계품질
(Quality of Design), 그리고 생산부서가 설계품질에서 정한 시방에
맞도록 적합한 품질의 제품을 제조하는 제조품질(Quality of Con-
formance)이 있다.

따라서 품질관리란 수요자의 욕구에 맞는 품질의 제품을 경제적으
로 만들어 내기 위한 모든 수단의 체계로 정의된다.

이러한 품질관리를 위해서는 품질관리 비용이 필요하다. 여기서 품
질관리 비용이란 순수한 의미에서는 일정한 품질수준을 가진 제품을
생산하는 데 들어간 품질에 관계된 모든 비용이라고 하며, 현실적인
의미에서 정의하면 기대되는 비용과 현행의 비용 사이에서 나타나는
비용상의 차이라고도 한다(통상 품질비용은 판매가의 15~20% 정도
라고 추정하고 있다).

품질관리는 과거에는 단순한 제조공정 관리만을 의미하였으나, 산
업의 복잡·다양화로 인하여 품질관리에 통계적 기법을 활용한 통계
적 품질관리(Statistical Quality Control, SQC)와 품질 하나를 위하
여 기업의 모든 조직적 노력을 집결시킨다는 전사적 품질관리(Total
Quality Control, TQC) 개념으로 확대되었다.

여기서 사용되는 기법들 또한 과거에는 도수 분포법, 검·추정, 샘
플링 검사, 관리도, 상관·회귀분석 등이었으나, 현재는 과거의 기법
도 활용하면서 공정능력평가(CP 지수), 규격과 공차, 신뢰성 공학, 가
치 공학의 영역도 포함하여 검토되는 추세이다.

품질관리는 불량의 감소, 소비자 반품의 감소, 설계제품에 일치하는
만족 수준의 유지, 출하제품 품질의 평균 수준 향상, 납품원료의 불

량률 감소, 품질관리 비용을 합리적 수준으로 유지하는 것 등을 목표로 한다. 이러한 품질관리 목표를 회사에 적용시키려면 개략적이고 추상적인 것이어서는 안 되며, 명확하게 구체화된 표현에 의해 세워져야 목표 달성에 무리가 없을 것이다. 단, 품질의 문제도 비용의 관점에서 합리적인 수준 설정이 무엇보다 중요하다고 할 수 있다.

(10) 설비의 관리(Equipment Management)

생산능력을 유지하고 그 향상을 꾀하기 위해 기계, 기구 및 그 외의 설비상태의 악화를 막고, 언제나 기업의 목표달성을 위해 가장 잘 사용될 수 있는 상태를 유지하게 하고, 새로운 기술 전개에 필요한 설비능력의 충실을 도모하는 일을 설비관리라 한다.

또 설비보전(Equipment Maintenance)은 설비와 기타 여러 가지 자산의 상태가 정상적으로 유지되도록 계획하고 관리하는 모든 활동을 말한다. 설비보전이 잘못되면 설비 가동 시 고장의 위험성이 커질 뿐만 아니라 작업지연이나 유휴시간을 발생시켜 많은 비용의 낭비를 초래한다. 대부분의 경우 설비보전이라 할 때 낡은 부품의 교체, 긴급수리나 예방조치 등과 같은 물적 자원의 보전만을 생각하게 된다. 그러나 인적자원도 마찬가지로 고장이 날 수가 있으므로 휴가를 준다거나 교육·훈련·의료시설 등을 마련하는 것도 모두 인적 측면에서의 보전활동이라 할 수 있는 것이다. 그것이 어떠한 형태이든 자산이 만족할 만한 가동상태를 유지하도록 하는 제반활동을 설비보전활동이라 한다. 이러한 보전 활동의 최적상태란 장기설비보전 비용이 극소일 때를 말함은 두 말할 필요가 없다.

설비보전활동은 통상 예방보전(Preventive Maintenance, PM)과 사후보전(Break-Down Maintenance, BM)으로 구분된다. 여기서 예방보전은 정기적인 검사나 서비스를 실시하며, 이러한 검사나 서비스는 잠재적인 고장 가능성을 탐지하여 사전에 소폭의 조정이나 수리를 실시함으로써 차후의 큰 사고(고장)를 미리 방지하도록 계획된다.

사후보전은 대개 긴급한 조치를 요하는데, 이는 설비나 시설을 고장이 날 때까지 사용한 후에야 비로소 수리하는 것을 말한다(사후보전은 할증 비용을 유발시킨다).

설비보전 부서는 집권화와 분권화시키는 두 가지 방법이 있다. 집권화는 수선 기술자들을 잘 활용할 수 있다는 장점이 있으며, 설비보전 요원들은 각 작업 단위별로 분권화시키는 경우에는 신속한 서비스를 기대할 수 있다(물론 이러한 경우에 약간의 비용이 추가적으로 발생된다).

마지막으로 설비의 고장은 초기 고장, 우발적 고장, 정규 마모 고장으로 분류된다.

먼저 초기 고장은 부적절한 조립, 부정확한 조정 등에 의하여 발생된다. 우발적 고장(Rare Event Failure)은 대부분의 부품들이 가동상태를 유지하고 있으나, 이 중 한두 개의 부품이 예기치 않게 고장 나는 경우에 발생한다. 정규 마모 고장은 대부분의 부품이 장기간 사용으로 인한 마모로 고장이 발생되는 경우이다.

이러한 설비보전의 방법 외에도 중요 설비에 대해서는 비용이 추가되더라도 병렬 시스템 적용을 적극적으로 검토하여 설비의 신뢰도를 향상시켜야 할 필요도 있을 것이다.

3. 미래의 생산 시스템

현대 산업사회의 가장 큰 특징은 눈부신 기술의 발전이다. 현대의 과학기술은 급속한 속도로 변화·발전하고 있다. 이에 따라 생산 시스템의 관리기술에도 엄청난 변화가 있었다.

생산 시스템은 환경의 변화에 직접적으로 영향을 받을 수밖에 없는 처지에 있기 때문이다. 이와 같은 급속한 변화·발전에 대응하기 위하여 현재와 미래의 생산관리는 시대의 추세인 자동화·다양화·기계화의 방향으로 나아가게 될 것이다.

생산 시스템의 합리화는 대외 경쟁력 제고를 위한 노력이 두드러지게 되는 계기가 되고 있다. 즉, 기업의 생산성을 높이기 위한 노력이 강화되기 시작한 것이다. 여기서는 미래공장의 한 방향인 공장 자동화와 공장 합리화에 대하여 간략하게 소개한다.

(1) 공장 자동화

자동화란 인간의 노동력이 기계로 대체되는 기계화에 정보활동의 하나인 통제·제어(Control)의 기능이 부가된 것이라 정의할 수 있는데, 이와 같은 자동화의 개념이 생산 공장에 적용될 때 공장 자동화라 한다. 과거의 기계화(Mechanization)란 용어는 기술적인 측면에서는 이미 사라졌다고 볼 수 있으며, 앞으로는 자동화(Automation)의 개념이 이를 대체하여 널리 사용될 것이다.

자동화는 지속적인 생산성 향상의 필요성, 산업화 과정의 중요한 특징의 하나인 노무비 상승, 서비스 부문으로의 노동력 이동으로 인한 노동인력 부족, 노동자의 근로생활의 질(Quality of Work Life)에 대한 관심고조로 인한 안전문제 대두, 원자재비용 상승, 강력한 품질 향상 요구, 생산 기간(Lead Time) 단축, 재공품 재고의 감소, 자동화를 하지 않는 데 따르는 비용 가중 등의 이유로 이에 대한 관심이 고조되고 있는 추세이다.

공장 자동화 종류로는 처리(또는 조립)공정의 순서가 생산설비의 구성에 따라 고정되는 경우에 적용하는 고정형자동화(Fixed Automation)와 생산 장비가 다른 제품구성(Product Configuration)에 적용할 수 있도록 하기 위해 작업순서가 연결 가능하도록 설계된 생산 시스템에 적용하는 프로그램형 자동화, 또 다양한 제품이나 부품을 생산하는 데 필요한 전환·교체시간의 손실이 없도록 하는 자동화 방식인 탄력형 자동화가 있다.

이 같은 공장 자동화를 위해서는 진보된 생산기술이 사용되는데, 이는 주로 마이크로프로세서의 개발 및 자료처리와 통신을 포함한 정보기술을 다양하게 응용한 기술들이라 볼 수 있다. 그 중 대표적인 생산기술은 수치제어 기계(Numerical Control Machines, NC) 산업용 로봇(Industrial Robot), 자동자재취급 장치(Automated Material Handling), 자동저장 및 검색 시스템(Automated Storage/Retrieval System, AS/RS)으로 불리는 자동창고(Automated Storage System), 각각의 진보된 생산기술을 복합적으로 이용하는 유연형 생산 시스템(Flexible Manufacturing System, FMS), 집단관리 기법(Group Technology, GT), CAD/CAM, 기타 컴퓨터를 이용한 생산 계획 시스템 등이 있다.

(2) 공장 합리화

현대 산업사회는 강력한 경쟁상대의 출현, 다양한 제품, 한정된 수요 등의 문제를 안고 있으며 각 기(공장)들에게 생존하기 위한 또 다른 무기를 요구하고 있다. 앞의 공장 자동화도 한 방법일 수는 있겠으나 과다한 투자가 필요하다는 점을 무시할 수는 없다.

공장 생존전략의 일환으로 최근에 대두되기 시작하고 있는 것이 공장 합리화이다. 공장 합리화를 위하여 생산관리자는 어떻게 하여야 하는가?

첫째, 낭비를 제거해야 한다. 생산현장에 산재한 각종 낭비를 제거하는 것이야말로 공장 합리화의 첫걸음이다. 부가가치를 창출해 내지 못하는 모든 활동은 낭비인 때문이다. 둘째, 단순화의 추진이다. 부품의 단순화, 공정의 단순화, 생산라인의 단순화 등은 생산성 향상의 가장 큰 무기가 되기 때문이다. 셋째, 자산 활용의 극대화이다. 설비 가동률, 공간 이용률, 건물, 인력관리 등의 활용 극대화가 필요하다. 끝으로 물류관리의 개선이다. 생산, 구매, 자재물류를 합리적으로 재배치하여야 한다.

현재 각 기업(공장)에서 공장 합리화를 위하여 적극적인 노력을 아끼지 않고 있다. 그러나 성공하는 기업이 있기도 하지만 거의 대부분의 기업이 소기의 성과를 얻지 못하고 있는 게 현실이다. 그 이유는 최고경영자(Top Management)의 결연한 의지가 없어서이기도 하고, 뚜렷하고 명확한 목표가 없기 때문이다. 또한 그 기업의 체질에 맞지 않는 방법을 적용했거나 추진의 영속성이 없었을 수도 있다. 공장 합리화에 성공하기 위해서는 상기의 상황에 대한 지속적인 연구·검토가 필요하다고 하겠다.

4절 인사관리

1. 인사관리의 기초

① 경영이란 사람을 통해 일을 성취해가는 과정이기 때문에 사람은 곧 조직 활동의 주체요, 조직의 핵심이다. 그러나 사람 역시 조직이 그 목표를 달성하는 데 필요한 하나의 자원이다.

② 인간은 생각하고 추리·판단하며 감정을 갖고 있다는 점에서 다른 물적·정보적 자원과는 근본적으로 다르다. 또한 그것은 그 이용방법 여하에 따라 무한한 잠재력을 지니고 있다는 점에서도 여타의 자원과 구분된다. 따라서 인적자원관리에 있어서도 그러한 인간의 특성에 대한 인식이 대전제가 되어야 한다. 오늘날 인사관리에 있어서 행동과학이 중요한 용구로 간주되고 있는 이유도 바로 그러한 전제 위에서 인적자원관리의 과학화를 기하려는 데 있다. (최병용, 《경영학 원론》)

(1) 인사관리의 본질
1) 인사관리의 정의

인사관리(Human Resource Management)란 종업원과 조직의 유효성에 영향을 끼치는 고용관계에 관한 일련의 통합적 의사결정을 뜻한다. 여기서 고용관계에 관한 일련의 통합적인 의사결정이란 어느 한 측면에서의 의사결정은 반드시 인사관리상의 다른 의사결정과 통합적으로 이루어져야 한다는 의미이다. 예를 들면 팀별 작업 단위를 설계할 때 조직설계에 대한 의사결정과정은 협동성이 강한 종업원을 선발해야 한다. 그럼으로써 이와 관련된 인사정책의 변경이 일어나면서 개인의 성과보다는 집단의 생산성에 대한 보상, 직무상 요구되는 기술, 팀워크가 요구되는 기술, 구성원 간의 원활한 의사소통을 위한 훈련과 같은 다양한 인사정책들도 필수적으로 변한다는 말이다.

효과적인 조직의 특성은 수익성, 투자수익률(Return on Investment, ROI), 시장점유율, 성장률 등이 높고 기업 내·외적 환경에 대한 적응력과 혁신성이 강하다는 점을 들 수 있다. 이러한 특성을 가진 기업만이 기업의 궁극적 목표인 성장과 생존을 위한 경쟁우위를 영위할 수 있기 때문이다. 따라서 생존과 번영을 위해 기업은 합리적인 조건으로 재화 및 서비스를 소비자에게 제공할 수 있는 유효성을 지녀야 한다. 이때 유효성은 효율성과 형평성으로 구분한다.

효율성은 최소 투입으로 얻어지는 최대의 산물, 즉 생산성을 말한다. 그러므로 인사관리에서의 효율성이란 조직이 최소의 인적자원을 투여하여 조직에 공헌하는 최대의 성과를 얻도록 보장하는 것이다. 형평성은 조직의 의사결정 과정상에서 구성원들이 느끼는 공정성이다. 인사관리에서의 형평성은 조직의 구성원이 자신의 능력을 최대로 발휘할 수 있도록 하기 위해 구성원들을 공정하게 대우하는 것이다.

2) 인사관리의 중요성과 내용

기업 활동을 영위하기 위해서는 다양한 설비, 공장, 토지 그리고 금융자산과 같은 자원들이 필요하지만, 사람(인적자원)이 특별히 가장 중요하다. 인적자원이야말로 조직 내에서 창조적인 역할을 하며, 재화 및 서비스를 설계 · 생산 · 품질관리를 할 수 있는 존재이다. 뿐만 아니라 금융자원의 배분이나 조직적 관점에서의 전략과 목적을 설정하는 주체이기도 하다. 효율적인 조직 구성원이 없다면 조직의 목표를 달성할 길은 없다.

인사관리 기능이 조직과 종업원간의 관계에 긍정적 영향을 미치는 것이라면 종업원을 어떻게 관리할 것인가에 대한 의사결정의 차이는 조직성과의 차이와 직결된다.

이러한 이유로 인적자원과 관련된 의사결정을 다루는 인사관리에는 인적자원의 조건의 평가, 목적의 설정, 프로그램의 선택 및 적용 그리고 획득된 결과를 재검토하는 과정이 필요하다.

(2) 인사철학

1) 인사철학의 의의

인간이 세계와 가치관에 대해 가지고 있는 사고체계를 철학이라고 한다면 인사철학이 뜻하는 바를 쉽게 유추할 수 있다.

인사철학은 한 마디로 경영자가 조직 내의 인적자원에 대해 갖고 있는 사고방식을 뜻한다. 사람들은 흔히 자신의 속마음을 행동으로 나타낸다. 그렇듯 인사철학은 경영자가 직접 혹은 인사 관리자를 통해 조직목표를 달성할 수 있도록 인적자원을 관리하는 행위에 반영되게 마련이다. 따라서 그 행위가 민주적이냐, 전제적이냐, 혹은 개방적이냐, 폐쇄적이냐에 따라 경영자의 인사철학을 엿볼 수 있다.

인사철학은 경영자의 주관적 신념에 속한 것이기는 하지만, 전제시대의 절대군주의 명령처럼 일방적일 수는 없다. 따라서 사회일반 혹은 조직 구성원의 가치관과 신념에 배치되어서는 인사철학이 효과적으로 조직에 수용될 수 없다. 이러한 점에서 인사철학은 주관적인 신념 이외에도 객관적인 타당성을 지녀야 한다. 또한 조직 구성원 모두에게 일관되게 적용되어야 하므로 공정성과 일관성도 지녀야 함은 물론이다.

2) 조직과 개인의 조화

기업의 목표는 특정사업에서의 경쟁력 확보와 같은 전략적인 목표와 이를 뒷받침할 수 있는 전술적인 목표 등 여러 형태가 있을 수 있다. 목표달성에는 많은 인적·물적 자원의 조화가 필요하다. 그러나 종업원의 이해가 전적으로 기업의 목표와 일치한다는 보장은 없다. 종업원은 조직 구성원으로서 자신이 바라는 경력을 쌓고, 조직과는 별도로 인생 전반에 대한 목표를 세우게 마련이다. 이 두 가지 목표가 항상 조직의 목표와 일치할 수는 없다.

예를 들어 어느 한 기업의 종업원이 직무상 지방 근무를 할 수밖에 없다고 하자. 지방 근무가 조직 내에서의 승진에 불리하거나 자녀교육상 바람직하지 않다고 여기게 되면 과업동기가 떨어지거나 직무에 대해 불만족할 것이며, 심할 경우엔 이직마저도 고려해 볼 것이다.

조직목표와 개인목표가 불일치할 가능성은 언제나 있게 마련이다. 그러나 조직의 일원으로서 조직의 목표달성에 공헌하는 것과 목표 상충에 따른 동기 저하, 직무 불만이라는 부작용은 또 다른 성격의 문제이다. 그렇기에 조직과 개인의 조화가 필요하다. 효율적인 인사 시스템은 조직과 개인의 목표 상충에서 오는 종업원의 고충을 이해하고 이를 해결할 수 있어야 한다. 이를 위해서는 우선 인사철학을 종업원이 공정하다고 느낄 수 있도록 개방적이고 민주적으로 만들어야 한다. 또한 동시에 종업원의 직무에 대한 동기를 높여줄 수 있는 시스템을 갖추어야 하며, 의사소통이 원활하게 이루어져야 한다.

(3) 인사관리 전문가

인적자원을 올바르게 관리하는 것은 모든 조직 관리자들이 중시해야 할 임무이다. 컴퓨터회사를 예로 들어 보자. 이 회사의 관리자들은 우선 물적 자원, 생산계획, 재무예산을 조정하고 실행해야 할 책임을 지니기도 하지만 인적자원을 관리해야 할 책임 또한 가지고 있다. 다시 말해 마케팅 관리자, 생산부문 관리자, 재무담당 관리자들은 인적자원을 관리하는 책임자이기도 한 것이다. 인사관리 전문가들이 스태프로서 자문이나 조언을 하지만 실질적인 의미에서 교육 · 훈련, 성과측정, 종업원 만족을 이끌어내는 등의 인사관리 기능을 수행하는 이들은 바로 각 기능부문의 관리자들이다.

이 같은 맥락에서 보면 인사관리 전문가의 서비스 대상은 바로 기능부문 관리자들과 종업원들이라고 해도 과언이 아니다.

(4) 라인부문과 인사스태프간의 관계

라인부문의 관리자나 종업원들은 인사관리 전문가에 대해서 '하는 일 없이 빈둥빈둥 논다', '자기들이 뭘 안다고 인사발령을 내는가' 라고 불평을 하기 쉽다. 반면에 새로운 보직발령이나 승진과 같은 인사

이동 시즌이 돌아오면 인사관리 전문가들은 다음과 같은 하소연을 한다. '일은 일대로 뼈 빠지게 하고, 욕은 욕대로 얻어먹는다', '자료만 정리한 것뿐이지 결정은 위에서 한 것 아니냐?'

앞 절에서도 보았듯이 인사관리의 대부분의 기능은 인사 전문가들이 독점적으로 향유하고 있다기보다는 오히려 각 기능부서의 관리자들이 소유하고 있는 게 현실이다. 사실 인사스태프의 역할이란 기업의 전략적 측면에 주목하여 장기적인 인적자원의 수급을 전망하고, 여러 인사관리기법과 프로그램을 해당 관리자에게 제공하여 관리자와 종업원의 활동이 조직에 공헌할 수 있도록 도와주는 것뿐이다. 따라서 인사와 관련된 결정권은 경영진과 해당 라인 관리자에게 있는 것이다.

라인과 스태프와의 갈등은 경영진이 인사와 관련된 권한을 인사스태프에게 부여하거나 의사결정과정에 인사스태프를 포함시킬 경우, 혹은 인사스태프가 자신의 라인상사(인사부문의 상사)의 힘을 빌려 다른 라인에 영향력을 발휘할 때 대개 일어난다. 이러한 갈등을 해결하기 위해서 라인이 인사스태프에게 자발적으로 인사와 관련된 권한을 이양하거나, 스태프가 본래 자신의 역할을 준수하여 전문적인 능력을 통한 서비스를 제공하는 식의 상반된 해결책을 제시할 수 있다. 그러나 후자의 경우 실상 권한이 없는 스태프는 아무런 역할도 할 수 없다. 따라서 스태프로서의 역할을 제대로 수행하면서도 라인과의 갈등을 피하기 위해서는 부서간의 의사소통이 원활히 이루어져 긴밀한 협조관계가 수립되어야 한다.

2. 직무관리

(1) 직무분석

　전략적 인사관리는 외부 환경적 조건, 조직적 조건 그리고 종업원의 특성을 합리적으로 조정하여 인사관리에서 중요한 의사결정을 이끌어 내는 것에서부터 시작한다. 기업 내·외적 조건과 종업원의 특성을 조정·조화시키기 위해서는 여러 가지 직무에 연관된 정보가 필요하게 마련이다. 이러한 정보를 얻기 위해서 제기되는 것이 바로 직무분석이다.

　직무분석(Job Analysis)이란 특정 직무의 성질과 관련된 자료를 수집하고 판단을 이끌어 내는 일련의 체계적 과정을 의미한다. 그러므로 인사관리와 연관된 의사결정이 체계적 방법으로 이루어지도록 하기 위해서 직무분석은 개별직무와 연관된 제반 사항 및 관련 있는 다른 직무에 대한 정보들을 수집하여 인사관리 활동이 효과적으로 실행될 수 있도록 뒷받침해준다. 작업 활동은 여러 개의 유사한 직무로 구성되고, 각 직무는 동일인에 의해 수행되는 과업들로 구성된 여러 개의 직위로 이루어지는데, 이때 직무분석은 특정 과업에 대한 정보를 수집하는 데에 관심을 기울인다.

　일단 직무분석을 통해 얻어지는 여러 정보들은 인사관리 활동에 전반적인 영향을 미친다. 예를 들어 직무설계 단계에서는 직무분석을 통해 요구되는 과업, 자격요건, 보상, 기대되는 결과 등에 대한 정보를 수집하여 그것을 근거로 직무설계를 하고 나아가 조직구조를 형성하는 것이다. 결국 직무분석의 목적은 인사관리 활동에 요구되는 다양한 정보를 제공하는 데 있는 것이다.

다양한 인사관리 활동의 출발점인 직무분석을 통해 수집된 자료들은 모든 정보이용자들이 이해할 수 있는 형태를 취해야 한다. 직무분석의 결과를 보다 알기 쉽게 해주는 두 가지 양식은 직무기술서(Job Description)와 직무명세서(Job Specifications)이다. 직무기술서는 직무 명칭, 직무에 투입된 인원수, 해당 직무의 담당부서와 같은 특정 직무를 다른 직무와 구별시켜 주는 정보와 특정 직무의 목적과 이에 요구되는 사항, 구체적인 작업내용과 같은 직무의 성격을 기술한다. 반면에 직무명세서는 직무수행에 요구되는 훈련, 경험 혹은 자격조건을 명시한다.

(2) 직무평가

직무분석은 직무와 관련된 조건, 내용, 성질 등을 평가하는 데 역점을 둔다. 이에 반하여 직무평가(Job Evaluation)는 직무분석에서 수집된 여러 정보를 이용하여 각 직무의 중요도와 난이도를 고려하고 동일 직무에 동일 임금을 지급한다는 조직 내부의 형평성을 보장해주는 직무계층을 구분하는 데에 역점을 둔다.

종업원이 조직에 공헌한 것에 대한 보상의 형태인 임금을 결정할 때는 크게 조직 외적인 형평성과 내적인 형평성이 고려되어야 한다. 즉, 시장 임금과 불공정한 차이를 갖지 않는 외적 형평성과 동일한 직무계층상에 차별적 임금구조가 없는 내적 형평성을 잃지 않아야 한다. 이는 종업원이 조직에 대해 일체감과 만족감을 얻을 수 있게 하는 기본조건이 된다. 따라서 직무평가는 인사 관련 담당자들의 철저한 계획 하에서 실시되어야 하며, 직무평가 과정에 대해서는 조직 구성원들이 누구나 승복할 수 있는 공정함이 있어야 한다. 합리적인 방식으로 직무평가가 수행되었다면 다음과 같은 효과를 기대해 볼 수 있다.

① 직무의 조직공헌도에 따른 임금설정의 공정성을 확보할 수 있다.

② 실용적이고 합리적인 임금구조를 수립할 수 있다.

③ 직무와 임금간의 관계를 명확히 설정하여 노사 간의 갈등과 임금체계가 왜곡될 가능성을 감소시킬 수 있다.

④ 분쟁과 고충을 해결 혹은 감소하기 위한 절차 및 기준을 제공한다.

⑤ 조직의 내·외적 환경변화에 따른 새롭고 독특한 직무가 필요할 때 이에 대한 임금설정이 유용하다.

⑥ 경력관리, 충원, 훈련 등과 같은 인사관리 프로그램을 지원하기 위한 합리적인 직무 및 임금구조를 형성할 수 있다.

결국 인사관리 활동상에 직무평가가 제공하는 유용성은 세 가지 정도다. 첫째, 직무의 상대적 가치에 따른 직무계통을 수립하여 조직의 임금구조 형성에 도움을 준다. 둘째, 시장에서 동일한 직무에 대해 지급하는 시장 임금과 현재 조직의 직무내용을 연결시킬 수 있게 한다. 셋째, 인사관리 활동이 합리적인 과정상에서 진행되고 있다는 공정성을 제공한다는 점이다.

3. 인사고과

(1) 인사고과의 의의

인사고과, 혹은 성과평정(Performance Assessment)은 종업원이 조직에서 요구한 작업을 얼마만큼 달성했는가 하는 종업원의 성과를 측정하는 체계적인 과정이다. 그러므로 인사고과는 단순히 종업원을 통제하고, 억압하기 위해서 존재하는 것이 아니다. 종업원의 강점을 유지시키고 개선할 여지가 있는 부문에 대해서 향상시킬 수 있도록 성과와 관련된 여러 정보를 피드백하여 자신의 직무에 대한 독립심을 고취시키며 작업동기를 보다 증진시켜 주기 위한 일환으로서 행해지는 것이다.

그렇다면 인사고과는 어떠한 방식으로 진행되어야 하는가? 이는 다시 6가지의 구체적인 질문으로 분류할 수 있다.

① 인사고과를 하는 이유는 무엇인가?

② 인사고과의 대상은 무엇인가?

③ 인사고과는 어떻게 진행되어야 하는가?

④ 인사고과의 담당자는 누구인가?

⑤ 인사고과를 실시하여야 할 시기는 언제인가?

⑥ 인사고과의 결과를 어떻게 피드백할 것인가?

이제 위의 질문들을 구체적으로 검토해 보자. 일반적으로 인사고과의 대상은 3P로 요약된다. 즉, 개별 종업원의 특성과 능력, 지식을 의미하는 인간(Person), 직무행위와 활동을 뜻하는 과정(Process) 그리고 이윤, 매출, 생산성 등과 같은 객관적인 결과(Product)가 그 대상이 된다. 인사고과에는 주관적인 판단의 개입이 허용될 여지가 있기 때문에 인사고과 과정상의 공정성이 중요한 문제로 대두된다.

한편 인사고과는 크게 목표와의 비교, 직무표준과의 비교, 개인 간 비교를 통해 이루어진다. 목표와 직접 비교하는 방법으로는 MBO가 대표적인 예이며, 개인 간 비교방법에는 서열법, 강제 할당법 등이 있다. 다양한 평가방법이 적용되는 것으로는 직무표준과의 비교법이 있다.

이러한 인사고과 방법은 조직의 환경·여건과 작업의 단순화 정도 그리고 독립성에 대한 종업원의 욕구 정도에 따라 달리 적용되어야 한다. 예를 들어 조직의 내·외적 환경이 안정적이고, 직무내용이 상당히 단순하며, 일상적인 것으로 짜여 있고 작업의 독립성에 대한 종업원의 욕구가 낮다면 가장 적합한 인사고과는 직무표준과 비교하는 방법으로 이루어져야 할 것이다. 또 위의 세 변수가 중간 정도로 나타날 때는 목표에 의한 관리(MBO)를 이용하여 인사고과를 행해야 한다.

인사고과를 책임지는 담당자는 단순히 직장 내 상사와 인사부서의 인사관리 전문가만이 아니라 동료, 부하직원, 회사의 고객 그리고 독립적일 수 있는 조직 외부의 관찰자 등 다수가 될 때 공정한 인사고과가 이루어질 수 있을 것이다.

한편 인사고과의 시기는 비용적 측면과 연관시켜 볼 때 상반관계(Trade-Off)에 있기 때문에 일반적으로 중요한 임무나 프로젝트가 완수된 직후, 혹은 주요한 작업결과가 달성된 것으로 여겨질 때 이루어져야 한다.

마지막으로 인사고과의 피드백 방식은 결국 그 결과가 영향을 미치는 대상이 인간이라는 점을 고려하여 신중하게 선택해야 한다. 예를 들어 성과가 낮은 부하직원이 과업에 익숙해지도록 하는 것을 목적으로 한다면 정서적 호소나 상담과 같은 방식이 긍정적 효과를 얻을 수 있을 것이다. 강압적인 요구, 위협 등과 같은 압력을 행사하는 방법은 부정적 효과를 얻을 것이기 때문이다.

결론적으로 말하면 위에서 제기된 인사고과와 관련된 물음을 늘 염두에 두어야만 인사고과 체계의 설계 및 실행은 이루어질 수 있다.

(2) 인사고과의 목적

종업원의 성과를 측정하는 이유는 성과와 관련된 정보를 수집하여 전반적인 인사관리 활동에 대한 지침을 얻으려는 데에 그 목적이 있다. 따라서 조직목표 달성에 대한 조직 구성원의 공헌도를 측정하는 인사고과의 기본적 목적은 다음과 같다.

첫째, 조직 관리적 측면에서의 의사결정에 필요한 기초적 정보를 제공하는 데 있다. 즉, 성과에 근거한 임금, 승진, 배치전환, 해고 등의 의사결정에 도움을 주기 위해서이다.

둘째, 종업원의 피드백과 개발을 위함이다. 인사고과를 통해서 종업원들에게 그들의 성과가 조직의 기대에 비하여 어느 정도 달성되었는지를 알려줄 수 있다.

셋째, 인사관리 프로그램에 대한 평가치로 작용한다. 인사관리 프로그램의 평가에 있어서 인사고과의 결과는 평가기준으로 사용될 수 있다.

그렇지만 인사고과가 측정대상이 되는 종업원들에 대해 어떠한 편견도 개입되지 않고 항상 객관적이며 정확하게 이루어지는가에 대해서는 아무도 장담할 수 없는 것이 현실이다. 잘못된 결정을 이끌어내는 측정 오류는 오히려 고과 시스템의 필요성을 감소시킬 수도 있다.

인사고과에서 야기되는 오류에는 다음과 같은 것들이 있다.

학력이 좋은 종업원이 직무성과가 높을 것이라고 생각하는 것처럼 특정한 인상으로 인하여 다른 차원에 대해서도 비슷한 평가를 야기하는 후광효과(Halo Effect)가 그것이다. 또한 전체 평가대상 집단에 대해 극도로 우호적인 평가를 주는 관대화효과(Leniency Effect)와 극도로 불리한 평가를 내리는 엄격화효과(Severity Effect)도 있다. 또한 인사고과자가 모든 피고과자에 대해 평균수준 정도의 고과를 내리는 중심화경향(Central Tendency) 등이 대표적 오류다. 그러나 실증 연구결과에 의하면 이와 같은 측정 오류들이 평가의 정확성에 치명적인 영향을 준다고는 여겨지지 않는다.

4. 인력계획

(1) 인력계획의 의의

인사관리는 전략적으로 수행되어야 한다. 이 말은 조직의 내·외적인 환경을 평가하여 전체 수준의 조직적인 전략목표를 수립한 뒤에 이를 뒷받침할 수 있는 인사관리 기능의 전략적 계획은 인사관리가 전략적 사업목표에 어떻게 공헌할 수 있고, 인적자원이 얼마만큼 필요하며, 인사관리기능이 강조할 방향은 무엇인가 등의 의사결정과 결부되어야 한다는 뜻이다.

인력계획을 분석하는 초점은 인적자원의 양과 직무할당 및 임금수준의 분석에 있다. 따라서 인력계획은 미래 인적자원에 대한 수요와 공급은 어느 정도인가, 조직이 인적자원 수급의 불일치를 어느 정도까지 조화시킬 수 있는가 하는 의사결정과 연계되어 수립되어야 한다.

요컨대 인력계획은 적시에 요구되는 작업을 완수할 수 있는 노동력의 양적·질적 수준을 적절하게 획득하는 것을 목적으로 삼는다. 이러한 인력계획은 다음과 같이 세 단계로 나누어 볼 수 있다.

첫째, 인적자원의 수요분석, 둘째, 인적자원의 공급분석, 셋째, 인사
활동을 유지하거나 변화시킬 경우에 요구되는 인적자원의 수요와 공
급 불일치의 균형 유지가 그것이다.

(2) 모집선발

만일 현재의 인적자원이 조직 활동에 필요한 양보다 못 미치거나
그들의 자질이 부족할 경우가 있을 수 있다. 또한 조직에 공헌할 수
는 능력 있는 구성원들이 퇴사한다면 조직의 구조, 직무와 보상체계
등이 아무리 잘 설계되었다고 하더라도 인사 시스템은 효과적으로 작
동할 수 없다. 그렇기에 조직의 외부에서 구성원을 모집·선발하는
과정과 경력·승진관리를 통해 기존 구성원들 중 적격자를 선발하는
충원과정은 매우 중요하다.

충원(Staffing)이란 조직이 원하는 자격을 갖춘 구성원을 확보하기
위하여 구성원을 조직 내로 유인(모집·선발)하고, 조직 내에서 이동
(경력·승진)시키며, 조직에서 격리(해고·퇴사)시키는 과정을 다 포
함한다. 이는 크게 외부충원과 내부충원으로 구별된다. 외부충원은
조직 외부에서 구성원을 모집·선발하는 것이고, 내부충원은 조직 내
에서 구성원의 경력·승진관리를 통해 직위를 변경시키는 것을 뜻한
다. 내부충원은 다음 절의 교육·훈련을 통한 구성원 개발과 보다 밀
접한 관련을 가지고 있으므로, 이 절에서는 모집·선발에 대해서만
알아보기로 한다.

1) 모집과정(Recruiting)

모집이란 회사가 향후 채용할 수 있는 예비후보 집단을 식별하고, 유인하는 과정이다.

현실적으로 많은 기업들은 조직 측면의 편이성과 상대적으로 응시자가 갖는 불리성을 이유로 형식적인 모집공고를 한다. 대개의 조직들은 모집과정이 자사가 요구하는 인적자원을 충원하는 첫 번째 단계라는 점에만 주목하여 모집과정이 상호 의사소통 과정이라는 점을 간과하는 경우가 많다.

모집과정은 다음과 같은 점에서 상호 의사소통 과정이다. 즉, 응시자는 자신들이 자격 있는 후보자로서 채용조건을 갖추고 있다는 사실을 회사에 알리는 동시에 응시한 회사가 자신이 원하는 직무여건과 조직 환경을 만족시키는지를 판단하기 위한 정보를 요구한다. 반면에 모집공고를, 회사는 응시자들에게 자사의 근로조건이 우수하다는 점을 알리면서 한편으론 응시자가 자신들이 지닌 잠재적 가치·능력을 증명하도록 하여 채용조건에 합당한지 여부를 확인한다.

모집과정에서 특히 중요한 것은 회사의 현실을 있는 그대로 보여주는 실제적인 직무시사(Realistic Job Preview, RJP)이다. 미국에서 조사된 연구에 의하면 RJP가 모집과정상에서는 회사의 직무조건과 근로환경을 과장하거나 가공적으로 보여주는 전통적인 모집관행보다는 조직에 대한 최초의 기대감이 현저하게 떨어진다고 한다. 그러나 채용 3개월 이후의 만족도 감소 수준은 전통적인 방법보다 낮기 때문에 이직이나 직무 불만족이 덜 일어난다고 한다.

2) 선발과정(Selecting)

일단 외부모집이 가능한 응시자 집단을 선별한 다음에는 자격 있는 응시자를 고용하는 과정이 요구된다. 외부선발과정이란 채용될 응시자를 선별하기 위하여 응시자에 대한 정보를 모으고, 이를 이용하는 단계를 말한다. 선발과정은 추가적인 정보를 모으기 전에 자질이 부족한 응시자를 가려낸다는 의미에서 선별과정(Screening)이라고도 불린다.

외부선발 전략을 수립할 때 포함되어야 할 내용은 다음과 같다.

첫째, 응시자에 대한 정보를 판단하고 평가하는 데 이용될 선발기준, 둘째, 선발기법, 셋째, 선발과정에서 사용될 정보, 넷째, 선발결과 측정방법

이상의 내용들을 고려한 외부선발 전략의 설계단계를 설명하면 다음과 같다.

첫째, 전체적인 작업환경을 평가한다. 즉, 조직의 전반적인 환경과 직무를 분석한다.

둘째, 회사에서 필요한 인적자원의 특징을 확인한다. 여기에는 기술적인 지식, 능력, 숙련도와 같은 직무와 관련된 사항과 개인적인 요구(Needs), 가치, 이해 그리고 개인적 특징을 파악하여야 한다.

셋째, 선발할 응시자와 조직이 서로 조화될 수 있는지를 평가한다. 우선 인지적(認知的) 능력, 대인관계 능력 등을 평가하기 위한 테스트와 동료(Co-worker)에 의한 면접, 인성 테스트 그리고 RJP 등이 요구된다.

넷째, 직무와 관련한 개인과 조직의 조화 정도를 강화한다. 과업설계와 훈련을 통해 기술과 지식을 강화하고, 조직설계를 통해 조직에 대한 친숙도(Orientation)를 강화시킨다.

선발절차에는 다양한 기법이 있다. 선발기법 선택의 핵심은 조직에 부합되고 자격 있는 종업원을 선발할 수 있는가에 있다. 선발 전략에서 일반적으로 이용되는 다단계 선발과정에는 다음과 같은 세 가지 방법이 있다.

보상적 과정(Compensatory Process)은 테스트과정에서 어느 한 분야의 점수가 낮더라도 다른 분야에서 높은 점수를 얻게 되면 낮은 점수를 만회할 수 있는 방법이다.

다단계-장애물방법(Multiple-Hurdle Process)은 회사에서 요구되는 인적자원의 자질을 식별할 수 있는 기준 요소의 중요도가 상대적으로 떨어지거나 비용이 적게 드는 방법을 먼저 사용하여 일정 정도의 부적격자를 제거시킨다. 그 후 선별자를 놓고 중요한 평가요소 혹은 비용이 많이 드는 방법을 실시하는 방법을 말한다. 먼저 지식테스트를 실시하여 일정 후보자를 탈락시킨 후 나머지 인원에 대해 추가적인 테스트를 실시하여 최종 채용 여부를 가리는 것이다. 혼합과정(Hybrid Process)은 직무상 요구되는 최소한도의 자질을 검사할 수 있는 요소를 장애물로 이용하고, 이 과정을 통과한 응시자에 대해 보상적 기준으로 채용을 결정하는 방법이다.

선발과정에서 보다 중시해야 할 사항은 응시자가 조직이 기대했던 성과를 실제 채용 후에 올릴 수 있는지의 여부이다. 이를 확인하는 절차로는 채용된 응시자가 달성한 실제 직무성과를 평가하고, 그 결과를 응시자가 선발과정상에서 얻은 선발테스트의 점수와 비교하는 예측 타당성(Predictive Validation) 확인 방법과 조직에서 활동하고 있는 구성원을 응시자로 간주하여 선발테스트를 실시하고, 이를 현재

의 직무성과와 비교하는 동시 타당성(Concurrent Validation) 확인
방법 등이다.

(3) 종업원 개발

앞 절에서 우리는 외부충원의 절차를 간략히 살펴보았다. 이 절에
서는 선발한 종업원을 조직과 직무에 적응시키고, 이후 조직의 필요
에 의해 경력관리와 승진이라는 내부충원에서 요구되는 종업원 개발
과정에 대해서 알아보도록 하자.

1) 내부충원의 중요성

해고 · 퇴직의 이유로 B 직무를 수행했던 일부 종업원(부분)이 조직
을 떠났을 때 외부충원을 고려하지 않는다면 B 직무에서 모자라는 부
분은 조직 내부에 있는 적격자들로 충원해야 한다. 그 결과 B 직무로
이동한 A 직무의 내부 이동자만큼 새로운 고용이 이루어져야 한다.

따라서 내부충원은 조직 내에서의 인적자원의 수요와 공급의 격차
를 완충시키는 역할을 하는 것이다.

2) 경력개발

경력이란 시간이 지남에 따라 조직 내에서 구성원의 작업경험이 연
속적으로 증가하는 흐름을 말한다. 어느 한 사람의 경력은 개인과 조
직 간의 계속적인 관계에 영향을 미친다. 조직의 구성원은 자신의 자
긍심과 개인적 목표를 추구하고, 조직은 조직의 목표 달성을 추구하
는데, 이러한 상호작용 속에서 구성원의 경력이 개발되는 것이다.

경력개발(Career Development)은 두 가지 요소로 구성된다. 개별
적인 종업원이 자신이 설정한 조직에서의 경력목표를 달성하기 위해

각 단계를 식별하고, 이를 이행하는 과정인 경력계획(Career Planning)이 그 하나다. 그리고 조직적 측면에서의 미래 요구를 충족시키기 위해 적절한 종업원 집단을 형성할 수 있도록 종업원을 선택, 평가, 배치, 개발하는 과정인 경력관리(Career Management)가 나머지 요소이다.

3) 교육·훈련의 과정

외부충원에 의해서건 내부충원에 의해서건 일단 어느 한 사람이 새로운 직무에 직면하게 되거나, 기술발달 등의 이유로 조직이나 직무환경이 바뀌면 교육·훈련(Training)이 필요하다. 교육·훈련이란 종업원의 특성과 작업상 요구되는 자격요건이 보다 잘 결합할 수 있도록 종업원의 기술 습득, 역할, 태도를 향상시키는 체계적인 과정을 말한다. 교육·훈련 그 자체만을 목적으로 삼거나 단순히 형식적인 것으로 간주하면 교육·훈련 과정은 필연적으로 실패할 수밖에 없다.

교육·훈련이 성공적으로 수행되는 회사는 외부·내부충원, 보상, 직무설계 등을 포함한 체계적인 인사활동의 집합 내에서 교육·훈련의 활동이 통합되도록 계획하고 실행한다. 교육·훈련은, 크게는 한 나라가 지닐 수 있는 전략적 무기가 될 수 있는 동시에 조직의 측면에서도 훌륭한 무기가 될 수 있다. 그렇지만 분명히 인식해야 할 사항은 교육·훈련은 전략 그 자체가 아니라 실제 활동이라는 점이다.

교육·훈련 과정은 다시 요구의 평가, 목적, 기준, 프로그램의 설계, 실행 그리고 평가라는 체계로 크게 나뉜다.

실증연구에 의하면 교육·훈련 프로그램이 실패하는 이유는 다음 몇 가지로 나타난다.

① 교육·훈련에서 배운 행위와 기술에 대한 직무상의 보상이 없다.

② 프로그램을 실행하는 데에 시간이 부족하다.

③ 경영층의 작업환경이 새로운 행위와 기술을 지원해주지 않는다.

④ 동기가 부족하다.

⑤ 교육·훈련을 요구하는 원인들에 대한 분석이 부적절하다.

⑥ 프로그램이 실행된 이후 교육·훈련에 대한 요구가 늘 새롭게 변한다.

⑦ 예산이 부족하다.

한편 성공적인 교육·훈련 프로그램이 되기 위해서는 교육목표를 적절하게 수립하여야 한다. 성공적인 교육목표가 되기 위한 기준으로는 측정 가능할 것, 구체적이며 교육·훈련의 한계선을 설정할 것, 주요 요소에 대한 결과에 영향을 미쳐야 할 것 등이다.

예를 들자면 '이 책의 인사관리 편을 24시간 내에 읽고, 두 페이지 이내로 정리한다'는 목표는 위의 기준을 충족시킨다.

교육·훈련의 효율성은 조직이 적합하다고 생각하는 산출물을 이용하여 평가하여야 한다. 다음과 같은 것들이 평가의 기준이 될 수 있다.

① 피훈련자가 훈련에 대해서 긍정적으로 생각하는가?(피훈련자의 반응)

② 피훈련자가 그들이 배웠던 사항들의 개념을 기억하고 이해하는가?(학습)

③ 피훈련자가 배운 개념들을 그들의 행동에 적용하는가?(행위의 변화)

④ 변화된 행동들이 조직의 성과에 영향을 미치는가?(결과물)

⑤ 피훈련자가 조직이나 작업에 대해서 긍정적인 태도를 갖는가?(태도)

4) 오리엔테이션

신입사원이 최초로 교육과 훈련의 경험을 가지는 기회가 바로 오리엔테이션(Orientation)이다. 오리엔테이션은 입사와 동시에 시작된다는 일반적인 예상과 달리 개인이 조직과 결합되기 전에 시작한다. 모집 및 선발과정에서의 활동들이 적절했다면 이 과정 역시 훈련으로서의 기능을 훌륭히 할 수 있기 때문이다. 오리엔테이션은 개인이 조직의 목표와 그것의 달성방법, 기본적인 직무에 대한 책임과 효과적인 직무행위 그리고 작업규칙을 배우게 함으로써 특정한 태도와 가치 그리고 행위가 종업원에게 형성되도록 하여야 한다.

5) OJT(On the job Training)와 Off-JT(Off the job Training)

교육·훈련이 실시되는 방법에는 크게 OJT와 Off-JT가 있다. 대개의 교육·훈련은 직무와 관련된 장소에서 실행된다. 보통 OJT가 Off-JT보다 많이 이용된다. 전형적인 OJT프로그램은 실제 작업환경에서 피훈련자를 대상으로 하여 경험 있는 작업자나 상급자가 작업내용을 설명하고 이해시키는 방식으로 진행된다.

이 방법의 이점은 현실성이 극대화된다는 점이다. 즉, 똑같은 환경과 단서를 조성하고, 개인이 실제 직무상에서의 과업을 수행함으로써 개인의 실질업무 적용상태를 알아볼 수 있다는 것이다.

그러나 이 방법은 종종 교육목표와 연계되지 않거나, 교육·훈련의 계획이 구체적으로 설계되지 못할 수도 있고, 자질이 없거나 교육을 거의 받지 않은 미숙련 진행자에 의해 수행될 수 있으며, 훈련 이후의 효과가 없을 수 있다는 위험성이 있다.

그리고 교육과정에 내재된 위험요인에 무방비 상태로 노출된 초보자들에 대한 안전문제와 초보자들의 교육과정상에서 회사의 중요 자원이 낭비될 수 있다는 단점도 있다.

반면에 OJT가 일반적으로 수행될지라도 회사는 하나 혹은 그 이상의 공식적인 교육·훈련에 주의를 기울인다. Off-JT나 공식적 교육·훈련은 일반적으로 비용이 OJT보다 직접적이고 투명하므로 많은 주의가 필요하기 때문이다.

과거에는 멀티미디어를 활용한 교육·훈련이 주목을 받지 못하였던 것에 비하여 컴퓨터 관련 기술의 발달로 말미암아 멀티미디어를 활용한 교육·훈련이 급속도로 증가하고 있다. 그렇지만 강의와 일대일 교육방법도 여전히 진행되고 있는 편이다.

5. 보상관리

(1) 임금관리의 의의

인사관리에서 임금관리가 차지하는 위치는 매우 중요하다. 왜냐하면 임금관리는 총체적인 경영 시스템의 일부분이며, 임금은 종업원의 입장에서는 직접적으로 그들의 다양한 욕구 충족의 수단으로서 가능하기 때문이다. 또한 조직적인 측면에서의 임금은 중요한 원가 구성 요소이다. 물론 조직 행위의 관리 및 통제에 있어서도 중요한 수단이다. 더욱이 임금관리는 조직 내부의 요인뿐만 아니라 외부적 요인에 의해 영향을 받기 때문에 그 중요도는 크다. 최저 생계비, 연금 등 강

제적 복리후생제도를 구비하게끔 하는 정부 규제와 회사와의 임금협
상에서 주도적 역할을 하는 노동조합이 상식적으로도 임금관리에 영
향을 미치는 요인임은 누구나 알 수 있는 일이다. 이 외에도 조직 전
략, 문화와 가치관, 종업원의 지식·기술·능력의 차이에 따른 특성
과 같은 요인들도 임금관리에 영향을 미친다.

조직에서의 임금관리는 크게는 임금체계(Pay System)와 임금구조
(Pay Structure)로 구분할 수 있다. 임금체계란 조직이 임금을 결정
하는 방법으로서, 예를 들자면 성과급제, 시간급제, 직능급제 등이 그
예이다. 임금체계는 생산성의 향상, 원가통제, 종업원에 대한 공정한
대우, 법률준수를 목적으로 설계되어야 한다. 임금구조란 조직 내에
있는 직무들 사이의 임금률이나 임금수준의 계층적 차이를 말한다.
따라서 임금관리에 있어서 전술한 바 있는 공정성 개념은 다음과 같
이 적용된다.

우선 외부공정성이란 다른 조직에서 지급하는 임금수준과의 차이
정도를 나타낸다. 반면에 내부공정성이란 조직 내의 임금구조가 공정
하게 짜여 있는가를 의미한다. 그리고 개별적 공정성이란 임금체계가
공정한가를 말하는 것이다. 이러한 공정성에 대한 기준들은 종업원의
행위나 태도에 영향을 미치기도 하며, 원만한 노사관계와 법규준수에
필요하므로 주의 깊게 짜야 할 것이다.

(2) 최저임금제도

앞 절의 임금결정과정에서 임금상한선은 시장 임금수준에 부합되는
선에서 기업이 지불할 수 있는 최대 능력이다. 또한 하한선은 종업원

이 노동력의 재생산과 가족의 생계유지에 필요한 생계비가 된다. 오늘날 임금결정과정에 영향을 미치는 요인 중의 하나인 정부 규제의 대표적인 예가 바로 최저임금제도라고 할 수 있다.

최저임금제도란 종업원에게 지급되는 임금의 최저액을 결정하는 제도이다. 만일 어느 기업이 종업원의 임금을 그들의 가족과 함께 사회에서 인간답게 살기 위해 필요한 문화생활과 기본적인 생계에 요구되는 비용보다 낮은 수준으로 결정한다면 노동의 재생산은 물론 직장, 직무에 대한 불만이 높을 것이다. 따라서 종업원의 생활안정을 도모하기 위하여 각종 노사 간의 단체협약이나 정부 규제로 최저임금제도를 두고 있는 것이다.

이 제도가 실시되는 이유를 보다 구체적으로 정리해보자.

첫째, 모든 노동자가 단체협약에 의하여 보호받지 못하고 있으므로, 특정 노동자집단이 동일한 노동에 대해서 매우 낮은 수준의 임금을 받을 수 있다. 따라서 사회정의 차원에서 최저임금제도가 필요한 것이다.

둘째, 이 제도가 없다면 노사분규가 발생할 여지가 대단히 높고, 저임금을 기반으로 하는 기업의 비효율적이고도 방만한 기업운용, 불공정한 경쟁을 야기할 수 있다.

셋째, 노동시장의 불안전성으로 인하여 기업 간의 임금수준 차이가 자연적으로 조절되지 않는다.

넷째, 저임금이 불경기를 초래한다는 이론에 근거하여 소비를 통한 구매력의 유지 혹은 증가를 꾀할 수 있다는 점이 최저임금제도의 근거가 된다.

우리나라의 경우 근로기준법에서 몇 가지 예외조항을 인정하는 선에서 최저 임금을 규정하고 있다. '노동부장관은 필요에 의하여 일정한 사업 또는 직종에 종사하는 근로자를 위하여 최저임금을 정할 수 있다' 와 '최저임금이 정하여진 경우에 사용자는 그 금액에 미달하는 임금으로 근로자를 사용할 수 없다' 는 조항이 그것이다. 그러나 현실적으로 노동자들이 체감적으로 느끼고 있는 최저생계비와 정부에서 고시하는 최저생계비의 차이로 인하여 최저임금제도의 입법 정신이 완벽하게 구현된다고 보기에 어려운 점이 있는 것 또한 사실이다. 그러므로 정부는 최저생계비에 따른 최저임금을 적어도 물가상승을 보전하고 근로 생활의 질(Quality of Work Life)이 실질적으로 상승하는 수준에서 정해지도록 노력해야 할 것이다.

(3) 복리후생제도(Benefit and Services System)

미국, 일본의 경우 복리후생비용이 인건비에서 차지하는 비용은 30% 이상이며, 우리나라도 30%에 육박할 정도로 이 분야에 대한 관심이 증대되고 있다. 그러나 복리후생제도는 기업마다 그 종류와 규모에 있어 상당한 차이를 보이고 있다. 직접임금과 복리후생비용은 역관계를 갖는 경우가 많으므로 복리후생에 대한 태도는 종업원 특성에 따라 다를 수 있다는 점에 주의하여야 한다.

복리후생제도가 존립할 수 있는 가장 큰 근거는 조직 구성원에 대한 효익의 제공을 들 수 있다. 즉, 의료보험, 국민연금의 보조 등은 조직 구성원이라는 자격에 대해 적용되는 복리후생제도이다. 또한 장기근속에 따른 유급휴가, 봉급수준에 따른 연금지급, 개인적 특성에 해당하는 가족수당, 학자금보조, 직무와 관련된 근무지 수당 등은 복리후생제도를 실시할 수 있는 주된 근거가 된다.

일반적으로 복리후생제도는 제2차 세계대전 이후 급속도로 발달하게 되었다. 정부의 입장에서 복리후생제도는 질병, 사고, 실업 및 퇴직 등과 같은 고용불안정으로부터 국민을 보호하고자 실시했으며, 아울러 조직의 자발적인 복리후생제도에 대한 규제강화를 확대시켜 왔다.

또한 사용자의 입장에서는 종업원의 요구를 반영하여 인적자원의 성과를 강화하고자 복리후생제도를 증가시켜 왔다. 노조는 임금 가이드라인에 대해서 노조 간 경쟁으로 인하여 추가적인 복지제도를 단체협상의 주된 이슈로 내걸게 되었고, 종업원의 입장에서는 세제상의 이점으로 복지제도의 확대에 노력하게 된 것이다.

복리후생제도를 계획할 때는 소위 5C를 고려하여야 한다. 즉, 경쟁사의 수준과의 비교우위를 가질 수 있는 경쟁성(Competitiveness), 법률 준수의 여부(Compliance), 제공할 복리후생의 범위와 형태(Coverage & Forms), 종업원과 경영진의 의사소통(Communication), 종업원의 이해가 보장되었는가, 복리후생제도의 탄력성의 정도를 나타내는 선택(Choice)의 문제들을 고려하여 설계해야 할 것이다.

6. 인간관계

인간은 사회적 동물로서 다양한 환경과 사회적 배경 속에서 상호작용을 하며 살아간다. 그렇기에 조직적 측면에서 볼 때에도 조직의 목표를 이루기 위해서는 조직 구성원 간의 상호작용은 매우 중요하다.

개인적 차원에서는 성과와 직무만족의 증가, 조직 차원에서는 조직목
표의 달성과 조직의 성장이 이루어지게 되기 때문이다.

이와 같이 조직 내에서는 개인과 조직이 목적 달성을 위해 종적·
횡적으로 인간적인 교류를 하게 되는데, 이것을 인간관계(Human
Relations)라 한다. 혹은 인간관계를 단순한 사람과 사람과의 관계가
아니라 사람을 인성적·감성적 존재로 이해하여 관리한다는 철학, 제
도, 기법을 총칭하는 하나의 사고방식으로 이해하기도 한다.

이 인간관계의 순기능은 조직 구성원들에게 유쾌한 감정을 갖게 하
거나 신념과 긍지를 갖게 하여 결국 조직의 활성화, 유효성 증대를
가져오는 것이다. 그렇지만 인간 소외 현상 및 직무 불만을 초래할
수 있을 뿐 아니라 심지어는 개인 간, 집단 간의 갈등을 심화시키는
역기능을 가져올 수도 있다.

인간관계를 중시하게 된 직접적인 배경은 인간을 기계적으로 파악
하고 조직 구성원을 기계부품으로 취급했던 과학적 관리법에 대한 반
성에서 출발한다.

(1) 인간관계 관리의 중요성

인사관리에서 인간관계가 차지하는 중요성은 다음과 같다.

첫째, 사람들은 일생의 대부분을 조직에 속하여 지내게 된다. 따라
서 조직 내에서의 인간관계는 중요하다. 특히 공동체의식을 중요하게
생각하는 우리나라의 경우에는 더욱 그렇다.

둘째, 조직의 규모가 커지고 복잡하게 될수록 조직 구성원이 상호
간의 협동관계를 이루는 것은 더욱 중요하다. 따라서 조직 경영엔 종

업원의 관계를 조정하여 조직목표를 달성할 수 있도록 하는 활동이
요구된다.

셋째, 직무에 대한 불만족 이외에도 조직 구성원이 조직을 떠나는
이유에는 동료나 상사, 부하직원과의 인간관계에서 실패한 것도 큰
요인으로 작용한다. 따라서 유능한 종업원이 지속적으로 조직 내에서
공헌을 할 수 있게 하려면 인간관계 관리가 적절하게 수행되어야만
한다. 따라서 종업원의 유지 측면은 인사 시스템에서도 중요한 일이
라고 할 수 있다.

(2) 과학적 관리법의 반성

산업의 고도화는 인간에게 물질적 풍요를 안겨다 주었지만 기계화
로 인한 작업의 단순화를 초래했을 뿐 아니라 전문화는 인간 소외 현
상을 초래하여 조직과 인간의 존립에 악영향을 미쳤다. 테일러의 시
간연구(Time Study), 동작연구(Motion Study)를 바탕으로 실시한
과학적 관리법(Scientific Management)은 종업원에게는 고임금과
생활수준의 향상에 대한 동기 증대를, 기업에게는 생산능률 향상과
경영합리화를 이룰 수 있도록 하였다.

그러나 테일러의 과학적 관리법은 임금을 매개로 하여 노동 강도의
강화라는 부작용과 종업원을 비인간적으로 대우하거나 미숙련공의
저임금화를 야기했다. 자본집약적 산업의 발달로 인한 노조의 반발,
종업원의 협동성 약화, 무리한 노동 강도의 강화, 인간의 감정과 개
인차(Individual Difference), 욕구의 다양성 등을 무시했다는 비판점
이 제시됨에 따라, 인간관계의 중시와 근로생활의 질에 더 큰 관심을

갖는 경영사조가 생기게 되었다.

또 이에 대한 연구가 활발해졌으니 바로 이러한 연구의 시발점이
호손실험(Hawthorne Experiments)이었고, 이것은 마침내 인간관계
론이라는 학문을 출현시킨 계기가 되었다.

인간관계에 관한 연구는 호손실험에서 비롯되었다. 이 실험은 미국
서부 전기회사(Western Electric Co.)에 소속되어 있는 시카고 교외
의 호손공장에서 1924년부터 1932년까지 8년 동안 실시되었다. 이
실험은 조명실험(1차)부터 시작하여 계전기 조립실험(2차), 면접실험
(3차), 배전기 권선작업실험(4차)까지 이어졌다.

그런데 실험결과 작업능률을 좌우할 것이라고 예상됐던 노동조건
(임금, 노동시간 등)이나 작업환경(조명, 환기 등)보다는 근로자의 심
리적 요소(태도, 감정)나 비공식조직의 인간관계가 작업능률에 더 큰
영향을 미쳤다고 판명되었다. 연구결과가 주는 경영학적 시사점은 바
로 물질적 조건에 의한 작업능률의 향상보다 인간의 태도나 감정을
중시해야 한다는 인간관계관리가 요구된다는 점이다.

7. 노사관계

(1) 노사관계 관리의 의의

노사관계는 사용자와 종업원을 대표하는 집단(노조 혹은 노사협의
회) 사이의 지속적인 관계를 말한다. 적어도 자본주의의 틀에서 노사
관계는 흔히 말하는 대립적·투쟁적 관계를 의미하지는 않는다. 그러
나 현실적으로는 사용자가 노동비용을 통제하고 종업원들을 관리하

는 문제와 종업원들이 근로생활의 질과 노동 제공에 따른 정당한 보수의 확보라는 대립적 욕구의 작용으로 얼핏 보면 자본가와 노동계급 간의 갈등이라는 모습으로 보이기도 한다. 더욱이 정부가 일방적으로 사용자의 이해를 반영한 노동정책이 노사 간 대립의 촉발제 역할을 했다는 것도 주지의 사실이다.

이런 맥락에서 던 롭(J. T. Dunlop)은 노사관계를 "경영자·근로자·정부 간 상호관계의 복합체"라고 말하면서 "노사관계 시스템은 사회 시스템의 하위 시스템(Sub-System)이다"라고 정의했다.

따라서 이상적인 노사관계는 상호 신뢰할 수 있는 여건 속에서 종업원과 사용자가 합리적인 협상안으로써 단체교섭에 임하고 일단 합의된 사항은 이후의 단체교섭 기간까지 쌍방이 성실히 준수하려는 자세를 보일 때만 가능한 것이다. 이에 정부는 어느 한 쪽이 불리하도록 일방적으로 맺어진 단체교섭의 부당함을 행정적으로 규제하고 중재하는 역할을 함으로써 노사 당사자의 신뢰관계가 유지되도록 하는 보조기능을 갖추어야 한다.

(2) 우리나라의 노동조합

노조 결성의 원리는 간단하다. 종업원들이 노조로 인하여 얻게 되는 효익이 비용을 초과하는 경우에는 노조를 결성할 가능성이 크다. 그렇지만 심리적인 측면에서는 그리 단순하지 않다. 일반적으로 노조 가입 혹은 결성의 요소로는 다음과 같은 점을 들고 있다. 임금과 결부된 직무 불만족, 상급자에 대한 불만, 부당한 대우 등과 같은 작업환경에 대한 지각 정도와 노조 참여 혹은 노조가 작업조건의 교섭 과정에서 갖는 영향력에 대한 종업원의 욕구 정도 그리고 마지막으로 노조활동에 대한 종업원의 믿음 정도에 따라 노조 가입과 결성이 결정된다.

우리나라의 경우 최초의 노동조합은 일제 강점기에 설립되었을 정도로 오랜 역사를 가지고 있지만, 노동운동 혹은 노조활동에 대한 관심은 1970년대 초반 전태일의 분신자살에서부터 시작되었다. 이후 정부와 사용자의 노동통제 정책으로 노조활동은 거의 미미한 수준에 머물렀으나, 1987년 이후 급속도로 노조 결성이 증가됨에 따라 노동조합의 활동도 활발히 이루어지고 있는 실정이다. 물론 우리나라의 노동조합의 활동에서 정치적인 이슈가 커다란 부분을 차지하고 있기 때문에 정부의 노조활동에 대한 통제와 사용자의 노조에 대한 불신에 따른 노조활동의 억제가 노사관계를 악화시키기도 했지만, 노사의 합리적인 단체교섭능력의 부족 또한 노사관계를 악화시키는 원인이기도 하다.

전세계적으로 노조원이 감소하는 경향이 있다. 예를 들어 미국의 경우 1940년대 농업부문 이외의 전산업에서 노조가입률이 35.5%에 이르던 것이 1992년도에는 15.8%에 이를 정도로 지속적인 감소 추세에 있다. 이 같은 추세는 다수의 노동자가 함께 작업하는 직무조건이 사라지게 된 사무직의 발달이 주된 원인이 된다. 그러나 공동 작업이 가능한 직종(철도, 지하철, 중공업 등)에서는 노조의 영향력이 증가할 수 있는 가능성 또한 존재한다. 우리의 경우도 1990년대 초반까지 노사분규는 증가일로에 있었으나, 1994년도의 노사분규는 전년도에 비해 대략 20% 정도 줄어드는 등 점차 감소하는 추세에 있다.

참고 문헌

강금식, 《생산 · 운영관리》, 박영사, 1992.

곽수일, 《생산관리》, 방송통신대학, 1982.

구맹회, 《현대재무관리》, 1986.

김윤상, 《생산운영관리》, 1989.

김원수, 《마아케팅관리》, 한국방송통신대학출판부, 1982.

김식현, 《인사관리론》, 무역경영사, 1995.

김진목, 《인사관리론》, 진성사, 1993.

김태웅, 《현대품질관리론》, 태성출판사, 1992.

김태웅, 《생산 · 운영관리》 태성출판사, 1994.

이우용 · 정구현, 《마케팅원론》, 형설출판사, 1993.

이수동 · 임채운, 《마케팅 : 도전과 대응》, 학현사, 1993.

박충환 · 오세조, 《시장지향적 마케팅관리》, 박영사, 1993.

안광호 · 이학식 · 현용진, 《마케팅 : 시장전략적 접근》, 법문사, 1994.

유필화 · 김용준, 《현대마케팅론》, 박영사, 1994.

채서일, 《마케팅》, 학현사, 1993.

최병용, 《최신 경영학 원론》, 박영사, 1994.

한희영, 《경영학 원론》, 법문사, 1993.

황규대, 《인사관리노트》, 성균관대대학원, 1994.

B. W. Niebel, 《Motion and Time study》, 6th ed.,Irwin, 1976.

E. Solomon, 《The Theory of Financial Management》, 1963.

E. M. Rogers, 《Diffusion of Innovations》, 3rd ed., Free Press, 1983.

Fortune, 《The New Power of Financial Executive》, 1962.

H. Biermn Jr. & S. Smidt, 《The Capital Budgeting Decision》, 1975.

Heneman, H. G. & D. P. Schwab, 《Perspectives on Personnel / Human Resource Management》, Revised ed., Irwin, 1982.

James C. & Van Mome, 《Financial Management & Policy》, 6nd ed., 1981.

J. F. Weston & Brigham, 《Managerial Finance》, 1981.

J. A. Orlicky, 《Materials Requirements Planning》, McGraw-Hill, 1975.

Juran, J. M. & F. M. Gryna. Jr., 《Quality Planning and Analysis》, 2nd ed., McGraw-Hill, 1980.

K. N. Dervitsiotis, 《Operations Management》, Mcgraw-Hill, 1981.

Milkovich, G. T. & J. W. Boudreau, 《Human Resource Management》, 7th ed., Irwin, 1994.

P. Kotler, 《Marketing Management》, 7th ed., Prentice-Hall, 1991.

R. M. Barnes, 《Motion and Study : Design and Measurement of work》, 7th ed.,(New York, N. Y), John & Sons, 1980.

R. B. Chase & N. J. Aguilano, 《Production and Operations Management》, 4th ed.,(Homewood Illinos : Richard D.), Irwin, 1985.

R. Brealey & S. Myers, 《Principles of Corporate Finance》, 1984.

R. G. Schroeder, 《Operations Management》, 2nd ed., Mcgraw-Hill, 1985.

R. G. Schroeder, 《Operations Management》, 4th ed., Mcgraw-Hill, 1993.

필립 코틀러 · 케빈 레인 켈러, 《마케팅 관리론》, 12판, 윤훈현 역.

박내회, 《현대리더십론》, 법문사, 1993.

H. Weihrich. H. Koontz, 김세영 역, 《경영관리》, 범한서적주식회사, 1993.

N. M. Tichy & S. Sherman, 《Control Your Destiny or Someone Else Will》, Double Day, 1993.

신유근, 《경영학 원론》, 다산출판사, 제2판, 2006.

〈매일경제〉, 2011. 3. 5.

〈매일경제〉, 2011. 3. 26.

〈조선일보〉, 2011. 1. 10.

〈동아일보〉, 2007. 3. 28.

〈조선일보〉, 2007. 6. 17-18.

〈조선일보〉, 2011. 1. 13.

〈한국경제〉, 2011. 3. 24.

〈조선일보〉, 2011. 1. 18.

〈매일경제〉, 2007. 1. 1.

〈매일경제〉, 1997. 7. 14.

〈조선일보〉, 2008. 8. 19.
〈조선일보〉, 2011. 7. 7.
〈조선일보〉, 2011. 6. 29.
〈조선일보〉, 2010. 10. 30.
〈조선일보〉, 2011. 5. 13.
〈조선일보〉, 2007. 1. 20.
〈조선일보〉, 2011. 6. 6.
〈매일경제〉, 2009. 12. 22.
〈매일경제〉, 2010. 11. 1.
〈동아일보〉, 2006. 3. 20.
〈조선일보〉, 2005. 11. 29.
〈조선일보〉, 2009. 10. 17–18.
〈조선일보〉, 2011. 5. 14–15.
〈조선일보〉, 2010. 3. 23.
〈스포츠조선〉, 2009. 5. 18.
〈동아일보〉, 2000. 3. 29.
〈조선일보〉, 2011. 9. 9.
〈조선일보〉, 2006. 10. 28.
〈조선일보〉, 2009. 8. 22–23.
〈동아일보〉, 2000. 11. 28.
〈뉴스위크(한국판)〉, 2002. 5. 8.
〈동아일보〉, 2007. 9. 22.
〈매일경제〉, 2011. 1. 15.
〈조선일보〉, 2007. 1. 13.
〈동아일보〉, 2004. 6. 7.
〈매일경제〉, 2007. 1. 1.
〈매일경제〉, 2006. 11. 4.
〈조선일보〉, 2008. 3. 29.
〈동아일보〉, 2006. 11. 20.
〈조선일보〉, 2005. 8. 22.